陈嘉映作品

从感觉开始

华夏出版社
HUAXIA PUBLISHING HOUSE

关于《从感觉开始》

几年前，友人赵汀阳张罗让我出个集子，选了二十来篇发表过的文章，以《思远道》为书名由福建教育出版社于2000年出版。道本来无所谓远近的，逝曰远，远曰返，但似乎在道路阻且长的时候思念之心就格外重。

每篇文章后面都注明了文章何时何处发表。发表时因为刊物篇幅限制好多篇作过删节，结集时都恢复为全篇。有几篇还做了修改。

文集主体大致分了分，分成三个部分。第一部分六篇，是基本的概念分析工作，字数占了全书将近一半。第二部分九篇，是对文化、艺术等方面的思考。第三部分六篇，是对西方哲学的研究。谈西方哲学，我发表的多一半文章谈的是海德格尔，这些文章都和我的专著《海德格尔哲学概论》内容有重复，所以我只选了较短的两篇，《此在素描》和《烦、操心、关切》。我自己觉得第一部分的论文比较重要，第二部分的文章则比较好读。

这本《思远道》早就买不着了。这次承陈希米女士错爱，准备由华夏出版社重印，用集子里一篇文章《从感觉开始》的题目作为书名。很少几处作了文字上的修改，其余一仍其旧。

陈嘉映，2004.9.27，上海外环庐

2015 版出版说明

我的几本小集子,《从感觉开始》、《无法还原的象》、《旅行人信札》,市面上早已不见。经老朋友陈希米及不少热心读者鼓励,决定重印。这次重印,在文章顺序上以及在文字上做了不多的修订。

像平常一样,有中译文的引文,我在注解中都标中文译本,但有些译文是我自己的。

我为这几本小书的再版感谢陈希米、王霄翎和华夏出版社。

2015 年 3 月 13 日于北京

陈嘉映

目录

从感觉开始·001

信号、句子与词·015

关于语言的讨论·032

论名称·045

说大小·078

哲学概念翻译的几个问题·096

未来最好不要由我们决定·119

感人、关切、艺术·142

何谓"自然"·160

关于谈话的谈话·163

哲学的用途·171

中国思想的位置·178

分殊文化,共同世界·188

关于相对主义的对话·196

五味盐·216

目录 contents

浪子拉摩与哲人·226

德国古典哲学与德国文化·231

此在素描·250

烦、操心、关切·258

在语言的本质深处交谈·265

为辩解进一言·283

从感觉开始

我们的确要从感觉开始。要是对所探讨的没有感觉,说来说去不都成了耳旁风?(Let us begin with senses, or else with non‑sense?)

但感觉经验论者不是从感觉开始的。后来的人从感觉资料(sense‑data)开始,休谟从印象(impression)开始。据休谟,印象相互分立各自分明,这与一般所说的感觉差不多正好相反了。"我模模糊糊有个感觉。"对儿女,对民族,对情人,富有感觉之处总是剪不断理还乱。整得太清楚就没感觉了。不仅感觉的内容是混沌的,感觉之间也没有明确的界划。黑格尔刚开始讨论感觉,就跳到"感性确定性"上,这一棵树,那一所房子,可见他对感觉的基本理解是休谟式的。只在特殊情况下我们才会说"我觉得那是所房子",而黑格尔讨论的却不是这种情况,他只是想通过机械辩证法从感性确定性弹到"这一个"的普遍性而已,却不曾好好地感觉一下"感觉"。

感觉里要紧的是感觉、意蕴、意义。Sense 这个词,有时译作"感觉"、"感官",有时译作"意义"。

洛克把感觉喻作镜像,这个譬喻一上手就让意蕴的本质溜掉了，于是洛克顺利地滑到贝克莱和休谟。实在论却还要拿镜像说来对抗休谟呢。

镜像说给人的启发反倒是：物象明明映在镜子上，镜子却毫无感觉。没有牵连，没有分量，一开始就不会有感觉。

无论这面镜子安装在网膜上还是在皮质上，它的尺寸都嫌太小，不足反映偌大一个世界。

视网膜成像是一种镜像，只不过它不是感觉。医生管视网膜，我们看。

不是睁开眼睛就看得见的。我们通常倒视而不见。

我们什么时候有感觉？乌云陡然压黑天空；有人临危不惧挺身而出；春雨引诱出泥土的气息；一张旧照片；一个美丽的形体。牛津的教授一谈到感觉就举书桌为例。盯着书桌，他得到的大概真的很接近感觉资料了。但那真的是他最富感觉的时刻吗？

特异之处触动感官。但不是说，一刺激就来了感觉。我们谈的是可感，是 sense and sensibilia，我们谈的不是刺激－反应，不是在实验室里接受电击的青蛙。铁马金戈可感，温柔敦厚亦可感，这些生潮业浪中的片刻。唯当世界不再可感，唯当我们"感到"空虚，我们才追求刺激。

异象只能从熟悉的背景上升起，尤其是从不再熟悉的东西升起。对某些东西视而不见是对另一些事情有感觉的条件。眼与耳所选择的频率本来就限制在一定范围之内，在这一范围内投入眼帘的光波和撞上耳膜的声波也远多过我们的所见所闻。

感觉是官感的根源。看、听等等根系于感觉，是笼统感觉的分化。心有所感，而不是视网膜上有。心理学先曾主张原子式的五官之觉在先，后来抛弃了这主张。官感不只是镜像，不只提供感觉资料，因为它参与感觉。

解剖刀可以把感官分离出来。同样，简单感觉是分析的结果。最初的感觉何尝简单？最初的感觉复杂而不易确定，它渗透着理解和成见，包裹着希望和追求。欲望是感觉吗？没有欲望会看得见嗅得到吗？能有所感的心灵不是白板，它没那么纯洁。

这岂不是说感觉并非开端而是后来滋生出来的吗？是的，我们总是从后来的某个时刻开始，从中间开始。我们没到罗陀斯，但我们已经在跳了。

把哪一件放在第一位，称为第一性，这当然宣告出一种特定的探索态度。但若那是认真的，开端就必定也是探索的结果。入手之前总有些疑问，有些看法，有些经验。笛卡尔告诉我们思的自明性之前早就在思的晦暗中摸索很久了。聚集是没有开端的。开端是一次断裂，久已聚集的地下水从这里涌作源头。

经验没有开端。"逻辑的开端"更是不通的话，因为语言只作为一个勾连的系统让我们经验。什么逻辑或经验迫使我们相信"总得先有我思"、"总得先有存在"、"总得先有感觉资料"？

近代哲学家希图找到一个绝对自明的开端。为什么非要有个绝对开端？因为曾经有一位创始者。杀君者的愧疚和骄傲一道要求他们捧出替代者来。如果逻辑替不上，自明何如？公认又如何？除了到菜市场做抽样调查又怎么获取公认的自明性呢？谁相信"我思"绝对自明？有人信神，有人信鬼，我相信总得先有我妈把我生出来。

只要我们还有感觉，事情就还没有完完全全明白。如果你还没完完全全明白就开口说话，那是你做了一个决定。从哪里开始，也是一个决定。从不够自明之处开始不算独断，倒是宣称任何开端为自明都叫独断。

"真理是简单的"这样的话，介于安慰和谄媚之间，尼采称之为"双重的谎言"，它让人听了高兴，就像听到又建成了一条缆车线，乘坐它可以直登险峰绝顶。

在原始问题纠葛缠绕的哲学丛林中，除了迷于智慧者的命运之外，我不知道还有什么是单纯的。这里连最简单的蹊径都会让人迷失。新来的朋友，我有一句忠告：迷乱中勿只低头寻觅蹊径，能见天光时别忘了靠星辰了解你的所在，任何一条隐约可辨的小路都可能耗尽全部白天。

真知是一片单纯的境界，但这里只有入迷者的单纯。别说：我不怕迷失。不怕者还谈不上迷失。不过，我们果断地起步吧——同时小心翼翼。

红灯亮了，狗分泌唾液。狗既然对红光起反应，可说狗看见了红光。波长接近 7000 埃的光波在狗眼里是否呈红色呢？蚂蚁能分辨紫外线。紫外线在蚂蚁看来是什么颜色？

刺激-反应：行为主义。这里，感觉不被看作独立的东西。或者干脆用"感觉式反应"来代替"感觉"。

对狗来说，红灯是个信号；不仅红灯，而且肉食的形色也是信号，饥与饱的感觉也是信号，强行把饱的信号输送给一条狗，狗会眼睁睁看着肉食摆在面前而饿死。神经把一切都转变为信号。高等动物作为一个信号系统进行反应。

阿诺兴提供了超前反应这一概念来描述生物的反应方式。感觉式反应不同于化学反应等等之处，于是可看作：它是超前的信号反应。

信号从其本性上讲是不独立的。信号不仅有所指，而且它就消融在它所指向的东西里。红灯—分泌唾液：在"红灯"后面不能写句号，连逗号也不能，因为它不逗留。

这是一条河流。事件之流最多比喻成由纤维拧成的线，而绝不是由一一分明的环扣成的链条。如果无法把信号从事件之流中摘取出来，就无法把感觉从反应链中摘取出来。反应链交织在事件之流中，没有所谓原子事件，也就没有原子感觉。感觉处在事件中，是事件的一部分。感觉由于与事件的混杂和互相牵连而混沌，而有分量。

感觉首先是混沌的综合感。阿诺兴称之为"弥漫感受性"。这是与"超前反应"一道提出来的。统觉并非事后把五官提供的资料加以综合，五官之觉倒是笼而统之的感觉的分化。先感觉到，才看到、听到、嗅到。

刺激狗分泌唾液的不是红色，是特定波长的光。这种光在我们看来是红色。

那么，不仅追问蚂蚁眼中的紫外线呈何种颜色是徒劳之举，而且询问蚂蚁眼中的世界是怎样一幅图画也没有意义。因为蚂蚁眼中的世界不是图画。

蚂蚁不观看、不观察、不 theorein。图画是事件之流的截面，只有把事件之流切断，它才能作为图画被观看。观看仿佛横截了事件之流，把截面当作事件的终点。

　　Beholding holds。纯粹的看要求我们停驻，它是事件—反应的终止——我们只看、只听，就像在剧院里，哪怕义愤填膺，也不跳上舞台助一臂之力。人会静观。一个饥饿的人可以看见食物却不反应。柏拉图把驻停、存在与事物的外观（eidos）连在一起。存在自始就含有驻定的意思。

　　看不是反应，也不是反映。存在是变易的成象，在这个意义上，可以说存在是反映。看联结变易和存在，是二者的中介，是二者之间的 Als–Struktur。

　　世界图画并非先画好了然后拿出来展览。今天成年人眼中的世界图画由多少世代的眼光修改过无数次。

　　初生的感觉还不是图画，我们得学习如何把它作为图画来观看。图画上，左右有序，上下分明，门类有别，图画总是逻辑的图画。

　　我们一直在并且仍然在学习观看。但我们通常从图案的终稿开始学习。所以我们问图画的意义。地球上最初的氧气是由原生生物制造出来的，现在没有氧气就不能产生和维持生命。

　　练柳体的人以柳公权的字为其所本，他拿自己的字与字帖上的比较，看是否相像。柳公权本人的字帖在哪里呢？

　　肖像画家在画布上表现一位朋友的性情，他在一种特定的面容上捕捉了他久已熟悉的东西。性情不是被临摹下来，而是被表达出来了。表现者必须看到不曾被看到的，把已经感到的表达为可以观看的。肖像画家和漫画家一样需要构思。

画师寻觅一个线条、调整一种比例,原则上同于小说家的章法、舞蹈师的设计舞步。独独把绘画称为表现艺术使人误会画师的任务是临摹现成的世界图画。殊不知,无论用眼睛还是用画笔,世界只有通过描画才变为图画。米开朗琪罗表现大卫,虽然他从未见过他。

画家、诗人、舞蹈师,都致力于捉住游移不定者使它成形定形。表达即成形。

借以表达者称为"象":样子、形象、图象、现象、象征。

象与像不同。世界本身对观察成象。像是象的摹仿。

一流的艺术家成其气象,于是引来摹仿,想弄得像。只在一种意义上可说一流艺术家在摹仿:不是对现成景物更不是对前人作品的摹仿,他临摹世界成其象的刹那。

日常与之打交道的东西,我们称之为"物"或"物体"。物有形象,形象属于物;我们首先知觉的就是物,而不是单纯颜色、线条、气味,若单纯而至于无物之象,就轻飘飘的,轻飘如幻影,这时我们的感觉也变得轻飘飘的,近乎幻觉。

通过分析把形象剥走,就剩下质、物质。形象和物质构成物体,物体被称作受形的物质(informed matter)。无论形诸颜色还是形诸言辞,形是表达,表达其后的实质。

受形的物质就是得到表现的物质。那么,物体本身就有所表达,惚兮恍兮,其中有象,恍兮惚兮,其中有物,幼兮冥兮,其中有情,其情甚真,其中有信。用现在的话说,物本身就是能指,用海德格尔的话说,物拢集它物。受形的不仅得到表现,而且也有所表现。物实是最基本的符号。The informed matter is naturally informative。所以世界也被称作世界图象(das Weltbild)。世界图象并不是近代科技的产物,只不过,我们越来越多观看而少感觉,在这个意义上,当代被称作"图像的时代"(the epoch of images),不亦宜乎?

借助形、体、质这些概念把物体看作成形的物质,物质就被理解为实体或实质。表示"实质"的 substantia 这个词,说的就是处于下部根基处的东西——that which stands underneath。Substance 不是包裹在完整外形中的质料,它标识着物体所从出的一团粘连,尼采所说的"全然永恒的混沌"。与有形有界的物体相对,实体被规定为无所分界的一。当康德设想只有一个物自身时,他没有超出斯宾诺莎对 substantia 的理解。而这一切理解都根源于亚里士多德的形式质料说,并且会在 prime matter(基质)这一难题前止步。

"感觉显示变易、流逝、转化"(尼采语)。我们感到的是世界的流变,看到的却是世界图画。希腊人为之困惑,试图了解 hyle 怎样驻停和成形。Substantia 这个词却把 hyle 埋解为本来就驻立着的东西了。

然而,实质原是泰利士的水,流动在赫拉克利特的河流中。唯借有形之体,实质始得驻立。

流变者,柏格森称为 duree。Duree 又被定义为感觉到的、体验到的、充实的时间。柏格森认为绵延只能被直觉(intuition)

把捉。

只有流变者需要被把捉,亦即使之驻停。感觉追随流变者,它确定流变者在哪些瞬间可以成形,可以被"形式化"。我觉得把这样的确定称作 intuition(直觉)优于称作 Anschauung(直观)。正像康德所说的,直观所观者已是对象,而直觉则是对象化的一个步骤。

在康德那里,感性直观有两种形式,外感之形式为空间,内感之形式为时间。然而,Form(形式)这个词,本身即为空间概念。形总在外,只有外形,没有内形,"内在形式"是一个借喻。成形使我们能够看见。看总是从外面看。柏格森把 intuition 说成"从内部看",就像莎士比亚说到"心灵的眼睛"。Intuition 就看到实质说到看,Anschauung 就通过外形来看说到看。

分出内外,把感官定义为由外到内的必经之路;然后推论说:对外界的知识皆源于感官知觉。于是感官知觉成了源头,外界的存在成了疑问,世界的实在最多只是悬设或推论出来的东西。这种不及格的逻辑却要我们相信世上发生的一切都发生在我们的感觉系统之内。

区分内外不就是区分出了"外部世界"与"内心"吗?我们沿着贝克莱的逻辑走下去,诧异怎么把世界丢掉了。我们还以为这是逻辑的结果呢。往返在路上寻找丢掉的钥匙,其实出门时把它反锁在屋里了。

世界在感觉里,感觉又在哪里?

感觉在五官之觉里。这倒不是说视觉吸收了颜色明暗等资料输送到某种里面的心灵去让它们感觉。视觉以开放的方式感觉:不仅指睁开眼睛,更是指让感觉随之流迁的东西展现开来,展开成为表面。我们要看到深处；却不是要培养 X 光式的特异功能。深处也需要展开来看，不过不容易展开。

唯其有表面，才有分隔和联结，才能端详得清楚。感觉从物质浊流一直连到清明的视觉。

呆看被阻隔在表面上。目光之所以能透过表面，因为视觉是一种感觉。感觉使看有所见。感觉滋养着看。

透过表面所见到的，却不是包裹在表面里的 matter，而是透出表面的 what matters。

我们不是通过看进入实质之内；正相反，我们原在实质之中，看把我们领到事物之外。所以才有"我们"。

观看不导向反映而导向理解。

什么是理解？看得清晰，而同时感觉得深厚。就是说，不仅看得清晰，而且看得真切。

理解是沟通，沟通陌异与熟悉。通过一定的道路，异域成为可通达的；通过一定的形式，陌异的存在成为可感的。

我们理解了，于是谅解了。

反过来又何尝不是？我们首先要尊重，要宽容，要感得到那里有什么可以理解的东西、值得理解的东西。

理解已经体现了尊重和宽容。当年大学生面对一个极少宽容的社会高喊"理解万岁"。反过来，没有理解的宽容是一种空洞的姿态，谁需要这种自上而下的宽容？

理解者站到被理解者的立场上看。若没有自己的立场，怎能站到别处？

算计以自我为中心，只能算计别人，不会算计自己。算计别人，算计世界，是为了给自己谋好处。

理解却不以自我为中心，毋宁说，理解是不同中心的沟通。

当然，没有不从任何立场出发的理解，然而，从某种立场出发不等于停留在某种立场。六经注我，外国有的我们都有，那就谈不上理解。理解要求脱离固有的立场，要求"克服自我"。理解是一种转变，其核心不在于从某种立场出发，而在于寻求一个新的立足点。所以，在探讨理解时，从义理上探讨是第一位的，从心理上分析只起辅助作用。把什么见解都还原为立场、动机、心理，就扼杀了学术。

科学是人类最可宝贵的理解方式。然而，一旦脱离了感觉，科学就蜕化成算计，不再是一种理解。就像受到刺激不就是可感，能够操作也不保证有了理解。量子力学是最为精密的科学，提供最为准确的预言，然而量子力学家莫不承认，他们不理解量子力学。

比较一下伽利略的自由落体理论和亚里士多德的，不难看出近代物理学如何努力把感觉排除出物理世界，就是说，排除出近代物理学所定义的世界。

山有神而水有灵，甘霖和洪水全在神灵的喜怒，全在神灵要奖赏我们还是惩罚我们——这些都不科学，但这些给我们描绘出一个与我们相关的有意义的世界。

宗教给予我们生活整体的意义。宗教的"真理性"无需验证，显灵故事不是通过了验证的假说，而是一种感召，赋予世界整体以意义。我们通过宗教感觉到整体。

在希腊却诞生出一种奇特的设想：人不仅要感觉整体，而且可以认知整体的意义。在希腊，这种认识始终培植在感觉之上，哲学是认识的主体，科学是哲学的延伸。亚里士多德所论的 phronisis 不同于"认知"，通常被译为"实践的智慧"一类。在希腊的认识方式中，我们照样可以看到 phronisis，看到这种审慎，无论走得多远，都和本邦保持着联系。

哥白尼和伽利略倒转了太阳和地球的位置，谁在运动不再依赖于我们看到谁在运动。一旦摆脱了地球和人的束缚，科学认识就飞速发展起来。

但这个无需我们感受的、自动的世界有什么意义呢？感觉经验论似乎在对抗机械力学，补充它，或为它奠立基础：整个物理世界的存在都"在于"感知。然而，除非我们知道物理世界的存在方式怎样依赖于感知的方式，否则，整体存在在于感知只是一句空话，因为它在于感知也这样存在，不在于感知也这样存在。

对立者呼应着。近代物理学把感觉—意义排挤出世界，同时，感觉经验论要把世界的物质性排挤出感觉。然而，这样的"感觉"不会有意义，没有分量、没有牵连，就谈不上意义。遗留下来的是些没有意蕴的印象和感觉资料。乃至于感觉经验论的一些后继者不再努力把科学与感觉—意义连结起来，反而试图把哲学转变为科学。

物理学排除感觉，而那里正是哲学的新兴领域，哲学通过这个领域把机械世界和意义世界联系起来。过度生长的物理学把这个领域也侵占了。心理学这门新兴科学不再试图说明物理世界的意义，它本身是物理世界的延伸。

固然，在休谟的时代，心理学还不是科学，而是哲学。不过，"感觉"、"印象"等语词越来越多地被赋予专门的意义。科学必须重新定义其重要概念，使之成为术语。这些定义是完全无余数的、对任何符合定义者是无差别的，因为一门科学虽然只认识世界的一个面相，但它是关于这一面相的系统认识：有它尚未认识的，但没有不符合其认识的。在这个意义上，没有对语言的技术性定义就没有科学。

能否允许哲学把它讨论的词语转变作术语？哲学逻辑是自然的知音，它依赖于自然语言所体现的自然理解。一句话有意义，无非它是可感的，它听上去像话，它自然而然就有意义，或通过分析说明它像话。哲学不可以把它所讨论的语词转变为术语，虽然它可以使用少量方法上的术语。像通常对话一样，哲学对自然语词的技术性处理是为了排解对自然暂时的误会。误会一旦消除，哲学逻辑就收回技术。

抽去了意义、意蕴，"感觉"就像"静止"和"运动"一样成了术语，为一门科学铺垫基石。即使我们没有感觉，心理学仍可以测量感觉的强度。若不识科学定义的"感觉"与自然感觉之别，就会以为刺激就是可感，体液肌肤的反应就是感觉。

自从哥白尼和伽利略倒转了太阳和地球的位置，哲学和科学的位置也一步步倒转过来了：科学成为认识的主体，哲学则努力把它和感觉—意义的世界连结起来，把机械力学的世界和我们连结起来，直到这个世纪，直到哲学已经力不从心，要么宣称自己的末日，要么重新思忖：意义是否依赖于意义的整体？

中国人从来不以为意义必须依赖于意义的整体；这个没有宗

教的民族，人们说它世故。哲学一半是精神一半是世故，中国人从来不缺世故，等精神重新来到我们中间，这个没有哲学的民族也许会成为哲学的明天。

（这里所选的部分以"感觉"为题初次发表于《中国现象学与哲学评论》第一辑。）

信号、句子与词

一、信号和语言

不少教科书把语言定义为一种交流方式。这个定义即使不错，也显然太宽泛了。我们也靠眼神交流，靠互相服务交流，甚至电也交流，空气也交流。要把语言理解为交流，就得指出这种交流方式和别的交流方式区别何在。德文词 Verstaendigung 多少提示出语言交流的特点，这个词和 Verstand（理解）同族，指通过理解进行交流，通过交流获得理解，获得一致意见。

世上的多种交流方式中，最接近语言的是动物的信号。Bloomfield 在他的名著《语言论》中一上来就拿语言和动物信号（他称为 the signal – like actions of animals）作了番比较。结论是语言具有大量的（内部）差别。[①] 在我看，这显然没有深入到两者差别的实质。我们也将从语言和信号的比较着手，从这里摸索语言这种"交流方式"的特点。

---

① L. Bloomfield，*Language*，Holt, Pinehart and Winston, 1933, p27.

不过，我并不打算一上来先定义"语言"和"信号"。我就按照大家对这两个词的大致理解来使用它们，在必要的时候作一点界定。"信号"大致指大雁报警的鸣声，青蛙和鲸鱼求偶的鸣声，十字路口的红绿灯，等等。语言则指人的语言，或字词语言，Wortsprache。

一方发出一个信号，另一方接收到这个信号，并作出相应的反应。语言有时也像是这样。这在命令句是最明显的，听到"开门"，我去开门，或拒绝去开门。"狼来了""快跑啊"和大雁报警的鸣声作用差不多。

行为主义语言学家大致把语言理解为信号，从信号—反应来分析语言。Bloomfield虽然区别信号和语言，但他像他那个时代的很多同行一样，大致把语言看做一种信号，一种更为复杂的信号，即"反应链的一部分"[①]。你说"把打火机给我拿过来"，你儿子就把打火机给你拿过来了。你也可以训练你的小狗，每次你喊"打火机"，它就把打火机给你叼过来。你的小狗不懂人类的语言，它把"打火机"这个声音当做信号来接受，对信号作出反应。马戏团以信号反应的方式训练马和狗，上台演出时却装得好像是在对它们说话，看马戏的孩子以为那儿的马和狗真的懂人话，惊诧不已。

就简单的命令句说，似乎不大看得出语言和信号有什么区别。但说到陈述句，特别是比较复杂的陈述句，行为主义就为难了。"花儿落了结个大倭瓜"算是个什么信号呢？在课堂上听老师讲解一个化学反应式，学生作出了什么反应呢？极端的行为主

---

① L. Bloomfield, *Language*, Holt, Pinehart and Winston, 1933, p24.

义者主张学生仍然在反应，只不过这种反应很复杂很细微，甚至也有人主张从体液的变化来测量这一类反应。

我并不想否认，我听见或没听见老师讲化学方程式，我听懂了或没听懂，两者之间是有差别的。在我这方面，这种差别如果不见诸行为举止，也可能见诸表情体液等等的细微变化。不过这些和我们讨论的问题没有什么直接的联系。我听见"请开门"不去开门而体液波动，这和去开门属于两类反应。你平时谈吐清楚，忽然在饭桌上前言不搭后语胡说起来，同桌的客人自然都会有反应，例如面面相觑、皱眉鼓唇，这种反应和听懂了你的话是两回事。除非哪位现代理论家一定要坚持，听人说话，听音乐，都是吸毒的一种变形，都是听个刺激。

那么，一个语句和一个信号的差别在哪里呢？差别在于语句具有内部结构。字词语言里的一个句子可以分解为词，即可以分解为独立地具有意义的成分。而信号则不能。信号不是由更小的具有独立意义的单位组成的。

但若信号的意义不从其成分而来，又从何处而来？信号是反应链中的一环，它的意义在于它连接其前的一环"刺激"和其后的一环反应。信号没有内部结构，它的意义当然只有从外部加以说明。这也可以是说，信号天然具有意义。我们原就把以意义方式作出反应叫做"信号反应"。

我说，"请帮我把打火机拿过来"，这时我说了个句子；我也可能对我的爱犬说"哒哒哒"，它就把我的打火机叼了过来。这个句子和这个信号这时能获得同样的效果，但二者起作用的方式却不一样。"请帮我把打火机拿过来"这句话可以分解为"帮""我""拿""打火机"等独立的成分。当然，你也可以把"哒哒哒"这个信号分解成三个"哒"的声音,甚至进一步分解成辅音 d 和元音 a。但"哒"、"d"、"a"这些声音本身没有意义,至少和"请帮我把打火机拿过来"的意思不相干。而"打火机""拿过来""我"这些词却显而易见和"请帮我把打火机拿过来"这句话的意思相干,我们甚至可以说这些词组成了这句话的意思,虽然究竟是怎么"组成"的,是个争论不休的问题,其中藏着语言的全部奥妙。

二、"独立地具有意义"解

我们说词独立地具有意义。而这首先就得排除一个误解:仿佛词可以离开句子起作用。这种误解不像初看起来那么顺理成章。我们说一个人具有独立人格,不是说他可以生活在社会之外。我们说一个国家独立了,不是说它从此不需要国际社会了,而是说它不再必须附属于某一个国家或某一些国家,它可以自由地和这个国家结盟也可以和另一些国家结盟。词独立具有意义,说的是词是自由的造句单位,不必须黏附在一个特定的表达式里。

有猛兽靠近的时候,守夜的雁发出某种鸣声,警告雁群。这和看守羊群的孩子喊"狼来了"差不多。但"狼来了"是由三个字组成的。这三个字都是自由的造句单位。"狼"这个词不仅出现在"狼来了"这句话里,而且也出现在"狼跑了""打狼去"这些句子里,而且在这三个句子里"狼"指的都是同样的动物。"来"在"狼来了"和"妈妈来了"这两句话里指的是同样的行为——虽然"狼来了"和"妈妈来了"引起的反应大有出入。大雁的报警信号就无法分解为这样一些独立的单位。如果"狼"或

"来"只能出现在"狼来了"这串声音里,或它们出现在别的声音组合里就有别的意思,那"狼"和"来"就不是单词,"狼来了"就不是一句话,而是一个信号。所以 Kenny 在解释维特根斯坦时说:一个命题必须由部分组成,其部分必须能够在其他命题中出现。① 英语 kith 只用在 kith and kin(亲戚)里,因此 kith 不是一个单词,"八格牙路"不能分解成单词,因此不是句人话。不过,这样的例子极少,按照同化的原则,我们不经意也会把 kith 叫做一个词,把八格牙路叫做一句话。实际上我们的所有语句成分都是词②,都具有独立的意义或特定的语法作用。

所以,我们说词独立地具有意义,是说一个句子可以分解成一些单位,它们现在在这个句子里起作用,但同样也可以在那个句子里起作用。我们并不是说人类先造出了一些单词,然后用它们来造出句子,就像先烧出砖头然后来盖房子那样。

语言学逻辑学上有一个古老的争论:句子在先还是词在先?中古语言学家倾向于认为词在先,基本的根据是句子是由词构成的。但这里引起误解的是"构成"这个概念。用砖头木柱盖房子是构成的一种范型。兔子是由心脑肝肺四足等等构成的,但不是先有了肝肺四足才有兔子,虽然神话传说中常用盖房子这种范型来理解身体的构成。浮生有限,事理无穷,我们大多数时候不得不通过简单的范型来理解;在需要加深理解的时候,我们却又必须防范简单范型的误导。

---

① A. Kenny, *Wittgenstein*, Harvard University Press, 1981, p. 63.
② 这里不谈句法,实际上句法和词经常是可以互相转换的。

三、最小意义单位

从形式上说，句子和词是互相定义的，在这种形式意义上，词和句无所谓孰先孰后。这里本来有个问题要问，但由于问题的提法不妥当，争点就脱离了引起争论的事质，变成了纯形式的空转，成了鸡在先还是蛋在先那样的问题。到了近代，这个古老的争论换了一种提法，一种试图重新和事质咬合的提法：句子和词，哪个是意义的基本单位？

词是比句子更小的单位，如果词独立地具有意义，本来显然应该把词当做意义的基本单位。但人们想到，"我昨天下午"还不成个意思，只有"我昨天下午到了北京"或"我昨天下午见到了一个老朋友"之类才成个意思，于是好像又该把句子定义为意义的最小单位。可我们实在很难否认单个的词有意思、有意义——否则怎么会经常听到人问"这个词是什么意思？"于是人们有时补足说：句子是完整表达意思的最小单位。但"完整的意思"本身显然需要进一步考究。我们会说到一颗不完整的牙齿，但不会说到一个不完整的水坑。完整不完整是相对于某种形状或结构的范型而言的。什么是完整的意思的范型？或我们在什么情况下说意思不完整？一个人说了好半天，说了好多句子，可能还没说出个整意思来。也许我写了一整篇文章才把我的意思完整表达出来，你引用了其中的一个句子，我还说你断章取义。另一方面，一个词的意思也挺完整的。"圆圈"这个词的意思有什么不完整的？房子盖到一半，当然还不是一座完整的房子，但并不因此说砖头木柱不完整。王力先生就说：

"我们一般也承认词是有意义的；单词所有的意义……咱们似乎也该承认它是完整的。"①

这里的困难来自两个方面。其一，"最小的意义单位"这个用语有点混乱。意义必须能够分解成较大较小的单位，才谈得上最大或最小。但意义是怎样分解成各种单位的呢？原则上，任何词的意义都是可以分解、分析的，但这里所谓"分析"，并不总是意谓把大体量的分解成小体量的，因而"最小的意义单位"这话就不能成立。奥斯丁指出，"意义的一部分"是个没着没落的用语，②"意义的单位"就更是无稽之谈了。所以，这里讲到的分解，不是针对意义，而只能针对具有意义的声音或拼写，说的其实是"能承载意义的最小声音单位"之类。

其二，这里把句子的意思和语词的意思混为一谈了。问题不在于词义和句义哪个完整，而在于词义和句义不是性质相同的概念。这一点是我们关注的中心。说词是句子的基本单位，是从结构上着眼的，不等于说句子的意义由词的意义构成，一如汽车由发动机、方向盘和轮子等等组成，但汽车的功能却不是由发动机的功能等等构成。词的意义在于它能作为一个成分构成句子，而句子的意义在于它能编织在生活场景之中。词是我们进行交流的设施，而句子就是交流。

所以，"句子和词哪个是具有意义的基本单位？"这个问题虽比"句子在先还是词在先？"这个问题的提法现代些，但仍然瞄错了方向。

---

① 王力，《中国语法理论》，台湾蓝灯出版公司，1987，第57页。
② J. L. Austin, *Philosophica Papers*, Oxford Press, 1961, p. 31.

四、单词成句,维特根斯坦关于"石板"的讨论

"他明天来"是一句话,"明天来"是一个词组,由"明天"和"来"两个词组成,"明天"又可以分解为"明"和"天"两个字。于是我们有了字、词、语、句四个不同的语言单位,后者比前者长,是由前者组成的。然而,句子一定是个比词更大的单位吗?你喊"狼!"或者说"不!"这是个句子还是个词?是个省略句?一篇小说开头说:"秋天。夜。胡同里一个人影。"这是三个句子吗?

"来"读出来是一个音节,"他明天来"是四个音节,"来"写下来是一个方块,"他明天来"是四个,我们很难避免一种印象:句子是字词的倍数,是字词的延长,或者,一面延长一面又由于有机结合而有新的因素产生出来。

我们很难否认,句子是由字词组成的。一双鞋是由左脚的鞋和右脚的鞋组成的,葱油饼是由面粉、葱花和油盐等组成的,[①] 我走到学校,行程是由一步一步组成的,又是由清华东路、双清路和成府路组成的。词是清华东路、双清路和成府路,句子是我去学校、你去公司、他去商场。双清路和走双清路去学校是不可比的,我到学校经过三条路,但谁会说我到学校是双清路的三倍?家在成府路上,商场也在成府路上,他去商场只走成府路,就像

---

① 参看 G. Ryle, "Ordinary Language", 载于 *Ordinary Language*, ed. By V. C. Chppell, New York, 1964, p. 34.

一个词儿就成了一个句子,但成府路和只走成府路就买到了东西仍然是两回事儿。

维特根斯坦在《哲学探索》第二节设想了一种"原始语言":建筑师傅 A 在用各种石料进行建筑,这些石料是:方石、柱石、板石和条石。他的助手 B 依照 A 需要石料的顺序把这些石料递给他。为了这个目的他们使用一种由"方"、① "柱"、"板"和"条"这几个词组成的语言。A 喊出这些词,B 把石料递过来。在该书第十九节,维氏就此问道:在这个语言游戏里,"板"这声呼喊是一个句子还是一个词呢?两种回答都不妥当。从功能上说,这个师傅喊"板"和我们语言集体里的师傅"拿给我一块板石"是一样的。但"拿给我一块板石"显然是个句子。为什么?因为在我们的语言里,有另外一些句子的可能性,例如"递给我一块板石"、"拿给他一块板石"、"拿两块板石来"。

在我看,由"方"、"柱"、"板"、"条"这个声音组成的交流系统是一个信号系统,把它称做"语言",立刻就会引起误解。固然我们可以在极广的意义下使用"语言",但这时须留意包括信号等等的广义的语言和狭义的语言,即维特根斯坦自己有时标出 Wortsprache(字词语言)有别,维特根斯坦不应该一上来就把这个交流系统称做由"方"、"柱"、"板"、"条"这四个"词"组成的语言,然后再来问"板"是个词还是个句子。那个师傅喊出的"板"既不是词也不是句子,因为它是不参与构成其他表达,不属于一个字词语言系统,而我们的语言里的"板石",正

---

① 德文词 Wuerfel 指立方的东西,这里是指方石,但就我们正在讨论的课题而言,译做"方"比"方石"准确。下面几个词也是这样。

如维特根斯坦自己指出的,也用在另外一些句子里,或至少可能用在另外一些句子里。无论我们把"板石!"看做"拿给我一块板石"的缩略抑或把"拿给我一块板石"看做"板石!"的扩展,都不能用同样的概念来理解那个师傅喊出的"板!"。你只走成府路就到了商店,但别人可以走成府路到好多别的地方去。那个师傅喊的"板!"却是这样一条路:它只连着他家和那个商店,和任何别的路都不通着。

词之为单位,不同于句子之为单位。词是交通设施的一个单位,双清路、成府路或一座桥梁,"句子"则是交流的单位。什么是一个交流单位,没有内在的标准,要看实际交流的场合而定,一个词,一句话,一段话,都可能是一个交流单位。把教科书里的标准句子视做基本的交流单位,不过是从语言学研究上的便利考虑。

我们必须从类似的角度来理解"意义"。一个词的意义在于它作为整体交通设施中的一个特殊设施方便交通,而句子的意思就是一次次的交通本身。前面已经说到,句子的意思和词的意思不在于一个完整一个不完整,而在于它们是不同种类的"意思"。你说"壁立",不是意思不完整,而是还没有交流。

五、信号、囫囵语、语句

信号是交流、交通,语言也是交流、交通。前一种交通,从甲点到乙点是一条路,从甲点到丙点是另一条路,哪条路和哪条路都不相干。后一种交通,则依靠一套交通设施,从甲点到乙点,从丙点到丁点,可能借用了同一段路,同一座桥梁,通过了同一个红绿灯。我们可以说,从甲点到乙点是由三段路、一座桥、一个红绿灯"组成"的。

交通设施为交通的需求而设,虽然特定的设施方式会调整交通的需求。先于语言的交流方式已经具有意义,词是为交流的需要设置的,这些设施是在这种固有的意义的引导下形成的,惟当语词能够保障交流,它们作为设施才有意义。

没有什么设施是一下子建立好的。从信号等原本具有意义的交流方式中,语言逐渐成形。最初的语句是一些越来越复杂、开始具有内部结构的信号。这种间于信号和语句的中间体,语言学上称做 holophrase,或囫囵语。囫囵语中的某些成分已经是词了,即这些成分不仅出现在这个囫囵语里,也出现在别的囫囵语里,但另一些成分却还没有这样独立地具有意义。比如我们可以设想,有三句囫囵语相应于我们说"狼来了""狼去了""打狼去",其中的"狼"已经是一个词,而"来""去""打"则只出现在这些囫囵语里,因此不独立地具有意义。信号是整体的,句子是分析的,囫囵语间于两者之间。一个信号必须充分分化为由具有独立意义的词构成的单元,它才是一个句子而不只是一个信号。

囫囵语的意思不是从其中包含的成分来的。以囫囵语之为信号的一种延伸而论,囫囵语天然地具有意义。正因为囫囵语已经是有意义的,它的成分才可能具有意义。如果这个成分出现在不同的囫囵语里,它就独立地具有意义。不同的语句就像经过同一点的不同线段,这些线段本身有其各自的坐标,从而把它们共同经过的那一点的坐标确定下来了。

语法学里的句子和单词是形式概念,从形式上说,句子和词是互相定义的，词和句无所谓孰先孰后。但若从实质上把句子看做交流单位，和信号和囫囵语对应的，显然是句子而不是单词。那就该说句子在先。弗雷格一派强调词只在句子里才具有意义，其次才谈得上句子由语词构成，其中自有深入的直觉。

  句子是由词构成的。但和这个提法配套的是，词是从囫囵语里分化出来的。因此，"词只在句子中具有意义"和"词独立地具有意义"并不像初看上去那样互相矛盾。实际上这两种说法联合起来揭示着语言的本质。有了一个定型的语言，自然我们有时候可以不依赖于任何句子就学会一个词，这种情况常常会导致人们对语言的本性作出错误的说明。罗素认识到句子的意义"多于"其中各个词的意义的总和，但伤心地承认这种多出来的东西无法加以分析。这是怎么回事儿？因为我们不能从词的组合开始而必须从句子的分析开始。

  词是从信号等已经存在的交流形式中独立出来的。信号里的某些部分相继取得独立的意义，即不断形成一个一个的词，原来的交流形式也就改变了性质，信号变成了句子，信号系统变成了语言。这有点像说一个国家里的一个又一个个人、一个又一个群体取得了政治上的独立身份，这个国家就是由公民组成的了，这个国家就从大赋君权的政体转变成契约制的政体。

六、分析与对应

  从信号到语言的变化也可以看成是事件囫囵地得到指示转变为事件被分解为互相联系着的单元而得到指示。我们见到的总是狼从山那边来了，或狼在咬一只羊，或狼在逃窜，然而我们可以把这样一件整体的事情看成一些因素的组合。我们说"狼来了""狼飞跑""狼扑咬",在这些句子里,"狼"这个词就指狼,而不指跑来的狼,或逃窜的狼。我们没有见过不动不静不灰不黄不在这里也不在那里的狼本身,但我们仍然可以单单指称"狼"。

世上有没有独立的狼这种东西?同样可以问:世上有没有独立的正义、圆圈、灰色、飞跑?正像没有不动不静不灰不黄的狼一样,世上也没有脱离了人鬼虎狼牛马的飞跑,没有不衬映在别的颜色之上的灰色。

然而,不正因为自然界有一种具有灰色能够飞跑的动物,有这样一种主体,从而才能有"狼"这样一个名词和它对应吗?

"狼"和自然界的什么对应?当然是和狼对应。"飞跑"和飞跑对应,"灰"和灰对应。好无奈的鬼打墙!"狼"和实在的狼对应,"假设"和实在的假设对应,这么说有什么意义呢?语言不是用来和自然对应的。没事儿对应个什么?对应哪条狼?扑过来的狼还是逃窜的狼?大狼还是小狼?最好还是对应狼本身吧?我们说"狼",才始有狼之为狼,才始有不管大小不管飞跑还是静卧的狼本身。"道行之而成,物谓之而然。"(庄子《齐物论》)Kein ding sei wo das wort gebricht。"狼"、"跑"、"假如"不是造出来和自然界里已经一一排列妥当的实体、属性、活动和关系一一对应的,它们是功能各异而又联合配套的设施,我们依赖这些设施而能够把各个相异的整体事境分解为一些固定因素的组合,作为因素的组合来看待来述说来处理。

但我们不觉得狼比飞跑和灰色要多几分独立性吗?不觉得飞跑和灰色总要有所依附而狼却是这些动作和颜色的主人和主体吗?当然觉得。事境被分析为物与物、物与属性、物与动作的关系。形状是依附在物体上的，行为举止是由一个主体发出的，这里没有什么形而上学的神奇古怪，而不过是语言机制使然。"狼""飞跑""假如"是些不同种类的设施，它们以不同的方式在句子中起作用，并共同使句子起作用。

这还不只是说，"狼"是名词，"飞跑"是动词，"假如"是连词，名词多用做主语而动词用做谓语，等等。我首先是说，语言本质上是分析的，特定的整体的情境被分析成了由元素结合而成的整体，事件被分析成了物体、形式、举止行为和关系等等。这些类别当然反映在语法范畴中，但它们首先是哲学范畴。事境被分解为物与物、物与属性、物与动作的关系，这说的是，通过语言，事境被看做这些单元的联系。并非先有主体才有行动，而是我们把事件分解为、理解为主体和它的行为举止。这些不是形而上学的教条，而是体现在我们的语言之中的人类理解。

我的想法和"逻辑语言"或"理想语言"正相反。无论在本体论上还是在认识论上，理想语言都假设先有一些清清楚楚的个别的东西开始，然后这些个体取得联系。奇怪的是，本来清清楚楚的一些个体，后来经过认识的努力，倒都变得一团糟。在我看，原始经验是混合的，通过语言的棱镜才折射为个别事物的联系，清楚的单元的清楚的联系。"逻辑语言"或"理想语言"只能意味着一种更加出色的语言，不能再有别的意思，因为语言本来已经是现实世界的逻辑和理想。

那么，我们能不能设想，同样是从混合的经验开始，但最后却达到一清二楚的理想语言呢？这就像设想在某个城市里建成最理想的交通系统。我们无法完成这项工程，倒不在于所需的投资过大，而在于我们无法定义何为"最理想的交通系统"。

一片住宅区建起来了，一个商业区兴起来了，另一个大商场倒闭了，哪个系统能把这些情况包括在设计之中呢？还有，对谁最理想？公交优先，减了小汽车的车道，拓宽了机动车道，苦了蹬自行车上班的男男女女。

七、可能的世界

　　大雁报警是选择性的，但不是分析的。我们有时把大雁报警翻译成"狼来了"或"危险正在接近"或"我们必须立刻离开"，但我们至少知道在那里无法作出陈述句和祈使句的区别。信号是被囫囵地理解的，一个信号对应一种事件，语句则是被分析地理解的。"这个街区现在每晚都有个滴着血的幽灵徘徊"与报警的雁鸣同样能引起惊退的行为，但二者起作用的方式却不同。句子之完整地传达或报道一个事态，是经过了把事态分解又综合的方式完成的。

　　我们当然不只是在议论语言，我们是在谈论人，谈论人的非直接性。凡能够直接达到的，我们都能间接达到——我们达到没达到，本来是件约定的事情。你说我最深的爱是无法表达的，那我们已经约定好了用"无法表达"来表达。但能够间接表达的，却不一定能直接达到。我们无法用任何"会心一笑"的办法来讨论氢原子的结构。

　　世界不再是一个序列、一道浊流，而是一个由各种因素构成的世界。每一事件都展现为某些元素之间的联系。它是一个元素，这等于说，它可以和这些元素连在一起，也可以和另一些元素连在一起，它们可以这样联系，也可能以另一个样子联系。事实上如此联系着的，只是各式各样可能联系中的一种，我们的现实世界，只是种种可能世界之中的一个。语言分解—结合的机制，实已构筑起了逻辑空间，使得我们人类从可能性来理解现实性。

在这个意义上，在这种"本体论"意义上，我们要说，可能性高于现实性。① 可以分出两种最基本的可能性，一种情况是我们不知道事情会怎样发展，可能发展成 A 也可能发展成 B。另一种情况是，现实明明是这个样子的，但没有什么道理表明它一定是这样子而不可能是另一个样子。为了方便，我们可以称前一种为有待的可能性，后一种为概念上的可能性。我们在这里谈的总是后一种可能性。

实际上我是个小职员，每天蹬着一辆老式的自行车上班下班。但"我"这个概念和"大老板"这个概念绝不矛盾，我总可以找到某一个可能的世界，在那个世界里，我坐在宝马车的后排上，前面是唯唯诺诺的司机，身边是漂亮伶俐的女秘书。实际上油菜是从土里长出来的，小羊是从母羊肚子里生出来的，但油菜从水里长出来，小羊从试管里生出来，并不违背逻辑，事物的这种可能的联系出现在白日梦里，出现在科幻小说里，最后出现在实验室里，甚至在你家隔壁的农场里。

我经常听说历史学家不谈"如果"。这真是个很荒谬的说法，既不合道理又不合事实。当然，发生了的事情已经发生，在有待的意义上已经不再有"如果"，然而，已经不可改变的事情之所以还值得研究，历史研究之所以还有意义，全在于历史事件像别

---

① 参阅 Heidegger, *Sein und Zeit*, Tuebingen: Niemeyer, 1979, SS. 143–144。

的事件一样从来都被理解为由各种不同因素构成的，也就是说，作为诸种可能发生的事情之一得到理解。亡羊补牢犹未晚也，这倒不是说历史会整体重演，而是说我们对过去的理解就是对未来的理解。

语言是交流、交通，这种交通的独特点在于它不是直来直去的交通，而是借助设施的交通。"狼""飞跑""然后"是些不同种类的设施，它们以不同的方式起作用。建设这些设施，是为了能够言说，要言说，就需要这些设施，就需要把整体分解成物体、形式、举止行为和关系等等。于是，人的生存成为经由中介的生存。我们吃着碗里的，看着锅里的，因为我们知道碗里的世界原可能是另外一个样子，我们可以通过操作、变革和革命实现某些可能性，让我们的世界变成另一个世界。人们历来把语言、工具和操作相提并论，盖由此也。

（本文曾以"信号、词与句"为题发表于《中国现象学与哲学评论》第二辑。）

关于语言的讨论

问：一个信号对应于一类事件。如果一类事件每发生一次都要一个特别的信号来对应，信号就没意义了，因为我们就要学习无数多的信号。

答：信号的功能在于应付预设的情境，但预先学习总是以会重复的事物为对象的。

问：但怎么确定这一情境与那一情境相同呢？两个情境严格说总是有点差别的。

答：一只灰色的狼扑过来和一只深灰色的狼扑过来，这两个情境是否相同？相同总是说在某种意义上相同。

问：但 A = A 却在任何意义上都相同。

答：问得好。这是两种根本上不同的"同一性"。一只灰色的狼扑过来和一只深灰色的狼扑过来在某种意义上相同，昨天的李白和今天的李白在某种意义上相同，这些是事实上的相同，A = A 则是逻辑上的相同，两者不是程度之别，而是性质之别。不过，要把这个问题讲得比较清楚，还要兜好几个圈子，就像有些几何题，结论一眼能看到，但要提供证明，要分条析缕，要画好几条辅助线。我们眼下倒可以考虑一下什么叫"意思一样"，这也是个困难的问题。周濂在陈岸瑛左边和陈岸瑛在周濂右边，意思一样不一样？"平芜尽处是春山，行人更在青山外"，"行人这边是青山，青山这边是草野"，两句话意思一样不一样？按我喜欢采用的比喻，这是两条道路到达同一个目的地，到的地方一样，路上的景色不同，一样不一样要看到达目的地占几分重要性。一般说来，越人性的活动，目的地本身所占的比重越小。

问：这个话题好多人谈过，黑格尔在《精神现象学》里说，杜威拿一个生产线上的工人的工作和一个数学家的工作相比，那个工人只要挣到工资就行了，工作的过程本身提供不了多少意义。

答：海德格尔说，在艺术品里，质料不消失在成品之中，也可以从这个角度理解。单就抽象目的而言，行人更在青山外也可以倒过来说，但在感性层面上，就感觉而言，两者全不相同。一句诗，非要用这些词来说这句话。但这是一种更高级的必然。一句话由词语构成，而一个词必须能够用在不止一种句子里，与此相应的就是，一个情境被看做由要素组成的，这些要素可以这样组合又可以那样组合。任何一种组合都是所谓"逻辑事实"①，我们的现实世界只是种种可能世界之中的一个。

问：在您看来，词与句的关系不是语言学中的一个技术性的

---

① 维特根斯坦，《逻辑哲学论》，2.0121："一切可能性都是逻辑的事实。"

问题,而是涉及语言本性的哲学问题,因为它从根本上说明了句子和信号的不同,语言和信号的不同。但是,动物信号为什么会发展成为人的语言呢?

答:这个问题就像问猴子为什么会变成人,这是另一类问题。但我们可以看一看在这个过程中哪些事情变化了。

Frege 早就注意到了语言的一个特点是可以用有限的词组成无限多的句子,有时换一个说法,那就是我们可以说出从来没听到过的句子,也能听懂第一次听到的句子。Davison 甚至说任何成功的语言理论都首先要把这个事实解释清楚。从外在的方面讲,用一些约定的语词来编织句子,比一个一个去约定信号要经济得多。几个词的排列组合可以变出很多花样来,几千上万个词,句子的长度又没有限制,所以我们的确可以生产出无限多的句子来。我们能够听懂无限多的句子,听懂新句子,是因为我们要学习的不是句子而是用来造句的语词,而这些语词是有限的——这里我不讲句法,句法和单词本来没有明确的界线。信号则需一个一个整个地学,于是我们一辈子只能学到有限数量的信号。语言的这个优点,应当是信号会发展为句子的一个动因。

问:照您的说法,信号对情境是整体性的,一个信号对应于一种整体情境,对有语言的人来说,情境是由要素构成的。世界是由多少要素构成的呢?这是个伪问题吧?

答:没有一种先验逻辑告诉我们应当把世界分解为多少要素,但有我们的生活指导这项工程。我们把狼归为一类,从而有"狼"这个词。"狼"是我们述说事情的一个元素。我们不太可能有"一只跑动的狼或另一只灰色的狼"这个词。王力先生说,"在原则上",所有自由词组都可以用一个词来代替。①就某个特定的自由词组说,这话不错,没有脚的虫子可以用"豸"这一个字来说,已过妙龄的女子可以用"徐娘"或 passee 这一个词来说,迷电脑网络成天不干别的,这种人多了,就出现了一个词叫做"网虫"。然而,从整体上说我们远不可以为每个自由词组造出一个单词来,因为自由词组的数量无限多,而我们若有无限多的词汇,用语词来构造句子这件事情就没意义了。语言的本质原就是使我们能用有限的语词表达无限多样的可能性。

问:所以 Davidson 强调,一种语言只能具有有限数量的单词,这是语言的根本规定。一种语言把世界大致分解成了特定数量的基本物体和基本活动而把其他的物体和活动描述为这些基本要素的组合。

答:分成多少要素不是由先验原则决定的,著名的例子是我们称做"雪"的,爱斯基摩人用二十多个名称来称呼,我们现在叫做"马"的,古人分成好几十种。显然这不仅涉及要素的数量,而且涉及要素之间的内在联系。中国话把胆和勇气连在一起,英国人把肠子和勇气连在一起,说是 guts。没有哪种分解的方式十足科学,但各有各的道理。

问:我们能不能发明一种科学的分法呢?
答:语言的构成总是在局部调整着,有些调整是使一门语言

---

① 王力,《中国语法理论》,台湾蓝灯出版公司,1987,第 55 页。

变得更科学,更重要的是我们在自然语言的基础上建立起了各种各样的科学语言,物理的,社会学的,等等。但我们不可能从整体上设计出一种科学的语言来代替自然语言。可以从好几个角度来看这个问题。关键在于,这不是设计一条生产线,而是设计一种理解,这是不可能的。我们在尝试设计一种新的理解方式时,我们已经通过自然语言对世界有所理解,我们根据这些理解设计的东西无法代替这种理解。我们也可以想一想我们为什么要科学的语言。科学处理经过规范的事实,所以科学语言可以像生产线一样整齐,一个概念对应一个对象,就像一个扳子专门拧一种螺丝,但自然语言不仅用来应付已经理解了的,而且还要应付尚未理解的,你平时用斧子砍劈柴,忽然扑过来一只野猪,你也同样用斧头应付它。

问:所以您否认理想语言的可能性。

答:自然语言不会很科学,但它是一个语言共同体一个民族一代代磨炼而得,包含着很多道理,这些道理的深度和广度我们永远梳理不完,哪里说得上一个哲学家把所有这些道理都发现出来,而且还把它们的长处短处都判断得一清二楚?罗素从反对黑格尔的内在关系开始自己的独立思考,一直进到认为所有关系皆为外在关系。"上"天然含有"高","高"天然含有"贵",这些"内在地"有关系。我不是说"外在""内在"是两个筐子,任何关系要么装在这个筐子里,要么装在那个筐子里。辣和热我们分着说,合着说时要两个字都说出来,说"热辣辣"、"火辣辣",可英语里放在一个字里,hot,这就提示热和辣有内在联系。理想语言假设世界是由粒子和外在关系构成的,为了避免自然语言的歧义，必须一个词对一个对象或一种对象。但脱离了语言，也就是说，脱离了理解，我们怎么确定哪个是一，哪种是一？我跳过一条小溪，这和电子从这个轨道跳到那个轨道是同一个跳吗？为了一对一，也许我们该为后一种情况发明出一个新词儿。但若我从一年级直接跳到三年级，是不是要为这种情况也发明一个新词儿呢？

问：把事件分解为一些单元，一定需要语言吗？比如一个人，他经常走动，不和地面连在一起，你因此能知道他是一个个体。

答："陆丁"这个名字不是用来概括你这个人的，不是用来概括你从小到大，概括你读书的样子、喝酒的心情。能够说到陆丁，当然要求每次都能复认你这个人，我在"论名称"里说到，对复认中包含的同一性的讨论把语言哲学引向歧途，这种复认的能力是个生物学事实，你养的狗每次见到你都能把你认出来，尽管昨天的陆丁 A 和今天的陆丁 B 穿的衣服不一样，气味也有点差别，我们说，这条狗认出了这是同一个人，这里我们说到了"同一"，但这和德国古典哲学里所谈的同一性是两个层次上的同一。我们说，这是房舍，那是树林，这不是在把眼前看到的某种东西归于"树林"这个抽象同一的概念，而是只有根据树林的自身同一才能说出"这是树林"，"这是树林"是以同一性为根据的述说，而不是述说同一性的。能述说同一性吗？你尝试述说的时候同一性又藏在新的述说之下作为根据存在了，这有点像我们不能把立脚的地方刨开。海德格尔曾尝试这样表达：不是说"那是树林"，而单单是"树林是"，你不说话，你路过树林，你已经在言说了，因为对你来说，是树林，树林存在。海德格尔曾说德国古典哲学对哲学的主要贡献是对"同一性"的这一理解。

问：谢林他们关于同一性的论述极难懂。

答：但读哲学，最终是要弄懂这个东西。我们先不谈这么玄的，说得从我们的上下文来说，说得简单些，你的狗这次从 B 认出了 A，下次从 C 认出了 B 及 A，但它不是从 A、B、C 里认出 NN，认出同一者，认出了陆丁。

问：我们每一次看到的也是具体的陆丁，而不是陆丁本身。

答：当然当然，我们的眼睛还比不上狗眼睛呢。但我们还有"心灵的眼睛"，心灵的眼睛看到的，是柏拉图所说的 idea，不是这片树林，也不是那片树林，而就是树林。你能看到树林本身，所以，哪怕你从来没有在沙漠上见过树林，你也能在心灵的眼睛里看到这种景象。

问：通过想像力。

答：德文表达"想像力"的是 Einbildungskraft，是一种建构能力。人人都知道这是一个极重要的题域，但在心理分析以外，深入的研究仍然很少。

问：大概我们不能只谈想像，还得多注意建构，实际上，能"想像"沙漠上有一片树林，就能真的到沙漠上去种一片树林。

答：正是这样。"改造世界"的一个条件是把世界看做由一些组成部分组成的，是可以重组的。

问：这就是反映在语言里的"看法"。我们凡说到李白，总不是这一刻的李白，也不是那一刻的李白。

答：但是并非在这一个李白那一个李白以外我们另有一个抽象的李白或理想的李白。你要把"心灵的眼睛"当做一个比喻，那柏拉图的 idea 也应看做一个比喻。维特根斯坦讲到巴黎尺，讲到用做样本的一片叶子，和这个意思差不多，从实际存在上说，巴黎尺仍然是像所有的尺子一样的一把尺子。你不可能制造出一个理想来，你只能把某种东西当做理想。

问：那就是李白本身吗？

答：这真要把我们引到一个极为古老的争论中去了。让我们这么说："李白本身"是元语言的表达法，我们说李白，已经是在说李白本身了，否则我们还能在说什么呢？既然我们说的不是这一刻的李白也不是那一刻的李白。就像我们说首长来了，就是说首长亲自来了。在自然交往中，表达式和所表达的事情是不分的，我们有时要把两者分开，单说到表达式，这时我们说"李白本身"，或者用引号把李白括起来，说"李白"。

"共相"、"意义"，这些词的名词性太强了，人们把它们当做鸟兽鱼虫之属，或当做动物这样更抽象的类别。"李白本身"、"理式"、"共相"和"意义"，这些不是完全要不得的概念。这些概念会误导思考，这是事实，所以大家现在避免使用这些概念，但什么概念不会误导思考呢？反正要紧的事情是想清楚，"李白本身"不是概括或抽象，既不指下次见到李白还能把他认出来的那种能力，也不是指把鸟兽鱼虫概括为动物的那种概括。"李白本身"就是"李白"，而"李白"，不在走不在跳不在唱的李白，是我们用来说李白走了李白在跳舞李白在唱歌的一个手段，这个手段，这个设施，就是那个同一的设施。我们看不到那个同一的东西，看不到那个"是"。亚里士多德说"是"不是类，就应当这样理解。

问：那您讲到"分解"和"分析"，主要不是讲把一个大东西分成一些小东西，而是讲一种转化，把现实的东西转化为一些共相。我们人类面对一个更广大的世界，甚至无限广大，主要不在于数量上的广大，而是通过认识机制的转换而带来的广大。

答：是的。我主要不是讲把一样大的东西分解成几个小的，把一屋子人分出陆丁、周濂，把上衣分成领子、袖子、下摆。也许"分解"这个词在这里不如"分析"。语言在本质上是分析的，思考在本质上也是分析的，把事态作为可能性来思考。"让我们好好思考一下这个问题"和"让我们来分析一下"，两句话的意思差不多。

问：只在很特定的场合我们才说"让我们来综合一下"。

答：因为问题天然已经是综合的，事态天然是综合的，所需要的是分析，但把一大块分成几小块只是最简单的一种分法。陆丁、周濂等等组成了一群人，这是最简单的组合，我们有时把这叫做"机械和""算术和"。在最宽的意义上我们有时也把这叫做"构成"，但"构成"这个概念通常比"合成""组成"多些什么，比如我说陆丁、周濂、陈岸瑛构成了一个核心，不是简单说你们三个人相加，而是说你们进入了一种特定的构造，也许也在说你们的结合使另一些人进入了一种特定的构造。

上衣分成领子和袖子，分成外面和里子，分成形状和颜色。语言有结构。这说的是世界有结构。把世界变成了可能性。"在命题里，我们仿佛用试验方法把世界装到一起。"① 有了构造，也可以讲，世界有了深度。

问："世界"这个词好像也有双重用法，有时泛指实在的一切，有时特指经过构造的世界，克里普克的"可能世界"似乎就是在后面这种意义上说的。

答：据前人解释，"世界"和"宇宙"都由时间空间构成，泛指万物大全，上下四方为宇，古往今来为宙，迁流为世、方位为界。我没有考证过这两个词的来历，按我们现在的用法，"宇宙"更多用在物质世界的意义上，科学书里都讲"宇宙"；"世界"则更多用在人类整体这方面，相对于各个民族而言。我们在选用"宇宙"或"世界"作为专门用语的时候大概不知不觉与这些用法相应。维特根斯坦在《逻辑哲学论》开篇就说"世界是事实的总和而非事物的总和"②，接下去就补充强调他所说的事实是"在逻辑空间中的事实"③，可见维特根斯坦是这样理解"世界"这个概念的。在海德格尔那里，Welt 这个概念是从建构方面讲的，在《存在与时间》里他就说世界是作为可能性展开的，事物是向它的种种可能性开放的。后来在《艺术作品的本源》里，

---

① Wittgenstein: *Notebooks* 1914–1916, Basil Blackwell, 1961, p. 7.
② 维特根斯坦，《逻辑哲学论》，1.1。
③ 维特根斯坦，《逻辑哲学论》，1.13："在逻辑空间中的诸事实就是世界。"

他提出世界和大地，大地是原始的，世界是建立起来的。

问：但按海德格尔的意思，好像大地才是最有深度的。

答：这感觉很对。世界有了深度，这不是说，不会说话的万物浮浅，毋宁说，不会说话的万物总留在深处，而我们跳到了外面，因此世界对我们来说有了深度。

不过让我们回过头来说"可能世界"。"可能的宇宙"和"可能的世界"不一样，"可能世界"是从观念方面、理想方面说的。通俗的说法里有"改造世界"的说法，没有"改造宇宙"的说法。我们在两种意义上讲到可能性，一种是发生上的，另一种是构造上的。我下一张牌可能摸到红桃也可能摸到黑桃，这是第一种。但是我即使摸到黑心，我原本也可能摸到红心的，这手牌的特定配置只是种种可能性中的一种，我学习桥牌的时候不是学习怎样应付这手牌或那手牌，而是学习应付种种可能性的规则。两手牌不同，叫法和打法不同，但叫牌规则和出牌技巧却不是为这手牌那手牌设计的。为了区别，我们可以把第一种叫做或然性。期待、反应等等是就第一种可能性说的，后悔、计划是就第二种可能性说的。海德格尔在《存在与时间》里谈到过这两种可能性。一种他称做"现成事物的偶或可能"，die Kontingenz eines Vorhandenen，这说的是一件事情仅仅可能会发生，尚不是现实，也不是必然要发生，所以说它"低于现实性和必然性"。另一种他称做"此在的本质性的可能存在"，我们知道，此在的存在从根本上是有所领会的生存，而所谓有所领会，就是知道现实的存在是种种可能存在的一种，你摸到了红心，但你原也可能摸到黑心的，你先出了红心，但你原也可能先出黑心的。"此在知道它于何处随它的能在一道存在。"海德格尔还提到本真的可能性不同于空洞的逻辑上的可能性。从逻辑上说,凡可能的就是一样可能的,从生存论上说,可能性是有依托的,有层次的,有远近的。① 就像我们的语句,人们一直试图找到一条界线,分出哪些是可以允许的句子,哪些是不允许的句子,但实际上找到的总是哪些是好听懂的,哪些是不好听懂的,哪些更不好听懂也许根本听不懂,像乔姆斯基举的那个例子,green ideas sleep furiously,自从有绿色运动以来,说不定哪天就是个合情合理的句子了。

问:但您把人所具有的特点都用语言来解释,是不是有点泛语言主义?

答:语言的重要性几乎是怎么说都不会夸张,希腊人把人称做"会说话的动物",至少在西方传统里,古往今来的大思想家差不多都以某种方式附和这种说法。例如海德格尔,他把语言看做那使人成其为人的东西。这些都是我们熟知的例子。我也附和这种认识。不过,的确存在着你们所说的"泛语言主义"的危险,主要不在于把语言强调得过了头,而在于陷入了一种宏大解释的框架,仿佛或者从事实上或者从逻辑上一切都要用语言来解释。人会制造工具,人会设计未来,人具有自我意识,人要穿衣服,人会后悔,这些都和人会说话有关系,的确我们也很难设想人的这些基本特性哪样和哪样会毫无关系。但我不以为其中哪一个是因哪一个是果,除非你用人类学的方法作出了证明。这对我

---

① 以上讨论所据的文本见 Sein und Zeit, Tuebingen: Niemeyer, 1979, 第143 – 144 页。海德格尔在那里申明,对可能性问题他那时只能做些准备工作。

们不具有头等的重要性。我也不以为哪一个是其他诸项的逻辑条件。但是语言分析有一种优势，因为比较容易确定语言现象的结构。

（本文根据1998年两次讨论会整理，参加提问的有陆丁、周濂、陈岸瑛、郭洪体和刘畅。）

论 名 称

一、小　引

这篇文章讨论"名称"这个概念。和"名称"属于一个家族的还有"专名"、"通名"、"名字"、"称呼"和"叫做"等等。"名称"是语词的一类,语词不都是名称,此外还有"概念"、"确定描述"等等。这些我们自然也要涉及。

据说希腊文里不分"语词"和"名称"。古代汉语也没有这种区别,我们现在叫做"语词"甚至"语言"的,古人就叫"名",我们现在说"语词和事物",古人就说"名实"。但这不等于说,古人的"名"这个概念和今人的"语词"这个概念是一样的。应当说,古人在这方面的概念系统和今人的有些差别。无论中西,"名称"的用法古今都有差别。后来虽然有了"名称"和"语词"的区别,今人使用"名称"这个词,仍难免依其古义,泛指语词。维特根斯坦专谈名称的时候,是区别 Name 和其他语词的;在其他地方,却有时混用 Name 和 Wort。海德格尔好古,专在古义上用 Name。我们的成语里面,"名"自然都是古义,如

"名正言顺"、"名符其实"等等。不过古人只说"名",不说"名称"。

本文所说的"名称",取其今义或狭义。我们不是先给"名称"下个定义,然后来讨论"名称"的内容。我们先听听实际说话的时候,我们把哪些词叫做"名称",不把哪些词叫做"名称",然后来琢磨其中的道理。

有一段时间,人们思考语词的性质,倾向于从名称开始。这可能和"名"的古义今义的混杂有关。但更主要的想是因为名称是最简单的语词,所以很容易用来当做思考语词的范式。

密尔就是这样。他把语词大致都看做名称,分做两类,一类是专名(proper names),指称个体,相当于墨家所说的"私"或"私名";一类是通名(common names, general names 或 class names)或概括语词(general terms)。然而概括语词并不都是通名。密尔自己也承认至少像"如果"、"和"之类的语词怎么也无法说成名称。这些语词也许可以称做"语法词"甚至"句子的语法成分"。但如"幻想"、"打击"、"原谅"和"正当"这些词,显然是概括语词,却很难说是名称。

我同意克里普克等人的看法,专名和通名起作用的方式是一致的,和其他概括语词起作用的方式则有较大差别。所以,在名称和非名称语词之间有一条相当重要的界限。但按密尔那种划分,名称与概念等等非名称语词的区别消失了,取而代之的是专名和概括语词的区别,通名和通常根本不认作是名称的语词裹在一起,而"名称"这个概念却被割裂开来,专名成了一个单独的问题。

名称本来是语词中最简单的一支：一边是名字，另一边是它所指的东西，两者通过实指之类的方式联系起来，名字代表这样东西，这样东西带着这个名字。因此，哲学家对名称的强烈持久的兴趣看起来是挺奇怪的。这种兴趣大概来自两个相反相成的角度。如果认为意义就是指称，则名字就是语词如何具有意义的典型。如果否认指称论，则名称似乎就没有意义；我们希望找到一种能说明一切语词的意义理论，而某些语词居然没有意义，这就成了一件让人伤脑筋的事儿。名称起作用的方式的确很简单，恰因为此，这类语词显得独具一格。这种独特性这么突出，乃至有人干脆认为名称是"语言之外的符号"（extralinguistic symbols）。无论你认为名称有意义或没意义，要说明你的看法，你就被逼着去解释什么是意义以及意义和指称的关系，也就被逼到了当代语言哲学的核心问题上了。

但这就是说，搅进了一团混乱。混乱的一个原因简简单单就是"意义"这个概念本身还很不清楚。德文里有 Bedeutung、Sinn 和 Bedeutsamkeit，英文里有 meaning、sense 和 significance。英文动词 to mean 和 meaning 是一个词，与之相应的德文动词 meinen 却和 Bedeutung 及 Sinn 是两回事，动词 deuten、bedeuten、sinnen 则又连到别的概念组去了。至于中文里面的"意义"、"意思"、"含义"、"涵义"、"内涵"和"意思是"这些语词更是用得半中半洋，没人认真考究一下。

不过我以为，不少争论已经有了定论。例如，并非所有的语词都是名称（维特根斯坦和奥斯汀）①；专名和通名没有明确界限，实际上，自然种类的通名和专名都是典型的名称，它们的性质几乎一模一样（克里普克等等）。但还有一些很重要的问题有待继续探讨。名称和非名称语词有没有明确的界限？名称和描述究竟是什么关系？名称究竟有没有意义？本文尝试为回答这些问题提供一些线索。本文将先说明通名和专名起作用的方式没有原则区别，继而检阅包括专名和通名在内的名称的特点，最后通过名称和概念的对照对意义问题作一些探讨。

二、专名的特点

近代哲学家里用是不是专名来划分语词的，第一个大概是密尔。密尔认为，专名只有指称没有内涵，通名则既有指称又有内涵。他说的"内涵"和后来说的"意义"差不多。很多人继承了他的观点。莱尔就是其中突出的一个。

莱尔曾列举专名的特点。"'菲多'（一条狗的名字）这个词不传达关于这条狗的任何信息，无论是关于它的品质、来历，还是它在什么地方……没有怎样来正确或不正确地翻译'菲多'这个词的问题。字典不告诉我们专名的意义是什么——道理很简单，它们没有意义……听是听到了'菲多'这个词，却无所谓理

---

① 奥斯汀把这种看法称作一种 currious belief。但他自己行文中屡屡这样混淆，有时他甚至把词组也称为"名称"：a cricket bat and a cricket ball and a cricket umpire, "all are called by the same name"，引 1–41。即使他有意模仿他的论敌这样说，这句话仍很费解，把什么用同一名称来称呼了？a cricket bat 不明明是三个"名称"（词组）吗？

解了、理解错了或没理解。没有什么东西需要解释或加以定义。丘吉尔是首相，从这个信息我们可以推知不少事情，例如他是议会多数党的领袖……但我们却不因为使用了一个专名而断言任何其他的事情。专名是标记而不是描述……专名是任意给予的，不传达任何真的或假的，因为它什么都不传达。"①

莱尔说"星期六"也是个专名，但"它之为专名的方式和'菲多'是专名的方式不一样"。怎么个不一样法？这里他似乎又提示说专名说来说去还是可以说是有意义的，只不过它们"远远不能为意义观念提供最终的解释"。当然，什么能为意义观念提供最终解释呢？指称观念"原是意义之树上的一支特别的分权"②。这话说得很好，但莱尔没有说明，它怎么个特别法，又在何处分的权。

持密尔—莱尔观点的其他人还加上了专名的另外一些特征。字典可以力争收集一种语言里的全部语词，但不可能以收集所有专名为目标。造出更多的专名并不会让一种语言变得更加丰富——这一点有超级市场里日新月异的商品品牌作证。关于专名的知识是事实方面的知识而不是关于一种语言的知识。专名没有特定的语词搭配限制（specific co-occurrence restrictions）。

这些特征却不像莱尔洋洋洒洒叙述得那样明白、不容置疑。

我们说专名代表一样东西，这样东西具有名称。早有人指出这里的"代表"和"具有"或相类的说法本身都大可考究。至于

---

① Gilbert Ryle，《意义理论》，载于 Collected papers, Volume II, New York，第 357–358 页。

② Gilbert Ryle，《意义理论》，载于 Collected papers, Volume II, New York，第 365 页。

"林黛玉"代表什么,更有人当做一个专门的问题提出来。

关于专名是否需要翻译,学者们见仁见智。Vendler 认为"Vienna"不是"Wien"的翻译而是其"英文式样",但 Linsky 却相信"Adamo"是"Adam"的翻译。这还不只是说法不同而已,此中有义理之争。"金星"和"太阳"是 Venus 和 Sun 的翻译还是其"中文式样"?"Fiddle"不是专名,但我们不是也可以说它是德文词"Fiedel"的"英文式样"吗?反过来,"the Holy Roman Empire"是个专名,但"神圣罗马帝国"却显然是翻译。

多数字典事实上收集了相当一批专名。学习一批专名对学习某种语言似乎不可或缺。我们很难想像学习古希腊语而不学习相当一批希腊神祇的名字,也很难想像学习现代英语而不学习 Washington, New York, JFK, CIA 这样一批专名。

专名也不是绝对没有搭配限制。"济南"是个地名,我说"我去了济南"却不说"我去了济南那儿"。"陈嘉映"是个人名,我只能说"我去了陈嘉映那儿"而绝不能说"我去了陈嘉映"。

莱尔关于"传达信息"的说法过于简单了。我恐怕听得懂"英国首相明日访华"的人未必都知道英国首相必定是议会多数党的领袖。再者,你问"秀兰嫁给谁了?"我回答说:"一个男人"或"一个穷教授"提供了更多的信息呢还是"嫁给陈嘉映了"提供了更多的信息?这要由好多具体情况来决定。其中之一是你认识不认识陈嘉映。要是你和陈嘉映很熟,显然后一个回答提供了最多的信息。这里的问题不是关于一般所谓"传达信息"而是关于语义推论的。区分这一点是很重要的,因为两者的混淆给名称的讨论带来了很多混乱。莱尔的意思大概是:有一些知识天然包含在"首相""男人""穷教授"这个用语里面,而关于"陈嘉映"的知识却是语言之外的知识。

事实知识和语言知识的划分,却是个更深更难的问题。我们后面还要专门讨论。总的说来,我并不认定莱尔的主张是错的。但其中包含了不少疑问,须得更细致深入地审查,名称问题才会澄清。为此首先要问一问,专名和通名有根本区别吗?

三、通名和专名没有根本区别

我希望说明的是,莱尔等人所举的这些特征属于名称而不仅仅属于专名,我们提出的疑问也不单属于专名。这些特征和疑问对通名也是一样的。就日常对"名称"这个词的用法来说,专名和通名本来不分。克里普克则特别注意到自然种类的名称起作用的方式和专名起作用的方式是相同的。

我认为专名和通名没有根本区别。但我愿意立刻说明,经常用来支持这种立场的一种论据是站不住的。这种论据说,可能有两个人都叫"陈嘉映",于是"陈嘉映"应该看做通名而不是专名。然而,我们把两株牡丹都叫做"牡丹"是因为它们差不多一样,属于同一个品类。两个陈嘉映也属于同一个品类,但这却是他们都叫做"人"的缘由而不是都叫做"陈嘉映"的缘由。比起陈嘉映和雷峰,两个叫"陈嘉映"的人并不格外相像。一个人和一条狗都可以叫"陈嘉映",却不因为他们属于同一品类。

但"陈嘉映"这个词里面专名和通名已经有点混居杂处了。"陈嘉映"里的"陈",应该看做通名而不是专名。"陈"起作用的方式接近于"北京人"、"中国人"这样的语词。

有些语词应用的对象不只一个，却经常被看作是专名。莱尔说"星期六"是专名，但我们一年就有52个星期六。反过来，有些语词所指的对象只有一个，却往往被看做通名。我们只有一个宇宙，但"宇宙"不像个专名。一神论者的"上帝"也不像是个专名。还有"天"和"地"呢？"天狼星"、"金星"和"木卫一号"是典型的专名，但"太阳"、"地球"和"月亮"呢？说起来，太阳、地球和月亮与天狼星、金星和月亮在天文学上正好相应，但在英文里，the sun, the earth 和 the moon 通常是小写的，就是说，把它们当做概括语词来看待的。当然，为了强调它们和天狼星等等的一致，我们也可以把这些词大写。然而，后羿射下了九个太阳，原子弹"比一千个太阳还亮"，这些说法里的"太阳"还是专名吗？此外还有一大类语词，如"诸葛亮"、"拿破仑"和"法西斯"等等。我们说"事后诸葛亮"，说拜伦是"诗坛拿破仑"，说江青"比法西斯还法西斯"，这里的"诸葛亮""拿破仑""法西斯"是不是专名呢？是通名吗？抑或根本不是名称？再有，人是灵长目的一支，黑猩猩也是灵长目的一支。"黑猩猩"是个典型的通名；"人"呢？如果"人"是名称，为什么我们竟可以说一个人"没有人性"、"没有人味儿"、"不是人"？

一个语词是专名还是通名似乎不总是可以说定的。哥德巴赫猜想是个体还是类？这完全看我们怎么定义个体。为什么不相信我们每天都在迎接一次新的日出？大概基于类似的观察，Lewis 主张所有的专名实际上都是通名，指称只有一个成员的品类，例如"拿破仑"指称的是拿破仑这个品类，而这个品类事实上却只有一个成员。① 我以为他的立论是错的，不过我们暂时存而不论。

通常区分专名和通名的理由，是说专名没有意义而通名是有意义的。但所说的"意义"是什么却往往很不清楚。一种说法是通名具有描述力。把一种物质叫做"钼"在什么意义上描述了这种物质呢？要是我知道钼是什么，告诉我这是钼的确说出了些什么。但若我知道陈嘉映是什么人，你告诉我"这是陈嘉映"也一样说出了些什么。

有人认为通名描述所指对象的本质特征，例如"马"描述"长头直耳四蹄善跑的哺乳动物"。这是一种错误的说法，我们将在第七节讨论。无论对错，对通名说得通的对专名也说得通。如果"马"是一组对马的描述，那么"亚里士多德"就是"柏拉图最出色的学生""亚力山大的老师"等等一组描述了。这些知识也许只是事实知识而不是语言知识。"钼"和"菠菜"都不是专名，但关于钼关于菠菜的知识也都是事实知识，而不是关于中文语词的知识。

有人进一步争辩说，虽然不能把对马的正确描述都算做"马"的内涵，但有一些描述却必然属于"马"，例如"趾端为蹄"就以分析的方式对"马"为真。对亚里士多德的描述却都是偶然为真的。对此克里普克反驳说，亚里士多德是其父母的儿子之类的命题对"亚里士多德"也分析地为真。我觉得这里不一定要采用"分析综合""必然偶然"这些本身就很成问题的概念，但我同意克里普克，假如通名可以说包含分析内容，专名也

---

① Lewis, "The Modes of Meaning", 1946, 载于 *Readings in the Philosophy of Language*, ed. By. Jay F. Rosenberg and Charles Travised, p19。

包含。

当然，通名和专名有一个突出的区别。专名指个体而通名指类。这是用来区分专名和通名的定义，而我们争论的，正是这个区分在语词分类上到底有没有什么重要的结果。

把专名放在一边把概括语词放在另一边，这种区分和形而上学里的一个重要传统即所谓"个别与一般"或"个体与共相"这组范畴是相适配的。我们这里可以从所谓分类谱系（taxonomy）来看到这种适配的情况。

我有一条狗，我叫它"菲多"。菲多是一条哈巴狗，哈巴狗是狗，狗是一种哺乳动物，哺乳动物自然是一种动物，动物是一种生物。于是我们有了一个阶梯或类别谱系：菲多，哈巴狗，狗，哺乳动物，动物，生物。人们在这里看到的最重要的事情是，这个谱系的一端是一个个体，此后的一层一层都是"共相"。相应地，称呼这一端的是一个专名，而称呼其他各层的都是概括语词。从此就生出了专名问题，个体与共相的关系问题，语言是否能表达个别事物个别现象的问题，等等。

其实，从以往的形而上学转过来关注语言，本应该使我们从这个简单的阶梯学到另外一些东西。我们会注意到，我们不是把"菲多"这样词作为基础，一层层习得更高的抽象。语汇的"基础层次"是"狗""跑"这样的中间层次。这个层次不是从更低的层次抽象而来。它原是最先学会的层次，理解得最具体的层次，低于它的那些层次是从它分化而来，高于它的层次则从它抽象而来。在这两个方向上，又各有一个基本层次，"菲多"和"动物"。在这两个层次上，就像在中间层次上一样，我们通常使用的多是些单词，而在另外的层次上，我们的语言里所有的多是词组。中间层次在多种意义上是根本的，例如，日常使用的多是在这个层次及其以下层次上的词汇。我们说"菲多在跑"、"一条狗在跑"，而很少说"一个动物在运动"。

这些现象值得从多方面来探讨。就名称问题而言，我们应注意到，中间层次以上的语词，通常不可能是名称。"菲多"、"哈巴狗"、"狗"是专名或通名，但有谁会把"哺乳动物"、"动物"和"生物"称做"名称"呢？"哈巴狗是狗"和"狗是动物"在逻辑上像是一式的，于是人们很容易设想既然"狗"是通名，"动物"自然也是通名，只是更抽象一些罢了："推而共之，共则有共，至于无共然后止。"（荀子《正名篇》）但这恰恰是受逻辑的表面一致性误导的一个例子。从菲多到狗和从狗到动物这两个阶梯性质不同。可以说，菲多总是狗；而狗却可以是动物，是家畜，是畜牲，是人的最忠实的伙伴。无论我们说菲多是动物还是畜牲还是人的忠实伙伴，菲多总是作为狗来是这些东西的。亚里士多德说像"狗"这样的概念比"动物"这样的概念更多一些 ousia，大概和这里所说的合拍。①

至于"原谅"、"正义"、"文化"、"产品"以及所谓"语法词"就和"哈巴狗"这类语词的词性相去更远了，绝不宜于把它们叫做"名称"。

四、家族相似不能用来作名称分析

像密尔那样把专名放在一边，把所有其他语词放在另一边，

---

① 亚里士多德的这个说法，是靳希平先生提醒我的。

如前所述，有传统形而上学作为根据，这种形而上学反过来又由对语词的看法来支持。概括语词，无论是不是名称，都概括称谓着多个或多种东西，而它之所以能概括不同的东西，是因为这些东西具有共同的特征可以"推而共之"。众所周知，维特根斯坦提出"家族相似"，就意在瓦解这个传之已久的教条。①

不过，若我们讨论的只是通名，我们会承认，我们用同一个词来称呼的东西的确具有很多共同的特征，而且我们也的确因为它们具有这些共同特征才用同一个词来称呼它们。这只要想想这株牡丹和那株牡丹，这块钼和那块钼就可以知道。奥斯丁好像是承认这一点的，所以他特别加注说明，重要的不是追问我们为什么用同一个词来称不同的事物，而是追问为什么用同一个词来称不同种类的事物。他所分析的那些词，如"健康"、"变化"和"快乐"，都不是我们平时称做"名称"的语词。概括语词根据的是不是共同特征，在很大程度上可以帮助我们确定这个概括语词是不是一个名称。

Lakoff 研究语词中间层次（他称之为"基础层次"）的时候指出，基础层次是我们能够综览各个范畴成员之间的共同性的最高层次，因此也是我们能对范畴成员形成意象的最高层次。从这个层次再往上，概括语词就不那么明显地依据于直接可见的共同性了，同时这些语词的名称性质也越来越淡。维特根斯坦明确列举为家族相似概念的，如"游戏"、"工具"和"数"等等，都

---

① 参见 The Blue and Brown Books, Basil Blackwell, 1958, 第17页；《哲学探索》（通常译作《哲学研究》），第65－66节。

是基础层次以上的语词。反过来,"围棋"、"剪刀"和"自然数"就满可以用共同性来说明,而这些语词的名称性也很明显。

"家族相似"概念不适宜解释通名,若用它来解释专名就更不通了。在《哲学探索》第79节里,维氏写道:

……一个人说"摩西没有存在过";这可以有各式各样的意思。可以是:以色列人撤出从埃及时并没有一个惟一的领袖——或:他们的领袖不叫摩西——或:从不曾有过一个人做了《圣经》说摩西所做的一切——或诸如此类。——我们可以跟着罗素说:"摩西"这个名称可以由各种各样的描述来定义。例如定义为"那个带领以色列人走过荒漠的人","那个生活在彼时彼地、当时名叫'摩西'的人","那个童年时被法老的女儿从尼罗河救出的人"等等。我们假定这一个或那一个定义,"摩西没有存在过"这个句子就会有不同的意思,而且其他关于摩西的句子也是这样。——再考虑一下另一种情况。我说"N死了",名称"N"的意义可能是:我相信曾经活着的那个人:(1)我曾在某某地方见过;(2)看上去是某某样子(像照片上这样);(3)做过某某事;(4)在社交圈子里用"N"这个名字。——问到在"N"的名下我所理解的是什么,我会列举所有这些,或其中的一部分,场合不同所列举的也不同。

这是《哲学探索》里引起广泛争议的一段话。多数论者主要是反对维氏在这里所采用的罗素式的专名理论。但 Baker 和 Hacker 为维氏辩护说,维氏在这里并不曾打算提出什么专名理论,他只是用这番议论来为家族相似的总观点做一个例子。我相信他们的诠释是成立的，但这恰恰是更糟糕的一面。因为维氏这个例子无助于澄清"家族相似"概念，反而给这个概念带来了混乱。对一个名称所指的事物的种种描述（不是对名称的描述）是互相独立的描述，它们之间没有概念性的联系，没有什么家族相似。"那个带领以色列人走过荒漠的人"和"那个童年时被法老的女儿从尼罗河救出的人"有什么相似之处呢，这两件事情之间有什么概念联系呢？

五、命名系统和确定对象的标准

"陈嘉映"这一类名称是最简单的。被命名的人是个明显的整体，这个名字一定指整个这人，绝不会是这个人的左半边的名字。当然，之所以给他起个名字，是因为他身边的人经常会谈到他。我们也不难区分出一个单独的蜜蜂，但我们不会经常谈论它，于是也不会单独造个词来称呼它。

指着一只兔子教你"rabbit"，他最可能就是指兔子，而不是指兔子的某个部分，或指比兔更高的类，如"动物"。这是由完形感知和基础范畴来说明的。然而，他到底指的是什么——兔子的眼睛？颜色？跑动的姿态？这你是没有把握的。学习第一个名称，学习某个范畴里的第一个名称，是个相当复杂的过程，绝不是把一个词和一样东西联系起来就行了，因为你不知道这个词是从什么方面来确定这样东西的。"菲多"不是这一个的名称，而是这一条狗的名称；"红"不是这一个的名称，而是这一种颜色的名称。我强调这个简单的事实是想说明，这里的问题恰恰在于"一个"是怎么确定的。确定一只狗之为"一个"和确定一匹马之为"一个"是一样的，但和确定太平洋之为一个就不一样。确定猩红之为"一种"颜色和确定猩红热之为"一种"疾病也很不一样。确定颜色只看表面而不靠分析光谱；确定疾病却恰恰要透过症状确定引起症状的原因。

我们说明一个名称，总要这样说："菲多"是一条狗的名称，"猩红"是一种颜色的名称。"某某的名称"这个说法是名称的语法。上帝、宇宙独一无二，"上帝""宇宙"就不会是名称。日、月首先不是恒星卫星，而是独一无二的天体，所以"日""月"首先也不是名称，同理，"天""地"也不是名称。"黑猩猩"是名称；"人"却不是，因为"人"自成一类，人有自己的道，是谓"人道"。"人"是一个典型的概念而不单单是个名称，乃至我们可以说一个人"没有人性"、"没有人味儿"、"不是人"。一些名称比肩并列，同属于一个范畴，是名称的特点。Lewis 倒是觉察到了专名理论里的疑点，因此被逼着主张专名原是通名，只不过其指称的品类只有一个成员，这却错得更离谱，恰恰把名称的本性解释反了。

最初学习某一类名称，仅仅把名称和对象一一对应起来是不够的，你在学习某个特定名称的同时还在形成某种概念格式（conceptual schema）。你一旦有了这个概念格式，学起第二个第三个名称来就易如反掌了。

Searle 主张，"猩红"属于"颜色"，"喜马拉雅"属于"山"是分析的真理。换成平易的因此更中肯的说法，那就是：和一些同伙同属于一个范畴是名称的本性。这个范畴，我们称之为基地范畴（base category）。狗和马同属于动物，红和蓝同属于颜色，星期六星期日同属于星期。除了同为颜色，红和蓝没有什么共同之处。"颜色"不是由所属品类的共同性或家族相似得到的,而是一个纯粹意义上的范畴,是我们在学习具体颜色名称的过程里形成的。在同一个基地范畴上的名称,其语法一模一样。名称的一个重要语法特征即几乎没有搭配的限制,就是从这里来的。我去了一个地方,或去了一个人那儿。所以我去了济南,或去了陈嘉映那儿。由于语法一模一样,我虽然分辨不出哪一块金属是钼,我仍然可以正确使用"钼"这个名称;即使我认不出哪种颜色是猩红色,我也可以正确使用"猩红"这个词。学到"猩红"这个词扩展了你谈论颜色的词汇,但你的"颜色"概念却并不因此增益。我们把一个新名字用在一个新成员上,根据的是这个新成员和同类成员的感性差异而不是靠形成一个新的概念格式。

这里我们可以提到 Searle 的一个奇怪的直觉。他说即使戴高乐变成了一棵树,"戴高乐"的指称仍然可以不变;但若戴高乐变成了一个素数,"戴高乐"所指的就不可能还是同样的东西了。我想他直觉到的是:我们确定一个人和一棵树的个体性所据的概念格式差不多一样,但确定一个素数之为一个独立的单位则相差很远。克里普克在讨论固定指号(rigid designator)的时候忽略了这类重要的差别。

戴高乐之为个体是那么分明,似乎不用着眼于任何系统他都是那么个个体,甚至他是个人或不是个人也无关紧要。太平洋印度洋并不是那样界限分明的个体,但我们也可以比照戴高乐这样分明的个体,把它们当做个体,给它们专门起个名字。同样,我们可以比照别的界限分明的种类,给季节起上"春夏秋冬"的名字,为城市命名,为国家命名。比照或类比是产生语词的基本方式,也是学习语词的基本方式。

一种概念格式造就一个命名系统。即使给"同样"的东西命名,所据的概念格式仍然会有差别。我们现在根据原子序数之类来确定金属种类,但在这些标准建立以前很久很久,人们已经为很多种金属命名了。世界上为日子命名的系统成百上千,"星期六"只在其中一种有意义。包含在这意义里的有太阳的出没,一个日子从什么钟点开始在什么钟点结束的规定,有七天为一循环单位的宗教传统,还有时间像车轮一样旋转循环的观念。循环性又有其逻辑后果:每星期七天是互相定义的,星期六跟在星期五后面而不是相反。要学会这些名称,单靠实指还不够,还需要了解这个循环的规律。这些规律形成了星期名称的语法。

同是为天体命名,天文学和星相学的命名系统不同。这些命名系统规定了怎样来确定对象,并在这个意义上具有描述力。我们不能把出现在西方的金星叫做"启明星",出现在东方这种性质是必然属于启明星的。星辰在天上的方位本来就是确定星辰身份的重要标准。如果相信星辰的出没指示着我们在尘事的命运,那么方位不同的星星当然更是不同的星星了。要让一个只有星相学没有天文学的民族认识到启明和长庚是同一颗星,要教给他们一个新的命名系统;而要教会这个命名系统,就得教会他们一整套认识天体的新方式。

不同的概念格式确定对象的方式和标准也不同。最近这些年,名称讨论中的很大一部分转移到了这一方面:用哪些标准来分辨真假陈嘉映是最可靠的,用哪些标准来决定历史上是否有过荷马这个人摩西这个人,用哪些标准来测定一块金属究竟是不是金子。我以为这类讨论逸出了哲学讨论的范围,和警察业务或考古学矿物学的关系更近些，没有多少哲学兴趣。稀有金属的分类，海洋生物的分类，量子运动的研究，当然都是很繁难的工作，把大量用语用做术语，并创造出新的名称和语词。但就日常语词起作用的方式而言，就日常语言的语法而言，这些研究及其成果的影响却往往是十分迂回的。

我们讨论命名系统，所关心的是语法，名称的语法，日常语言里的名称设置。无论确定对象的技术手段怎样进步，这些事情很少受到影响。也许随着生物学的发展，我们会找到更好的办法来定义"马"，例如用基因构造的方式。我们对于"马"这个词的学习和使用，却不大会因此受益。大家一直叫做"陈嘉映"的这个人，也许是火星帝国派来的间谍，谋杀了真正的陈嘉映，装扮成他的样子混入地球人之中。警察侦探有时真的要决定这类故事是真是假，通过血型、指印、出生证、基因分析或其他什么。第一，这些手段可以同时使用，不必事先决定哪一种是最有效的；第二，什么情况下该用什么手段，哲学家未必有更适当的建议。而我们，平常说话的人，在故事证明为真之后，仍然可能决定用"陈嘉映"来称假扮成地球人的火星人而给那个冤死的地球人另起个名字。无论我们决定怎样称呼，却都不影响名称设置的一般语法。关于荷马，除了他也许是两部希腊史诗的作者之外，我们几无所知，但"荷马"这个名字却并不因此等于"希腊史诗的作者"。"荷马"是一个人的名字，这个人吃饭睡觉溜达说话，有时吟吟诗。我们明明知道历史上从来没有过林黛玉这么个女子，但我们使用"林黛玉"这个名字就像使用"陈嘉映"一样有把握。我们用类比的方式把名字用到古人和虚构的人物身上；"陈嘉映"、"荷马"

和"林黛玉"属于原则上相同的命名系统。我们了解古人和虚构人物的方式和了解身边的人很不一样，但我们对于一个人的了解并不是其名称语法的一部分。我在这里愿斗胆声称：关于名称怎么可以指称不存在的人或物的争论，全部或至少大部是无字匾之争。"孙悟空"是个好好的名字，虽然现实里没有任何一只猴子和它对应。凤凰飞舞的样子一定和乌鸦大不相同，但"凤凰"这个名称起作用的方式却与"乌鸦"一样。

六、名称里的描述成分

自罗素以来，名称问题的讨论有一大部围绕着名称和描述的关系旋转。然而，"描述"或"具有描述性"和"意义"一样，其上疑云密布。本文只涉及和名称相关的描述。上一节提到命名系统通过确定对象的方式而具有描述性。下一节将讨论罗素一派的提法。在此之前，我们先简略谈一下"牧羊犬"里的"牧羊"、"蓝鲸"里的"蓝"这样的描述性成分。至于"事后诸葛亮"里的"诸葛亮"、"铁拳"里的"铁"、"蚕食"里的"蚕"这类用语是否描述怎么描述，我们到第八节再表。

第二节里提到，基础层次上的用语经常是单词或最短的语汇，基础层次以下的名称则经常是在基础层次语词上再加些什么，如"哈巴狗"之对"狗"，"牧羊犬"之对"犬"，"蒙古马"之对"马"等等。这些加上去的语词经常标识这个子类的某个特征，在这个意义上具有描述性。然而，我们不可把它们看做纯粹的描述。名称使用了具有描述性的语词，并不使名称变成了描述语或伪装的描述语。名称中的描述语所起的是标识作用而不是纯粹的描述作用。牧羊犬不一定在草原上看着羊群。河流改道了，"河口"还是"河口"。罗素曾经想到一个好例子："神圣罗马帝国"所称的政治实体，既不神圣，也不是帝国，和罗马也没什么关系。"蓝鲸"和"蓝玻璃"有着不同的语法结构。蓝鲸是鲸鱼的一个子类，蓝色的玻璃通常不是一类玻璃。我们只要懂得"蓝"和"玻璃"，也就懂得"蓝玻璃"，但我们懂得"蓝"和"鲸"却不一定懂得"蓝鲸"。同样，我们即使认识哥德巴赫也知道"猜想"是什么意思，我们仍可能完全不知道"哥德巴赫猜想"说的是什么。从这里又可以知道，一个名称无论多长，都是一个单词而不是一个词组。

　　名称里的描述成分会给翻译带来混乱。"New Jersey"翻译成"新泽西"，New York 却不译成"新约克"。但像"神圣罗马帝国"我们一定是按其成分的意思译出来的。

　　名称是否含有描述成分，是件可有可无的事。名称里的描述词主要不是用来描述的，而是用来命名的。自行车自己是不肯走的。名称里的描述成分往往提示出了名称语词的来源，但它不说明这个名称何以是名称。印第安人并不居住在印度，却仍然被叫做"印第安人"。

　　不过，名称里的描述成分如果完全失去了描述作用，我们也会觉得别扭，比如我们会说"神圣罗马帝国"徒有其名。"文化大革命"名不符实，我们就可能决定改个名称，叫它"十年浩劫"，以求名符其实。金星如果从不在黎明时分出现在东方，我们绝不会叫它"启明星"的。

七、对象的特定描述不同于语义

名称和描述的另一种关系是由罗素的特定描述语①理论提出来的。罗素把专名看做一束经过伪装的描述。前面所引维氏的那段话看来承继了罗素的思路。既然我们都承认描述语是有意义的，名称若和描述语连在一起，似乎也就应该有意义。第四节的引文里，维特根斯坦就说到"名称'N'的意义"并解释为关于 N 的种种描述。

把名称所指对象的特性描述当做名称的内容或意义，正像卡普兰说的，一听就有点可疑。克里普克对这所谓"弗雷格—罗素—维特根斯坦理论"更有系统的驳论。他认为，凡是把"确定描述"当做名称意义或名称内涵的说法，在这里都弄错了方向。无论像罗素那样说名称是伪装的描述还是像维特根斯坦和 Searle 那样说名称和描述联系在一起，或者是确定描述中某一些的不确定的集合。克里普克指出，用来定义"马"的那些特征是一些经验事实，并不似初看上去那样是马所必然具备的。一匹马断了一条腿，这匹三条腿的马仍然是马。马这种动物的种种事实，并不包含在"马"这个词的语义里。

莱尔对照"首相"和"菲多"所要说明的，也是这种区别。"首相"是概念，"菲多"是名称。对概念的意义和名称所称对象的性质，人们通常是这样对照的：必然的和偶然的，逻辑的和经

---

① 不宜把 definite description 译作"摹状词"。1、description 一般译作"描述"；2、definite description 经常是词组，不是词。

验的，语义的事实和语言外部的事实。"马"的定义和"马"的联系是事实的，而"骘"的定义和"骘"的联系是逻辑的、语义的、必然的。按照义素分析派的看法，"骘"可以分析为"成年"、"公"和"马"三个义素；这种分析是语义方面的而不是事实方面的，也就是说，"是公的"之类对"骘"分析为真。骘必然是公的，这一点始终改变不了。如果哪一天有些母马也叫做"骘"了，那绝不是因为我们发现了马的什么新事实，而是"骘"这个概念变掉了。我们还可以进一步注意到，"成年"、"公"不仅包含在"骘"里面，而且是很多语词的共同义素，例如"男人"。又如"大小"也是经常用来产生概念的义素：山和丘，河和溪，城和镇。

但若一个概念可以被分析为构成该概念的某些必然因素，名称为什么就不能分析为构成该名称的必然因素呢？"马"的定义是"长头直耳四蹄善跑的哺乳动物"；"骘"的定义是"成年的公马"。两个定义分别说明了两个词所指对象的本质特征。当然，四蹄不是"马"这个词的特征而是这个词所指的动物的特征。但难道是公的不是"骘"所指的动物的特征吗？概念的内涵和名称所称事物的特性似乎相类；语义事实和语言外部事实很难区分。"义素"如公母大小个也是事实方面的吗？跑比走快是事实呢还是单纯语义？

笼罩着这场争论的始终是语词意义的疑云。人们以为一个词的意义在于其定义，在于必然和它联系在一起的陈述，于是名称有没有意义的争论就围绕着究竟有没有哪个描述对名称所指对象必然为真打转，进而又去争论有没有确定对象身份的必需标准。我以为这里的路走岔了。意义问题不在于有没有一个定义必然为真，而在于一个定义形成没形成有助于我们有效认识世界的概念。

八、名称与意义

我们的确有时解释说"'骟'的意思是'成年的公马'"。于是人们就认为"骟"的意义就是"成年"、"公"和"马"三个义素或这三个义素之和。推而广之，所有概念的意义都可以作如是观：概念可以分解为义素，这些义素和概念必然地联系着，因此对概念分析地为真。

"骟"是个简单的概念，"游戏"、"战争"、"结果"、"自然"这些概念就不可能这样比较完整地分析为义素。但即使我们假定概念可以无余数地分析为义素，我们仍然不可以把这个概念的意义认做其义素之和。找出哪些因素构成一个概念只是概念分析的第一步，实质的工作在于说明为什么是这些因素而不是另外一些因素结合而成为概念。"骟"是成年的公马，性别对于人对于和人接近的动物都是很重要的，同时又只有在成年时性别才重要。年龄和性别结合为一种概念方式，形成了我们看待家畜、看待动物、看待人的一个角度。这里还应该注意，并不因为"骟"指的是一些马，"马"就是"骟"的义素。"马"不是"骟"的义素。"骟"的义素是"公"和"成年"等等，"骟"之为概念在于这些义素的结合体现着我们理解人和动物的一种方式，一种概念方式。

名称所指对象的诸特征却不是以这种方式结合在一起的，更谈不上建构。但若一个对象的特征形成了我们看待事物的一个角度一种方式,这个名称就有了概念用法;如果这种概念用法固定在语义里了,这个名称就同时是一个概念。"铁"在"铁拳"里,"蚕"在"蚕食"里,都是概念用法。"铁"的概念用法当然和铁这种金属的性质有关,但和我们如何确定一块金属是不是铁却不是一回事。我读了你的文章说"整个一个王朔","王朔"在这里是概念用法,这个用法十年前就不成立;但若王朔今后成了曹雪芹,"王朔"就可能像"西施"和"诸葛亮"那样成为通用的概念语词。哪些事实被吸收到了语义里面,没有固定标准,事先更是没办法知道。"议会多数党的领袖"在"首相"的语义里吗?领也是脖子,颈也是脖子,可是"领导"的意思却吸收到了"领"这个词里而没有吸收到"颈"这个词里。

围绕着我们而又特征突出的事物,耳目手足,猫狗马牛,虎狼鹰蛇,桃李松柳,金银铜铁,其名称通常也是我们常用的概念。这些事物,海德格尔不称为"对象"(Gegenstand)而称为"物"(Ding):桥与犁,溪塘丘树,鹿与马,王冠与十字架。物拢集他物,由此及彼,呼来天地人神,使世界得以勾连。"惟连环出自世界的,才一朝成其为物。"① 与比肩并列的对象相比,物为数寥寥。

概念是统一体,是我们的经验可以依之有效地组织起来的单元。"三角形"有意义不在于它有一个明确的定义而这个定义对三角形分析为真。我们可以造一个词"Jibx",定义它做"边界为63厘米的封闭图形",它有一个明确的定义,此定义对它分析为

---

① 海德格尔,《物》,载于 *Vortraege und Aufsaetze*,Pfulling:Neske,1954,第53页。

真，但"Jibx"并不因此而有意义。我们要这样一个毫无意义的词干吗呢？和当今好多时髦家的期望相反，造出一个词并不见得就造出一个概念。不，我们根本不说"造出"概念，而说"形成"概念。"三角形"有意义是因为把三角形看做一个品类有助于我们研究几何学。一个词的意义不在于有一个定义对它分析为真，不在于有一个确定的标准来判断什么属于这个品类，而在于包含在这个定义里的道理和理解，这一点决定了为什么采用的是这些标准而不是另一些。

这里来到了关键处。我们一直所说的"意义"、"语义""概念性"等等究竟是什么？因此也是："名称性"究竟是什么？意义是属于概念的，是结晶在概念语词系统里面的对世界的认识和知识。概念概括着事物之间的基本联系方式，分与合的道理。奥斯丁说，我们的当务之急在于弄清楚用同一个词来称不同种类的事物道理何在。追问意义，就是追问我们之所以有这样一个概念的道理，追问它何以概括这些事物而不包括另外一些事物的道理。我们有"鹦"这个概念。然而，我们不会有一个包含"雄性"、"幼年"和"蟾蜍"的概念。成年的公马是一个重要的类别，而雄性的幼年蟾蜍则不是。维特根斯坦说：我们（日常语言）只在自然事实所形成的重要区别那里划界。我们问一个概念的意义，从一个重要角度看就是问在我们的语言里为什么会有这个概念。正像德文"Bedeutung"和中文"意义"所提示的，有意义和具有重要性是相通的；一个词有意义也是说这个词在语言里是重要的。

我们问：为什么把这些不相同的活动称做"游戏"？但你要问：为什么把他称做"陈嘉映"，你问的是什么呢？你是问为什么不给这个人的左半边起个名字吗？把陈嘉映看做一个单元是这样显而易见，不需要什么理解，"陈嘉映"这个词因而也就不包含什么理解，没有什么"内涵"。意义就是理解。真正说来，不是语词有意义，而是我们借以理解世界的概念有意义。概念内容少，说的就是可供理解的内容少，有助于我们理解的内容少。我们不说一个名称"有意义"，并不表明名称是没意义的。就像我们不说地球是竖的，并不表明地球是横着的。我们不谈论名称的意义，因为本来"意义"就是属于概念的。关于名称有没有意义，那么多聪明人争了那么多年，还没个结果。因为我们没有看到意义是属于概念的而不假思索地认定意义属于语词，因为我们一直在问："地球是横的还是竖的？"

　　日常语言里的概念语词，或多或少或深或浅，总有它存在的道理。我们有"骘"这个词，事出有因，但这不等于说，我们必然要有"骘"这个词。实际上，城里人今天难得见一回马，"骘"这个词早消失了，非要说起，就说"公马"。"公马"这个概念和"骘"差不多，然而是个词组。只在农村"公马"还用一个单词来表示："儿马"。同理，我们今天骑车开车，即使农村人还坐坐马车，套两匹马还是三匹马也视当下的情况需要而定，不像古时候有一定之规，"骈"、"骖"和"驷"这些词自然就死掉了。有意义的有道理的，不见得必然存在。"合理的就是现实的"这一说法，不仅稍嫌乐观过了头，而且误解了"有道理"。有道理不一定是有必然之理。但并不因为不是必然之理就是偶然之理。英国人开汽车的比我们多，却还保留着"mare"这样的词。这和英语语词更倾向于把性别作为义素包含在单词里有关。但不能因此断定说英文必然会保留"mare"这个词。哪些理解方式结晶在我们的语词系统里,没有先验的标准,对于我们——语言的使用者——却是先验的。

我们曾有"鹥"这个词,道理是明显的。我们没有把"公的"、"幼年"和"蟾蜍"包括在一起的词,道理也是明显的。当然,并非所有概括语词之所以像它们所是的那样,其中的道理都这么明显。概括语词的分析可能十分繁难而又具有重要的哲学意义,例如关于"知道"、"认识"和"理解"这一片概念语词的分析就构成了一大片重要的哲学领地。

我说"这一片",因为理解从来不可能是一个孤立的理解,概念语词不可能单独地具有意义。恰当表述起来,并非一个概念语词体现一种理解方式;一个概念语词体现着概念网络的一个枢纽。枢纽位置的差异,体现着不同语言的概念框架的差异。概念是一张网,一个概念和它相邻的概念从不是比肩并列的,而是互相涵盖互相交缠的。我们可以把维特根斯坦的一个比喻借用到这里来。"我们的语言可以被看作是一座老城,错综的小巷和广场,新旧房舍,以及在不同时期增建改建过的房舍。这座老城四周是一个个新城区,街道笔直规则,房舍整齐划一。"① 概念就像老城区,有些概念语词处在老城的中心,从中可以琢磨出我们理解世界的核心方式;积满了历史,盘根错节,牵一发而动全身,极难改造。有些概念处在城市的边缘。而名称则处在最外面。一个基地范畴像一个街区,其上排列着整齐划一的同类名称。一个概念语词的意义改变将伴随着毗邻概念的意义改变;核心概念语词的意义改变将带来语言系统的改变。

---

① 《哲学探索》第 18 节。

学习一个概念语词，也就在辅助着学习一批概念语词。误解一个概念语词就是在不同程度上误解一批概念语词。我们不可能对"权利"理解得稀里糊涂而十分明了"正义"的意思，或误解了"未来报酬"而正确理解"边际效益"。但我们无法从一个人不知道"猩红"是什么颜色来推知他还有哪些颜色也不知道。一个人用错了"无花果"，同时却可以正确使用大多数水果的名称。

在这里，我们必须特别留心区别"名"的狭义和广义。就狭义言，名称无非是个标签。神圣罗马帝国既不神圣也不是帝国，和罗马也没有什么特别的关系；所谓"神圣罗马帝国"毫无意义，不过是个名字罢了。英语有不少词专门用来说狭义的名称，仅仅是个名称，例如 label、dubbing；我们有时也这样来用"名号"、"衔头"。这些用语用法常带贬义。为什么？因为它们不提示意义。具有意义是一种褒扬；具有意义就是有道理，有理当然是褒，无理当然是贬。说一个人是个名符其实的英雄，就是说我们有充分的道理把他叫做"英雄"。有些带点贬义的说法也从反面提示这一点。"借个名头"就是借个由头：有一点道理，假装有道理。

古汉语里的"名"，和现在所说的"名称"是有区别的。荀子称"物"为"大共名"，这里的"名"，就不是今天所说的"名称"。所以王力建议，"名"有时应该译为"名称"，有时应该译为"概念"[①]。西语中"名称"的意义，古今也有别。海德格尔好古，通常不在狭义上使用"Name"："命名不是分贴标签，

---

① 《中国语言学史》，台湾骆驼出版社，1987，第10页。

不是使用语词,而是唤入言词。"① 他所说的 Name,译成"名"比"名称"好。命名就一物的本质称谓它,述说它,例如特拉克尔的诗句"灵魂,大地上的异乡人"是就其本质为灵魂命名。在这个意义上的"名",把所名之物带入联系之中带入意义之中,可说是和狭义的"名称"正好相反了。海德格尔考据,在希腊文化的全盛期,符号(Zeichen)是从显示(zeigen)方面得到经验的;到了泛希腊时期以后,符号才被理解为某种标识。"符号从显示者(即让事物现象)到标识者的变化植根于真理本质的转变。"② 在源始意义上,"名"从一物的意义来显示一物,从而就有了显示、显耀、荣耀和荣誉这些意思,如"名声"、"名誉"、"实至名归"和"以国王的名义"这些说法所提示的。此中的道理更深一层,我们不在这里探讨了。

考察"名"从古到今的意义转变,更可以看清名称当然不是"语言之外的符号",那种说法只不过表达了由于解决不了名称为什么没有意义这个问题而生的绝望。名称依赖于语言的分节结构,并通过基地范畴连在语词之网上。名称好端端的就是语词,而且还被当做语词的范式呢。不过,名称的确处于语词之网的边缘,通过基地范畴连接在网上,其增其减并不影响语词之网的编织样式。

莱尔所说名称无需翻译,也来自名称在语词系统中的边界地位。有些各个民族都看得见的东西,例如星星,其名称我们是需要翻译的,但这也是一对一的关系,例如用"土星"来翻译英语

---

① *Unterwegs zur Sprache*, Neske, 1979, P. 21。
② 同上书,P. 245。

词 Saturn。但核心的概念语词，如 excuse 或 culture，我们无论如何找不到一个单独的中文语词和它一对一。学会使用一个名称，学会正确地用某个名称来指称一个或一类确定的事物，是一件独立的事情，并不增进我们对语词系统的了解，不增进我们对其他语词的理解。这一点在自然品类的名称那里也表现得很明显。各民族对自然品类的称呼并不完全相应，但 Lakoff 等人的研究表明，各种语言在这方面的差别是很小的。名称对不同文化不同概念系统原则上是中性的。

九、小　结

　　本文说明，名称与概念的区别在哲学上比概括语词和专名的区别要重要得多。哲学中的"语言转向"本来很有利于看清这一点。但大批语言哲学家却仍然陷在传统存在论的个体/共相框架里，从而只注重专名和概括语词的区分。维氏提出的"家族相似"概念有助于我们转换视角，但他的提法对于澄清概念结构的建设性工作来说不够充分。

　　名称和非名称语词起作用的方式不一样。因此，密尔把所有语词都看做名称，罗素把专名看做伪装的特定描述语，维特根斯坦用家族相似来说明"摩西"这样的专名，都不成立。但我们因此就可以用两分法来解释语词起作用的方式吗？名称没有内涵或意义而其他语词有？关于一种语词的知识是事实的经验的偶然的而关于另一种的则是逻辑的分析的必然的？甚至干脆把名称驱逐到语词范围之外去？这些看法也是不能接受的。最明显的原因是：专名和通名没有原则区别，自然品类的名称和人造物品类的名称没有明确界限，名称和非名称语词也没有明确界限。、"铅笔"、"橡皮"和"桌椅床柜"的语法有点像"金银铜铁"；"门窗厅堂"和"桌椅床柜"相去不远；再下去就是"风雨水火"。形状的名称如"正方形""椭圆"算自然品类吗？半自然品类？此外，很多名称可以作为概念使用，"金口玉言"、"蚕食"和"猫腰"。要把名称从语言里驱逐出去，挽留不挽留那些又像名称又不完全是名称的语词？和它们毗邻的语词呢？可以用做概念的名称呢？

"名称"本身是个"家族相似概念"。名称和非名称语词没有明确界限，名称这个家族内部，也有各种各样的差异。一些名称比另一些名称纯粹些典型些。让我们来想一想人的名和姓，机关的名字名称，自然品类的名称，海洋的名称，国家的名称，工具的名称，官职，猩红热、微积分、春秋、星期一、手脚脑。就此而论，很多时候使用"较强的名称性"和"较强的概念性"这样的用语比用"名称"和"概念语词"要更适当。

然而，如果这个范畴那个范畴之间的界限都是不确定的，我们又为什么费这么大力气来区别名称和非名称语词，寻找它们起作用的不同方式呢？如果各种语词形成了一个连续统，我们不还是得用单一的方式来说明它们的性质吗？要么都有意义，要么都没意义。如果是一个连续统，那么，所有语词，至少大多数语词，岂不在某种程度上都和名称同类，因而都可以看做名称吗？我们兜了一个圈子，不是又回到密尔那里去了吗？"普选"不是名称，但也听得到说"这次的普选，徒有其名"；"民主"不是名称，但也有人说"所谓'民主'，不过是个好听的名字罢了"。"进步"不是名称，"负责任"更不是，但我们的确会说"你把这叫做'进步'吗"、"这才叫'负责任'"。把一样东西"叫做"个什么,差不多就是给这样东西起个名字,甚至像"物"这样普泛的词,也是"大共名"呢。

泛泛讲,这鸭头不是那丫头,"鸭子"是名称,"丫头"不是名称。但天下少有绝对的界限,泾渭难得分明,水火时亦相容。我们不必因为没有"绝对的名称"就硬把"这""那"说成是名称。相对的区别也是区别,有时还是很重要的区别。儿童和少年没有绝对界限,少年和青年、青年和壮年、壮年和老年也没有,但并不因此小孩儿就是老头儿。

把名称当做语词的范型,本来不无道理。从学习和使用的来看,名字名称是最简单的语词。我们学习语言,或一般理解,广泛借助范式通过类比从简到繁。但我们身上"对概括性的渴求"(维特根斯坦语)往往太过强烈。我们有时要弄清一个词指的是什么,于是就有人认为所有语词都有所指称。"正义"指称什么?一个共相。但"如果"和"甚至"指称的是什么呢?我们需要很出色的想像力才能提供答案。但我们仍然不肯放弃名称这个范式。反过来,如果我们的确经常问到说到一个词的意思或意义,因而我们就倾向于以为是个词就该有个意义。奥斯丁在谈到"做一件事"的时候说,我们往往把做一件极为简单的事情,例如推动一块大石头,当做模式来谈论做这样那样的事情,即使当我们谈论的事情已经和原来的模式相去甚远,即使当这个模式已经无益于看清我们谈论的事情甚至扭曲了事实,我们仍然使用着这个模式而不自知。① 也许,我们可以勉强通过类比谈论"正义"的

---

① Austin, *Philosophical Papers*, Oxford, 1961, P. 150。

指称，但"甚至"和"如果"这些语词离得太远了，我们的类比实在走不动了。我们的确需要说明各种语词是怎样连续的，但也必须看到一环一环之间的区别。我们的确需要一个统一的说明，但不是一个单一的说法。我希望本文在这个方向上走出了一步。

无论如何，把名称性和概念性加以区分，只是摸索概念结构和概念分类这一"当务之急"的准备工作。真正重要的工作是概念分析。对专名之类的讨论实在事出无奈，因为基本问题还没有澄清。也许这篇文章有助于让我们回到概念分析上面来。当然，作为对"名称"这个概念的分析，也可以说本文正在开始尝试这项工作。

（本文曾发表于《中国现象学与哲学评论》第一辑。）

说 大 小

"大小"是我们最常用的语词,小老鼠大老虎,老虎大老鼠小,哪页书上都有几个"大"和"小"。

"大""小"这两个字不仅频频单独出现,而且孳乳能力也强,"大"有大器、硕大、大腹便便,"小"有小人、狭小、小心翼翼。

但大和小的领域比这还要宽广。我们并非只在标称"大小"这两个字的时候才说出大小,凡说到城市、天体、战争、广场、商厦、恢宏、豪富,也就说出了大,说到蚊蝇、溪流、星星、弱智、玲珑、弟弟、细心,也就说出了小。

那么,我们能不能从"哥哥"、"姐姐"、"城市"、"阔绰"里找到一个"大"的共相来?近人不喜欢形而上学概念而偏爱科学语汇,那就换个问法:能不能从"哥哥"里提取"大"这个义素?"哥哥"包含"大"这个义素,"老虎"包含不包含?含义通常不是由颗粒分明的单元组成,可以通过义素分析这样的机械方法探索。河比溪大,城比镇大,哥哥比弟弟年岁大,喊比吟声音大,鲸吞比蚕食气派大。然而我们也说小城市大镇子,说小哥哥大弟弟,说低声喊高声吟。初学大小,我们就知道老虎大老鼠小,但我们接着就学会了把个头比大老鼠大得多的老虎叫"小老虎"。

与其说大小概念是伟大、渺小、大器、小气、城镇、河溪、山丘这些形形色色概念里某一词素或义素的抽象,不如说它本来就是这形形色色概念之间的一种联络。一个概念不是一个共相,由个体平均分有,而是一种道理,一条道路,或宽或窄或长或短或直或曲,把形形色色的独特存在连通。

我们按容积分出大碗小碗,按年龄分出哥哥弟弟,按气度分出大派小气,我们这样使用"大小",这样形成大小概念,其中自有道理。学话,看似在学称呼这个称呼那个,其实却是在学习称呼之际学习讲道理。

你儿子问"大是什么",你会耐心教给他,大不是个什么,这个大,那个小,A大,B小,C不大不小。孩子学话,开始会把什么词儿都当作名称或类似的东西,会把一种语法结构错误地套到另一种语言现象上去,好在几乎不费什么力气,这种"过度概括"就会得到纠正。我们长大成人,仍旧喜欢过度概括,然而我们现在已经十分固执,别人也懒得来纠正我们了,听任我们追问:什么是大?什么是自由?什么是时间?好像这些问题和老虎是什么、人造卫星是什么相当。

我们说起"过去""将来""已经""了""古代""计划""变化",就说到了时间。一种语言可以没有"时间"这个词,却不可能不说到时间,不可能没有时间概念。也许可以说,"时间"是"将来"和"已经"的元语言,但这绝非说,"时间"是时间概念的名称。假使真谈得上"时间的本质",它也肯定不是由各种时间现象的共性组成。在无论多微弱的意义上，时间也不标识"已经"和"计划"的共同之处，如果你在这个意义上追问"什么是时间"，我必茫然若失。

哥哥比弟弟大，这据说包括在"哥哥""弟弟"的定义里，所以被称作"分析为真"。娘生在女儿之前也是分析的真理吗？这个后娘偏偏比女儿还年轻。白马非马、后娘非娘？城一定比镇大吗？老虎一定比老鼠大吗？鸭蛋一定比鸡蛋大吗？所有这些提法中都含有不同程度的"分析因素"，所以都不同于"这只鸡蛋大还是那只鸡蛋大"，这后一个问题字面上没有提供任何线索。语言能力的一个组成部分是分析能力，只不过自然语言里的分析不是纯形式的分析。

知道张三是张四的哥哥，就知道张三比张四大。知道张三是李四的丈夫，却不知道他是不是比李四大，不过我们可以问一问谁大。知道 i 是 -1 的平方根，却问不出谁大谁小。有些问题单从语义上就可以回答，有些非得量一量查一查才知道，有些则完全无法回答——绿色大还是蓝色大？行星和恒星哪个更善良？这块砖头是公的还是母的？——砖头完全不涉及公母这一维度。

鸡在先还是蛋在先？这只鸡生这只蛋，这只蛋又生那只鸡，"鸡"和"蛋"包含了先后这一维度，却不像母女兄弟那样包含了孰先孰后的语义。于是"鸡在先还是蛋在先"模模糊糊像是个问题却明明白白没有答案。

"大小"不是形体大小和性情大小的名称，不指称大小——它怎么指称？大小不是形体大小、性情大小共享的共相——除了这个自身同一的"大",形体大和性情大有什么共同之处?

概念的联系方式曲曲折折重重叠叠,岂止共相一端?真理的形式多种多样,岂止分析与综合两种?小年不及大年,小知不及大知,这是分析还是综合?有容乃大,这是综合还是分析?

大和伟大有联系,伟大和好有联系,好和善良有联系。大、伟大、好、善良有一个共相吗?这个共相是好还是大?量大就是量多,速度大就是速度快,面积大就是面积广。大和多、广、高分有几个共相?速度大就是速度高,温度高就是热,可见大和热亲缘。的确,我们说大起来热起来,说小下去冷下去,由此亦可见大和热亲缘、小和冷亲缘。各种感觉连在一起,模模糊糊觉得热和高和大连在一起。我们通过某种技术把热的感觉和向上的视觉直接联系起来,身上热起来,气温计上的水银柱同时升起来。

概念的联系盘根错节,有的条理清楚,有的埋没难寻。我们就通过这些曲曲折折重重叠叠的途径学习语词理解世界。"大"通过高大和高相联系,通过高温和热相联系。反过来通过"大",都市和巨无霸相联系,孔子与大山相联系,歌德和海洋相联系。这些远不止于字面的联系,而是感性的联系和概念的联系。通过一个"大"字,我鼻子大和他心胸大这两句话有了联系,可这算什么联系?量子物理和马王堆有没有联系?现代性和嫉妒有没有联系?走上百里千里,兜上二十个圈子,什么和什么都会联系上。在纯逻辑上,推导二十步和推导两步,无碍结论的正误,最多是增加了我们自己犯错误的可能性,可是在感性世界,兜上二十个圈子就什么感觉都没有了。

大与优良、广大、高、热、升起来等等亲缘。这些亲戚中最显赫的,是好。伟大、大器、大方,都是好词儿。小流氓觉得作个大流氓总胜于作个小流氓。小人、渺小、小肚鸡肠,都是骂人话。在车夫的高大形象的压力下,鲁迅觉得直被榨出藏在皮袍下面的小来。

语词常含褒贬,人所周知,但其广度仍有始料不及处。一个人"具有高尚的品性",但他能不能"具有"卑劣的品性呢?反正我们从来不说他"具有软弱的意志"。卑劣模模糊糊被视作品性的阙失,软弱明显是意志的阙失,而我们较多赞许具有和存在,不大喜欢不存在、死亡和阙失。于是,"具有"隐隐约约是个褒义词。

小也常常被视作大的阙失。我们总是用"大"来代替"大小"、"规模"。我们问"你多大啦",不问"你多小啦"。

但显然不能得出结论说,大的就是好的。大而无当就不好。大恶棍不是好恶棍。大有大的难处,小也有小的好处,例如小巧玲珑。有人甚至断言小的就是好的。当然,正因为人们有意无意把大和好连在一起,所以才有人特别提出小的就是好的。大和好不相等。大也不是具有某种好的概率。有联系并不等于说可兑换,"联系汇率"只是联系的一种。

一尺长的老鼠叫大老鼠,三尺长的老虎叫小老虎。这还只是尺寸大小,此外,我们还会说到数量大小、心性大小,偌大个头小心眼儿,不大点儿个头是个大人物。我们还要讨论权大还是法大,还要领悟天大地大人也大。大小概念与其它千百种概念互相缠绕浸润,大小这两个词有千变万化的搭配。然而,我们无需掌握这一切才懂得大小。"大小"是我们最早学会的语词,我们呀呀学语已经会说小老鼠大老虎。老虎大老鼠小，实在没比这更简单的了。我们最初学会的自然是些简单的东西。

我不懂"宵小"这个词，我看不出你们两个谁志气大，这不表明我还没学会"大小"。就像我不必学会所有的汉语语汇才叫学会汉语。我通过一些实例掌握了"大小"的基本机制，这就是懂得大小了。目测这个圆形的面积大还是那个三角形的面积大，衡量权大和是法大，理解"宵小"的含义，这些都是应用我已经习得的大小概念。

然而，学习不也需要操作，使用不也是一种学习吗？的确，我们通过游泳学习游泳，通过战争学习战争。使用和学习互相渗透，却并不因此互相混淆。当然，学开车时我也把着方向盘，但那是在模仿打方向盘，真正的司机坐在副驾驶座上。我现在开车的任务是开车，我还不能用开车来完成运货送人的任务。

使用也是学习，糟蹋纳税人的钱也叫学习管理。我们这个民族充满"以天地万物为一体"的智慧，不屑于像夷人那样分析辩驳。糊涂也是明白，明白也是糊涂，我们得道的年代久远，已经记不清我们交了学费是在为别人学习管理还是为自己学习被管理，反正几十年的血汗交出去了。

可在学习和学会之间有一条分明的界限吗？没有。明明白白的眼睛看得见模模糊糊的界限，模模糊糊的眼睛自然看不见任何界限了。

我会分辨老虎比老鼠大，我知道大老鼠比小老虎小，这我就学会了"大小"——我第一次见到大象就知道大象大。否则我们还要语言这种工具干什么？说大象大，说泰山大，这是"大小"

的机械重复运用。有了语言和机械,我们就可以通过掌握一些简单的机制去应付各式繁复的局面。

我们学会了走路以后,还会走很多很多路,但我们不再提高走路的水平了。同样,今天我用这个"大"字,不比我六岁时用得更好。自然把行走设计得简单易学,因为我们必须早早学会走路,今后才好走很多路,才好进一步学习播种、收割、行军、跳舞。自然也把语词的基本机制设计得简单易学,以便我们早早学会,以后好唠唠叨叨说个没完。

当然,为了特殊的目的,我们会学习仪仗步法,学习竞走。竞走还是走路吗?倒更像走路的抽象,为走路而走路。我们学开车,为了运货送人。赛车运动员学开车,是为了把车开得更快更险。为开车而开车,开车技术就成了无止境的,还可以提高一分钟、一秒钟,就像为需要而需要,消费就成了无底洞。

你我都不是赛车手,但开车的技巧仍有些差异。这种差异可以通过比赛表现出来。希腊人是在这种意义上开展竞赛的。来到竞技场上的是战士和水手,这些战士和水手同时还是运动员、演员、作家。埃斯库罗斯自撰的墓志铭为自己是个英勇的战士深感自豪,却忘了提到他是个悲剧诗人。职业运动员、职业作家、时装表演与智能飞弹、克隆羊一道,把我们的时代定义为技术时代。

希腊人当然不止把体育看作战斗训练这类实用课程,就像希腊的雕像不只是单纯的宗教作品。体育自有其紧张和愉快。体育竞赛的完整形式发源于希腊。希腊人热爱体育,儿子得了冠军,当爹的可以死而无憾,科林斯青年跑了第一,科林斯一片欢腾。但他没留下世界记录。四年后还会有一个第一。希腊人好争第一,但不会想到"向人类的极限冲击"。希腊人把人的极限理解为使人完美的自限,这样的自限是无法通过冲击达到的。

我掌握了大小的基本用法,就能在不同程度上应付变式,或在特定条件下的作独特的使用。碰到"宵小",我可能猜出它是什么意思。我一来灵感还可能说出"榨出皮袍下的小来"这样的妙语。可以把这叫作创造性的使用。

含义的新形式不仅依赖于概念的基本机制,而且反冲基本机制,使之发生微小的改变。语义就这样不知不觉地变化着。所以,我们应当把概念结构理解为布迪厄所说的那种"动态结构"。

解构主义盛行以来,结构常被当成了僵化的同义词。然而,与结构相对的不是灵活,而是涣散。要富有灵活的功能,就必须具有结构而不可停留于涣散之中。

"大小"的含义是一种可能性,特定的使用是这种可能性的某种实现。形体大小是大小概念的最初的最基本的实现。既然它是可能性,我们当然不知道下一轮会怎样出牌,然而,大小之为概念也非耽留于无名无形无辙迹之中。已经实现的用法规定了"大小"含义的范式。概念的可能性属于概念结构本身,我们发现这些可能性而不是发明之。

了解哪些事情是现实的,或是实现了的,是知识。从现实中掌握可能性,是理解。我们从已经实现的用法掌握可能性,就像我们从一个人的所作所为了解他的潜能。这些使用方式是否实现以及如何实现,无法事先推知,否则它就不是可能的新的用法,而是尚未实现但必然实现的用法了。

有人潜能丰富,有人不过如此。词也一样。"锌"这个词几乎没什么新鲜的可能性。基本概念语词,如"大小""高下""家""艺术"之类,具有最丰富的潜能,从来不完全成为实现了的东西。

这些基本概念构成了语言共同体的理解脉络。我们把什么看成高的什么看成低下的?什么显得自然而然而什么显得荒谬绝伦?天大法大还是党的恩情大?大哉孔子还是大哉孔方?这些大是大非勾画出一个民族的精神面貌。哲学关心基本概念,在这个意义上,哲学是我们的终极关怀之一。

哲学家从已经实现了的含义来清理基本概念的联系,把这些概念的可能性清理出来。但这并不就实现了这些可能性。诗人跳跃着实现语词的可能性。在最广泛意义上,我们每个人都是诗人,都偶或会诗性地使用语词。

我们无法预定创造性,事后却能够理解创造性。虽没有通向创造性的现成道路,却可以从创造性返修一条道路,通回常规。我们这样区分诗和语言错乱。虽然我们不会写诗,但我们能够读诗。我们倒都会胡言乱语,但我们互相都听不懂。

共同语言是我们生活中基本而又基本的东西。你我可以争论天大地大还是党的恩情大,但要争得起来,你我必须都承认老虎比老鼠大,四两的馒头比二两的大。你要坚持老鼠比老虎大,我就不和你争了。即使今人特别喜欢觉得自己特立独行,我们的共同之处还是太多,没办法,抽掉这些共同之处就不知道怎么才能特立独行了。

独特的思想,只能用我们都明白的道理教给我们。你可以教给我尺有所短寸有所长,这是因为我们都知道尺比寸长。你叫出一个不常见的叫品,你要说服我你叫得有理,就得表明这叫品其实合乎你我的叫牌约定。高水平的桥牌手不是那些不遵循叫牌约定的牌手,相反倒是碰到复杂牌型仍能够坚持约定的牌手。高深奥妙的思想不会妄图全盘代替基本而简单的见识,倒是要在复杂的情境中获得理解,亦即与常理常情沟通。

"大小"是最早学会、最常使用的语词,大小是最早形成的概念,这些最早成形的概念,勾画出我们日后理解的格局。我们把大小之类的概念称作基本概念。

我们对基本的东西往往不加注意,只有别的事情遇到麻烦找不出个所以然的时候,我们才回过头来检讨基本的东西。哲学家特别关心所以然,常遇到麻烦,喜欢检讨基本的东西。

摩尔说,我们用基本的概念来定义复杂的概念,而基本概念本身无法定义。摩尔提到的这个事实导致一种误解,仿佛概念像分子一样,可以分解为原子,进一步分解为亚原子粒子,直到夸克这样的东西,单纯得无法形容无法定义。

我们说"一个概念",但那和"一个"苹果相差甚远。我们分析一个概念,不像把一个苹果分成两半或分成果皮果肉果核,而是看看这个概念的位置是由哪些别的概念维系的,即确定这个概念在概念系统中的坐标。概念系统不是由一个一个概念累积而成,相反,一个一个概念只是概念系统的分化,每一个概念的意义都在于它在概念系统中的位置,就像围棋盘上这个棋子和那个棋子起到不同的作用,端在于其所处的地位不同。

我们从形体大小形成大小概念,进而至于事体大小、性情大小。但不宜把性情大小看作形体大小的借喻,或引申。各式各样的"大小",都从感性世界生长出来,从感性世界汲取意义。我们了解虎和鼠的区别，草原和草坪的区别，司马迁和你我的区别，出神入化和装神弄鬼的区别，于是我们知道了什么是大什么是小。大小是概念，也是感觉，它们是感性和理性的交会之处。只有通过根须的蔓延、渗透、接触，一棵树才成为能够界定的个体，而自然理解中的基本概念就是联系那不可界定者与可定义者之间的根须。

的确，没有谁通过定义学会大和小。在这里即使说到"实指定义"也太狭窄，太学究气。自然理解所依赖的概念系统不是数学那样高度形式化的系统，我们不可能把大小的基本机制像一条数学定理那样充分明确表述出来。在这里那里，在某一点上，一切证明都失效了，一切表述都多此一举，我们只能闭上眼睛感觉一下，睁开眼睛看一看，同时邀请我们的同胞睁开眼睛看一看——你要是连这个比那个大都看不出来，我们还能说什么？

常听人评论说，文化、宗教这些词，直到今天也没有明确一致的定义，由此可见我们一直理解得稀里糊涂。其实，由此至多可见学术界还不曾公认某种形式上的定义。你不能因为我画不出我女儿就断定我无法在火车站认出她来。我们三岁就掌握了大小、多少、上下来去的基本含义，直到今天哪位读者能为这些词下个过得去的定义？

我们三岁就掌握了大小概念，人人都掌握大小概念，就此而言，它们颇为简单，不像隐喻和导数，有人总闹不明白。我们能够把导数的概念表述清楚，想来定义一下大小又有何难？——既然我们都承认大小是简单得多的概念。然而，大小并非在任何意义上都更加"简单"。

你看她一眼，下次就从下火车的千百人中把她认出来，然而，你却不能把她的特征描述出来。从千百人中识认她，不是微不足道的本事，我们的祖祖辈辈经过无数次微调，才练就了这样一双眼睛，把它传给了我们。祖先不曾传给我们一眼识别出某只特定狍子的眼睛，——我设想，狍子也没有识别西施和东施的眼力。你一眼就认出了她，绝不意味着这种识别的机制特别简单。同样的道理，人人都识得大小，不仅不证明大小在任何意义上都是"简单"的，反倒提示在某种极其重要的意义上，其机制特别复杂。

复杂之处就在于这些基本概念就像理解之树的根须，千丝万缕蔓延在感性—意义的土壤里。同样，一门科学的基本概念，其作用也在于向其形式体系输送意义。

科学概念从自然理解汲取意义，自然理解由于浸润在感性里而充满意义。在学会测量三厘米四厘米之前，我们先得知道大和小；而我们之能够形成大小的概念，是因为我们生活在大大小小之中。

我们说"大眼睛"，并非大而化之，也不是因为没得着机会计量那双眼睛的表面积。在通常意义下，说不上"三平方厘米的眼睛"比"大眼睛"更精确，这个说法隐示"大"像"三"一样是个数字，只不过这个数字比较笼统。大小不是数字，也不是一二三四五的总称或抽象。十八和一百八可以数出来，多和少却数不出来。十八可能很多也可能很少。"多少"和"十八"起作用的方式完全不同，学会这些语词的过程也完全不同。一二三四五是尺子上的刻度，长短却不是和一米八并列的一个刻度。无论一把尺子分成十个刻度还是一百个刻度，长短都不在其中。长短是这些刻度的方向和意义，是我们借以理解世界的一维。大小长短贵贱是方向，所以我们通过差别很大的事物来教孩子学这些词。

大小是一二三四五的方向或意义。轻重是天平的意义，冷热是温度计量的意义。不消说，不是轻重冷热这些向度的综合产生了理解，而是已经在先的领会通过这些向度得到了明确的理解。这些向度本身就是领会向理解转化时所产生的形式标记。

"大眼睛"是"三平方厘米的眼睛"的意义。不妨说，"大眼睛"直接有意义，"三平方厘米"要绕到大小这类概念上才有意义。你读一篇农业现状报告，记住了其中所有的数字，但你一点都没有感觉到：需求这么大呀，产量这么少呀，情势这么危险呀。那么，这篇报告对你没有意义，或干脆说你没读懂。这么大这么少这么危险等等感觉使统计报告里的数字获得意义，对，使数字获得生命——当然只有和生命相连才能获得意义。我们量出一米八，或180万光年，是为了知道多大多小、多远多近。一米八的床太小了，两米正合适。太小，不大不小，这些是一米八的意义和指向。

测量最基本的要求是把所测量的变成一条直线，二元就是这条直线的两个方向。大小多少上下来去指明了方向，在特定的方向上，我们衡量。一把尺子上有无数刻度，但它只有两个方向。一与二的关系，和一与多的关系不属同类。

一把尺子，两端是两个刻度，中点也是一个刻度。但作为概念，中点不是两个终端刻度之间的平均值，而是一个方向，中庸和极端各为一极。这在哈特曼试图理解亚里士多德的中庸概念时早已注意到了：事事取中本身成了一种极端的态度，成了两极中的一极。

人是尺度，二元是尺度的两个指向。二元性的宿根总是埋在思执这一方面。我一个月挣300块，为什么我就穷呢？还不是我眼巴巴看人家挣了三千三万？还不是因为我六根不净，拿着贫富来对照？要是我一箪食一瓢饮乐我自己的，则何穷之有？

构成对立的是贫富观念。但我绝不是说贫富"只是观念而已"，不是旌动不是风动是尔心动。改变一下观念而不去挣钱，钱包不会自己鼓起来。我承认，转变观念，人可能从钱眼儿里转开视线看到海阔天空，我也承认，精神上的富有经常比多两个钱更让人开心，但我相信这样的事实可以用很平白的话表示清楚。贫富观念不具备把三百块三千块溶化成单纯观念的功能，其功能在于使我们对三百块或三千块有个概念。概念是一套机制，让事实获得意义，把数字连向感觉。

三百三千三万没有意义，多和少有意义，穷和富有意义。为了获得理解，为了有个概念，看来我们不得不求助于两向性。"历史"这个词的意义是什么？我们不由得想到历史与现实，历史与未来，历史与悲剧，历史方法与数学方法，历史与虚构。二元宿根扎得很深，扎在意义的深处。

一篇天文学论文，可以完全不出现大小这样的字眼，但一本科普读物就不可能。这却不是说科学家只和数字打交道。他说到质量为100 000 000吨的黑洞，连带也说出了"小"黑洞。他在写科普读物的时候，只是明确地把这个"小"字说了出来。100 000 000 吨对他直接具有意义，就像"一米九的个头"对我们直接具有意义一样。

你说"他一米九"，我听到了"大个头"。我们首先和最后要知道的是大小。在首先和最后之间，我们有时需要知道得更确切，究竟大到多大小到多小。有时我们需要知道小到一微米还是半微米。我们不是技术专家，量不出一微米还是半微米，但工程师、法医和天文学家却是"我们"，不管他能计量多大多小的距离，他必须像我们一样具有大小远近的基本概念。

大小多少上下来去，这些不是可有可无的词汇。若抽去大小多少上下来去，凭我们还有多少化学名称力学概念，都不可能组织成一种语言。

Sinn 或 sense 既指感觉也指意义，在中文里我们有两个词，但不难发现两个词之间的密切联系。我们感觉意义，不能计量出意义。意义的一个基本含义是"可感"。

只有在感觉中显现出来的，才有意义；只有有意义的，才被谈论、理解。而且，只有有了意义，才会有没意义的东西。只有通过已经理解了的，才能理解还没被理解的。我感觉不到地球绕着太阳转，但我可以理解日心说，因为我承认有时坐在火车里，明明自己的车开动了，倒觉得别人的车在动。我感觉不到电子绕着原子核转，但我可以理解这个图式。

自然理解为专门理解搭好了平台。我们在学会数字以前就学会加减法了，少加少等于多，小加小等于大。我们懂得了这样的道理，才能进一步学会四加四等于八。计算根植于感觉。我们可以从感觉上把计算割下来，交给计算机去处理，但我们不能要求计算机生出感觉来，就像我们不要求黄油里长出小牛犊来。

一米八可能太长也可能太短，这岂不等于说，一米八是客观的，长短是主观的？同一杯水，你觉得热，我觉得冷，要确定客观的温度，就需要用温度计来测量。在某种意义上，我们可以用温度计测量"冷热"，即测量"温度"。在另一种意义上，冷热不是用温度计量出来的，温度计上的指示不变，而且你我都承认测得很准，但你还是觉得热，我还是觉得凉。只不过，我觉得凉，你不能说我这人主观，我客观上觉得凉。

主观这个词的一个意思是"属于人这方面的"，这层意思是中性的。首长来视察，说，不要总强调客观原因嘛，要多从主观上检讨检讨嘛。"主观"这个词的另一个意思是"不顾事实的"，这层意思是贬义。——成千上万人饿死了，还说形势大好，这位同志太主观啦。虽然迹近包庇，总还算句批评吧。

无论在哪层意义上，我觉得凉都不主观。反复量出二十五度我却坚持说二十度，我这个人才主观。冷热的确和感觉相连，但感觉并不天生主观。主观客观用来判断感觉根据于什么，而不是用来判断感觉到什么。当然，感觉和感觉的根据通常就是一回事。世界通常就是我们感觉的那个样子。而且不是碰巧如此，因为感觉本来就是从世界生长出来的。从另一个角度说，我们通过冷热这样的概念保证了感觉和世界的一致。

没有感觉，零下30度也不冷。然而，不是零下30度的感觉冷，是零下30度冷。冷热是描述感觉的还是描述世界的？冷热从感觉的角度从意义的角度描述温度，从感觉的根据方面描述感觉。我觉得水冷和我觉得心疼这两句话的语法不同,觉得水冷不但说出了我的感觉,而且同时说出了这个感觉的根据。冷热既不是用来描述主观感受的,也不是用来描述客观世界的,冷热把我们自己和世界连在一起说出来。

只有有了天然正确的感觉,才可能发生错觉。我说天安门广场比我家院子大,我不说我觉得天安门广场比我家院子大,虽然两边我都没有量过。用不着量,我不会错,我不能错,如果这都弄错了,你不送我去学测量,你把我送到医院去。但我看不出这个圆形大还是这个三角形大,却挺正常的。正因为在这里我们常常看不准,所以我说我觉得这个圆形大,不说这个圆形就是比那个三角形大。主观的不是我的感觉,而是我不承认我的感觉在这个场合出了错这个事实。错,就是错开了,感觉和感觉的根据错开了。

大小、好坏、高低、升降,这些语词一向成双成对,大小相形,高下相倾。为什么凡说到高,低也一起浮现?说到一切皆有,无总是悄悄跟着?为什么成双而不是成三?我们有东南西北四个方向,地球却只有南北两极。两极怎么对立?又怎么互相依赖?这些成双成对的语词,语文教科书不过用"反义词"一语了之,古今中外的哲学却为它们伤透了脑筋,想不出个好办法来克服二元性,达乎统一。然而,我们为什么一定要克服二元性,我们身上哪里藏着这永恒的冲动?

大鹏扶摇而上九万里,大气磅礴,谁不慕其大?小麻雀吱吱一笑:飞那么高干嘛?我们飞过篱笆墙就算了,飞不到就往地上趴着歇一会儿呗,又有什么"大"不了。小筐子能装的,大筐子也能装，小螺丝钉能扣上的，大螺丝钉就不一定能。大亦一是非，小亦一是非，既然如此，大小高下之分何必认真？因其所大而大之，物莫不大，故天下莫大于秋毫之末，而泰山为小。圣人十分明白这里面的辩证法，所以终不为大。然而，大鹏和小麻雀各得其乐，终究一个乐在四海一个乐在尺塘，圣人终不为大，终究他成了大圣人。明乎此小大之辩者，可与语大小焉。

（本文最初发表于《读书》1999 第 3 期。）

哲学概念翻译的几个问题

倪梁康先生应约把尚未发表的"关于海德格尔哲学翻译的几个问题之我思"① 一文寄来。文章对很多疑难问题明确提出了自己的主张。而且，主张虽明确，执论却中平。如今的文章，稍有见地，常以极端论调出之，即使读来痛快，仍未见得有利于形成正常的学术讨论环境。而倪文的课题性质及倪君的立论方式，使别人比较容易和他展开讨论。现在同道相聚，常听得到自责责人说，我们虽写中文，却只读外文。其中一个原因当然是中国的学术文章水准太低，稍好些的多是介绍外国人的思想，能读外文就不必读中文了。于是当今中国学界的文章，无论正误深浅，多是各说各话。但中国学人若不在自己之间展开对话，中国学术必停留在较低水准上。倪文显然超出海德格尔的翻译，涉及翻译工作的一些一般原则。只要想到我们今天的学术文献甚至我们的日常语言在多深的程度上使用着翻译而来的语汇，就知道倪文的课题本身即有重大意义。我对这个课题一直关切，苦于学寡识浅，不敢立论。今倪君为讨论提供了一个立足点，使我的一些零星想法

---

① 这篇文章发表在《中国现象学与哲学评论》第二辑。

得到依托，故自谅浅陋，有此续貂之作。

一、海德格尔可译不可译

倪文在引言里说，"早在讨论海德格尔是否可译之前，他已经被译出来了，因此我们实际上无须再讨论是否可译的问题"。这么说并不错。我们不一定先要确定一件事情是否做得成才可以尝试，很多事情反倒需要先尝试起来才能确知做得做不得。不过，这话反过来说也成立。已经有人着手制造永动机，我们仍会试图说服他永动机其实根本造不出来。很多人翻译海德格尔，并不证明这件事情一定能获得预期的效果。实际上，海德格尔虽已有了大量的中文译本，仍有人主张海德格尔不可译。西方有人如是说，离西文远远的中文，更会碰上这个问题。那么，我们中国人若想了解海德格尔哲学，该怎么办呢？

第一个办法是读德文原著，不会读德文就不要读。我愿了解海德格尔的哲学，而且碰巧能读德文。但我也想了解荷马、柏拉图，可自己却不会读希腊文，免不了希望有人从希腊文作些翻译。其实，我们能用德文读海德格尔，这还不足以表明无须翻译。我们还须用德语来思考。若读德文之际，时而用汉语和海德格尔对话，心里不是或多或少作了翻译吗？若只用德语对话，那么即使我是个中国人，我在研习海德格尔的时候，却和德国人无异，说不上中国人与海德格尔哲学有缘。

第二个办法是不翻译，只介绍讲解，最多是提供某些原著的改写本。但改写本里，我们能完全不用一段中文来引用原著吗？我们能不尝试翻译其中的某些概念吗？姑且说竟能够，我们还须表明改写讲解优于翻译且能取代翻译。

二、翻译在于字面对应

　　解说离不开翻译，翻译也有解说的因素。拉丁字 interpretatio 就兼有解说和翻译两层意思。不过，翻译和解说、改写的边界虽然重叠，却各有自己的主要领地。翻译和改写的区别，简单说，在于翻译要求形式上的对应。如果原文是一句话，转过来成了一篇短文，或原文一大段话，转过来成了一两句，我们就知道这是改写而不是翻译了，因为这里缺少最起码的形式上的对应。我们可以用"人，就其存在方面而非就其之为实际存在者方面而言"来讲解 Dasein 这个概念，但肯定不能这样来翻译。海德格尔的法文译者古班把 Dasein 译做 realite humaine，就更近乎解说而离翻译太远。

　　形式上的对应，最简单的一种是音译。不过，我和倪君一样，认为非万不得已不要采用音译。主要的理由就在于，一旦采用音译，这个译名就失去了和同根语词的字面联系。倪文所谓同根名词和动词失去联系，只是一个突出的例子。"埃格尼斯埃格尼斯着"（Das Ereignis ereignet）当然不成话。"埃格尼斯发生着"也和"语言自己言说"有相当距离，因为"语言"和"言说"的字面联系还是够明显的。特别僻的语词，音译也罢了。但海德格尔那里难译的词，通常不是僻词，不过是用法乖僻罢了。这里用了音译，在翻译别的哲学家的时候或一般翻译德语的时候，两者如何相通呢？

　　倪君认为音译有时的确是个选择，同时也举出了一些有生命力的音译，引称玄奘定出的五种可以考虑音译的情况，其中有一种是"原先没有的物名"。的确，典型的名称可以音译，因为名称没有含义，就是说，和其他语词没什么概念联系，所以多数论者认为名称不算翻译，只算不同写法。不过，即使物名，大多数仍然会采用意译的办法。我们虽有"坦克""引擎"，但"汽车""火车""飞机""冲锋枪"这样的语词却多得多，因为大多数器物的名称，虽然不能反过来用来描述其他事物，但它们却是从描述语转成名称的，所以我们对这些名称也有一种"理解"，而且这些名称因此才好记。初期的大翻译家严复经常采用音译的办法，例如"版克""劳叶尔""锡特"，这些词几乎没有留下来的，而被"银行""律师""城市"取代。① 至于概念语词，非万不得已，更不宜采用音译了。

当然也有一些概念性极强的语词，如"逻辑"，其音译居然存活下来，倒有点奇怪，我像倪君一样，不知其所以然，而且颇希望能在这方面作些探讨。不过这样的语词其实不多，因为像"逻各斯"、"埃多斯"这样的音译，并不属于此列。倪君指出，这类词"大都并不易为大众所理解"，不过他认为这不是什么大问题，因为"它们毕竟大都是些生僻的专业用语"。我觉得这有点轻描淡写。有些音译，似比倪君设想的更为生僻；我虽与倪君同行，像"埃多斯"这样的译名，读到也要猜度一番。一个音译不为大众理解而留存下来，提示出这类译名的某种特殊身份：它们通常只是我们加以讲解的，而不是我们用来讲解的。在这个意义上，它们虽然留存下来，却仍然没有什么

---

① 参见熊月之：《西学东渐与晚清社会》，上海人民出版社，1994，第701页。

生命力可言。几乎只有在介绍西方思想的书里才会出现"逻各斯",即使这时,多半也是在讲解"逻各斯",而不是在使用这个词讲解别的概念。就此而论,这类词竟在另一极端上是些名号。

两种语言的对应分很多方面、很多层次。一个词对一个词,一句话对一句话,甚至一种句子结构对一种句子结构,成语对成语等等,都是翻译家愿意做到的。但既然是两种语言,就不可能处处对应,字面上对应了,韵味却对不上,传达出了影射的意思,所用的比喻却两样。这是翻译的难处,也是翻译的乐趣。翻译家上下摸索,希望方方面面都对得贴切。但在这方方面面中,最需重视的,是字面的对应。

单就"达意"来说,解说和改写有时比翻译还要准确。两三句话,翻译过来,可能很费解,前缘后果都讲上一番,意思就清楚了。那我们为什么还要从事翻译呢?恰因为翻译讲求字面上的对应。相对于句意和通篇旨意而言,字面的意思要确定得多,翻译的本职就在于从较为确定的所在出发去寻索无论什么玄思大义。

这几十年流行解释学,常听有人主张解释并无共同的标准。"解释"这个词的含义太广了,人们有时会把一个解释领域的特点不加检验就外推到另一个解释领域。一首诗的领会,未必能求一致,但这首诗里肯定有些字是有"达诂"的。翻译要尽可能守住字面,守在比较能取得一致看法之处。这点道理,苗力田先生在亚里士多德中文版全集的序言里讲得很透彻:"我们生也鲁钝,对于自己的发挥会在多大程度上合乎斯它吉拉哲人的原意,没有多大的把握,所以谨约严守本文,宁愿把本文所涵容的广大思辨空间保留下来，奉献给捷思敏求的读者。"①

翻译的这个特点，是其他形式的介绍取代不了的，所以，好译难译，总有人会去翻译，有人会读翻译。

守护字面，就难免拘泥于字面。然而，翻译即使有点生硬，甚至在一定程度上因字害义，也要尽量坚持形式上的一致。这有点像仪式、法规一类。法规原出自情理，服务于情理，但法规服务于情理的办法，和就事论事不同；法规一旦建立，哪怕在某些事例下不尽合乎情理，也要照规矩办事。

所谓硬译意译，就依在何种程度上拘泥于字面来定。硬译到何种程度，受很多因素影响：原著的内容，译者的目标，两种文化之间的熟悉程度。但一般说来，硬译包含对异族文化的较多尊重。罗马人最早翻译希腊文，以硬译为主，后来越来越倾向于意译，甚至把希腊人读起来拗口的希腊文也译成流畅的拉丁文。圣杰罗姆的话颇能代表罗马人后来的态度："译者把思想内容当做战俘，以征服者的威权，转送到他自己的语言中去。"② 罗马的确征服了希腊，不过罗马文化不但从来没有征服希腊文化，而且在希腊文化的光彩之下格外黯淡无奇。到了近代欧洲，情况反过来，先流行的是意译，直到17世纪中叶才广泛出现硬译。研究者早就看到这是和当时生长起来的文化宽容联系在一起的。施莱尔马赫和洪堡因而都主张尽多体现原著的各方各面，包括生硬的

---

① 苗力田主编：《亚里士多德全集》，人民文学出版社，1990，序，第15页。
② Hugo Friedrich, Zur Frage der Uebersetzungskunst, 载于 *Theories of Translation*, ed. By Rainer Schulte and John Biguenet, University of Chicago, 1992, pp. 12 – 13。不过，并非罗马人都持此种态度。这本书后面也说到，在罗马文化中高标特立的贺拉斯有诗云：逐字逐句，翻译永不会太过忠实。

风格在内。他们都主张译者要把读者带向原著而不是把原著带向读者。当然，这些见解都发表在精神品质最坚强的年代，在我们这个讨好读者的时代听来就显得相当生硬了。

初有翻译的时候，很多人对译文的生硬不以为然，认为遣词造句都要合乎中国习惯。不过，人类生活中，少有从来就自然而然的事物。今天习以为常的事情，好多初起时曾遭剧烈的抗拒。有些东西，初起时生硬，久而久之习惯了，也就变得自然了。有些初听是生造出来的翻译语词、翻译句子，听得多了，竟变得自然了。我们今天的行文，甚至说话，不知有多少，既不是从古代汉语来的，又不是从口语来的，而直接源于翻译。

三、Sein，是、在和有

用同一个词来翻译同一个外文词，是翻译的一般要求，但翻译经典著作和哲学著作的时候，这个要求格外突出。卡夫卡的法文译者把相继出现三次的 gehen 先后译成了三个不同的法文词，昆德拉大为不满。连着三次用 gehen，当然不是因为卡夫卡词汇不够，他恰是要用同一个词把三个不同场景贯穿起来。哲学翻译之所以格外要求译名一致，道理也大致如此：哲学的中心任务，或至少中心任务之一，是澄清基本概念语词所含内容的多重联系。在这一点上，从柏拉图到德里达概莫能外，不必详细。既然我们本来要作的是弄清楚用同一个词来称不同种类的事物道理何在（奥斯汀语），若每次把同一个西文词依上下文便宜译成不同的中文词，我们就根本无法进行这项工作了。

在一次研讨会上，赵敦华先生提出，estin/Sein 这个词，在亚里士多德、黑格尔和海德格尔那里，意思不同，宜分别译做"是""有"和"在"或"存在"。他对 estin/Sein 这个词的梳理颇有见地，但最后这个结论，我却不敢苟同。西方哲学传统中最重要的语词，无过于 Sein，极大量的讨论都可归结为要厘清这个词的各种含义有哪些内在联系。若依各个哲学家的侧重不同而径以不同的词来翻译，这项任务就消失于无形了。

Sein 通常相当于现代汉语里的"是"。Die Rose ist rot，你一定译做玫瑰"是"红的。Ontologie 讨论的那些深不可测的问题，就是从系词这种通常用法来的。把 Sein 译做"是"，多少能透露出高深义理和通常用法之间的联系。我在《海德格尔论艺术》一文的开头处说："海德格尔毕生所思的，是存在与真理：存在的真理，真理的存在。这样表述，朗朗上口，但从西文来考虑其中的义理，似乎较真切的说法是，海德格尔所思的，是'是'与'真'：是真的；真的是；人、物和事，是如其本然所是。真人，就是本然之人；真实的存在者，就是去其伪饰而以其本来面目显现的存在者。"[①] 这样说，同时还有助于提示出海德格尔所理解的现象学。

这么说，应该把 sein 译做"是"。但我们立刻会碰上一个技术性的困难。困难虽说是技术性的，但几乎无法克服。看一下这句话——Das Ontologisch-sein des Daseins ist……能译做"此是之是论之是是……"之类吗？这不是我有意刁钻挑出来的例子，熟悉《存在与时间》的读者都知道这样的句子在在皆是。本来，像 sein 这样的词，不可能有惟一的译法，只能说译做什么比较好些。

---

① 简宁主编：《透视》，国际文化出版公司，1995，第 25 页。

即使译做"是",义理也不能全保,因为"是"并非随处和 sein 对应,例如"意识是"就无法和 Bewusstsein 对应。现在,单说技术性的困难,就会迫使我们退而求其次,选用"存在"来翻译名词性的 Sein。即使退了这一大步,译文也不好读,但好歹能读。

然而我们须注意,比起"是"来,"在"和"存在"的范围要狭窄些。不存在麒麟这种东西,但麒麟"是"一种想像的动物。在神话里,麒麟"是"一种动物。如果把 sein 既理解为是又理解为存在,似乎会发生一种逻辑上的悖论,即迈农悖论。明明没有麒麟,但既然麒麟是这是那,那在某种意义上就有麒麟了。这个悖论其实不只关涉到 sein,而是关涉到语言的本性。语言不是对实在的描述,而是源于实在的一种设置,使我们能描述可能的世界。就语词的意义而言,"麒麟"和"老虎"并没有什么两样。考察世界上有没有麒麟,就像考察澳洲有没有老虎一样,这类考察不是哲学的事业。哲学在意义的层面上考察"是真的"。杜少卿有真性情。世上从来没有过杜少卿这个人,并不使杜少卿的性情无所依托。

从通常情况说,"存在"应当用来翻译 Existenz。但在海德格尔那里,Existenz 不用于一般事物,只用在人身上。所以,把这个词译做"生存",在《存在与时间》的中译本行文中碰不上什么麻烦。但这还远不能令人满意。因为我们主张,一个译名原则上应该能够在翻译所有哲学著作乃至翻译所有原文的场合都通行。普通德国人不像海德格尔那样理解 Existenz;而一般德国人理解不到的东西——假如真有这种东西,我们竟指望通过翻译体现出来,我们就未免自许太过了。海德格尔对"平均理解"嗤之以鼻,但翻译者第一要顾及的正是这个"平均理解"。把 Existenz

译做"生存",不是由于译者理解得深刻,只是不得已,让原则受了委屈。

也有把 Sein 译做"有"的。一般认为"有"这个字有两种主要的用法。一是领有或分有某种东西,例如你有钱他有权。二是存在,例如有雨有太阳有狼有动静有危险。我们可能会设想,在这层意思上,说话人仿佛暗中假设了一个至高的领主,或是上帝或是造物者或是世界,领有天下所有的东西。这个领主之"有太阳""有动静"就像我们有钱有权似的。这个领主既为最高的领主,那么世上无论存在什么,都归他所有。但考究"有"的实际用法,提示出来的却是另一个方向。我说"有风",主要不是说"风存在",而是说不宜划船,宜于放风筝。"有危险"更不是抽象的"危险存在"。"我占有"或"世上有"都首先联系到我行事的条件,所以这两层"有"的意思相去不远。"抽象的存在"这层意思上的"有"是一种推理式的用法:一样东西必须存在,你或我才能有这样东西。所以我们不会争论天下的麒麟该归你所有还是该归我所有。许慎《说文解字》解"有"字为"不宜有也",刘翔则考证"有"字的本义是持有、拥有。① 但在"引申遂为凡有之称"这一点上,意见相同。古希腊考察 to on hei on(是之为是),体现出希腊人讲求科学的取向,译做"有论",会导致误解。

"是"比"存在"广,"存在"比本义之"有"的范围要广。从领有的有进至万有的有即存在,可说眼界更广大了。从纷繁万有转向万有由之各依本身形象涌现的源头,看到万有如何通过语

---

① 刘翔:《中国传统价值观诠释学》,上海三联书店,1996,第 224 页。

词各"是"其本身,看到人和物"真的是"什么,则可说眼界更深入了。依我粗浅的知识判断,希腊哲学在巴门尼德和赫拉克利特那里开始从关注万有转向关注逻各斯,从"存在"转向"是"。不管怎么说,从那以后,西方哲学关心的就主要是"是",而不是"有"。海德格尔自不例外。所以,从义理上说,把 Sein 译做"是"最好,译做"在"和"存在"还好,译做"有"则差得远一些。不过,倪君说得很好,我们单单从义理上讨论,往往仍决定不了哪个译名最妥当,必须自己动手作相当多的译文,说话才有更大的把握。因为无论如何,译者必须让读者能把译文读下去,哪怕读得相当勉强。我很乐意见到有人试用"是"来翻译,同时又能让译文大致通顺可读。我在实际翻译的时候,当然常作权变,有时也把名词性的 Sein 译做"是",有时也把动词形式译做"存在"。愿意把 Sein 译做"是"的同仁,也不妨在必要的时候混用"存在"。

四、Dasein,此在、亲在

上一节说,我们最好能用同一个中文词来翻译同一个外文词,不论翻译的是谁的哲学著作,不论这个作者强调的是这个词的哪重意义。因为既然他强调的是这个词的某种意义,我们若换个词来翻译,就抹煞了作者的苦心。不仅如此,如果这个词有个日常用法,我们就还须考虑日常用法,因为作者既然不肯生造一个词而从日常语汇里挑一个词来表达自己的意思,我们若生造个词来翻译,同样辜负作者。从这一点说,用"此在"来翻译 Dasein 比较妥当。

Dasein 这个词，熊伟先生起初把它译做"亲在"。我初读《存在与时间》的时候，一边读一边把一些重要段落译成中文，因为要应付很多 Das Dasein ist da 这类文字配置，自然就会想到把它译做"此在"。当时并非有意要在正式翻译中取代"亲在"这个译名。但译成习惯，嘴上也就这样说。一次和熊先生讨论，说出"此在"，自己颇不经意，先生却立刻注意到了，并认真和我讨论起到底哪个译名更好。我陈述了译做"此在"的来由，先生颇以为然，相约今后都尝试"此在"这个译法，看看能不能随处都译得通。这个译名，虽然是我先提出来的，定下来采用，先生却比我还要热心。

"亲在"这个译法，像先生的其他许多译名一样，有其神韵。不但外行颇有迷这神韵的，就是学界中人，也有人不愿放弃。翻译《存在与时间》的时候，王庆节君就很愿说服我保留熊译，现在仍有不少人希望我改回来采用"亲在"。王庆节君在最近一篇文章写道：

倘若我们从海德格尔在《存在与时间》中对 Dasein 之 da 的三重结构（现身情态，筹划领会，沉沦）的生存论分析出发来展开对 Dasein 的理解，就不难看出熊先生选用"亲在"翻译 Dasein 的一番苦心。首先"亲在"的"亲"当在"亲身"、"亲自"、"亲爱"、"亲情"的意义上使用，这与 Befindlichkeit（情感状态上的现身在此）的意义相投。例如，当我们用中文说"亲身感受一下"、"亲自做一下"，无不是要打破理论或范畴层面上的局限，进入一种现时现地现身现事的情境。同时，这种"亲"的情境，并非西方传统心理学意义上的主观情感，而是在中国传统哲学的背景下,一个不分主客,先于主客,乃至先于个体分离状态的亲情交融。《孟子》与《中庸》解仁为亲亲就有这层意思。其二,"亲"可在"新"的字义下使用,例如《大学》首句,程颐读为"大学之道在明明德,在亲(新)民,在止于至善"。朱熹解为,"新者,革其旧之谓也,言既自明其明德,又当推以及人,使之亦有以去其旧染之污也"。如此以"新"解"亲",既合古铭训"苟日新、日日新"之意,也与海德格尔所解 Dasein 之 da 为永不止息地向其可能性之筹划的"能存在"相契。第三,《说文》解"亲"为"至",并解"至"为"鸟飞从高下至地也",这也正合海德格尔的 da 的第三重建构"沉沦",而又很少海德格尔反对的传统西方形而上学中极强的超验性含义。①

庆节君的理由大致都成立,但这些理由考虑的都是海德格尔怎样理解 da。而我则对另一个方面考虑得更多。如果一个哲学家生造出一个词来,我们就只需考虑什么译名最适合传达这个哲学家的意思。但若他用的是传统术语,甚至就是日常用语,同时突出或挖掘出某种特别的意思,我们就不得不考虑这个用语在别的哲学家那里乃至在日常交往中是怎样用的。只要海德格尔用的是旧名,那么无论他的理解多新,甚至多么更加正确,我们仍然该沿用旧名。在康德那里,在黑格尔那里,我认为同样可以把 Dasein 译做"此在"。但我们在那里也可以译做"亲在"吗?我们愿意把德国人时时在说的 da 译做"亲"吗?我们愿把 Der Platz

---

① 王庆节:《亲在与中国情怀》,载于《自由的真谛》,中央编译出版社,1997,第 398 页。

ist je das bestimmte "Dort" und "Da" des Hingehoerens eines Zeugs①这句话里的 Da 译做"亲"吗？海德格尔不是偶然谈到这个地点副词，他后面不远就谈到这个副词和"我"的联系。② 所以，虽然我像有些朋友一样，也很喜欢"亲在"这个译法，但考虑到 da 在各种行文中的连续性，我认为还是把 Dasein 译做"此在"更严格些。

张祥龙君现把 Dasein 译做"缘在"，我认为也有同样的缺点：太偏重于一个概念在一个哲学家那里的特定用法，而不是一个语词在一种语言里的基本用法。不过，可以说在每个译名中都有解说的成分，只是翻译成分和解说成分的比例不同。"此在"当然也有解说的成分在内，这个"此"合适不合适，就有争议。不过这是一个不波及其他译名的独立问题，不妨另行讨论，而这里的首要关注是翻译的理论方面。再者，像 Dasein 这样的基本概念，两三个基本译名同时共存，让中文读者能从几个重要方面来体会，也有好处，只要不是一人一译，各逞一得之见，把翻译变成了六经注我。

五、Ontologie，存在与存在者

偏重于一个概念在一个哲学家那里的特定用法，还是重视一个语词在一种语言里的基本用法，这一差别最突出地体现在我们当时对怎样翻译 Ontologie 这个词的考虑上。

---

① Heidegger, *Sein und Zeit*, Tuebingen, Niemeyer, 1979, S. 102.
② 同上，S. 119。

传统上这个词译做"本体论",与此相应,ontisch 和 ontologisch 就应该分别译做"本体上的"和"本体论上的"。但海德格尔在《形而上学导论》里详细说明,on 有双重意义,一是存在,二是存在者,希腊人始终不知道区分这双重意义,所以直到海德格尔之前,哲学是一团糊涂。Ontologie 是关于存在的,然而传统的 Ontologie,谈的其实都是关于存在者的性状,是 ontisch 层次上的理论。人所周知,在海德格尔那里,存在和存在者的差别,即"存在论差别",是头等重要的差别。于是在动手翻译《存在与时间》之初,我就和王炜、王庆节、刘全华等学友讨论,决定根据海德格尔的辨析,不用"本体论"而用"存在论"。当时的主要想法写在中译本第四页的一个脚注里:"Ontologie 一词,传统的中文译法为'本体论'。这个词的原意实际为'关于存在的学说'。因为后人将'存在'解释为与'现象'相对的'本体',这个词自然就以'本体论'一译流传至今。本书中,作者的主要目标之一就是要破现象、本体之二分,除却对'存在'理解的千年之蔽。因此,译文将 Ontologie 一词改译为'存在论'。"与此相应,ontologisch 随着译为"存在论上的"。按说,ontisch 就应当相应译做"存在的",但这恰好弄拧了。在海德格尔那里,ontologisch 才是关于存在的,ontisch 涉及的则是存在者层次上的各种性状。于是,我当时在中译本里就追随熊先生把 ontisch 译做"存在者状态上的"。

一般情况,sozial 译做"社会的",soziologisch 译做"社会学的"。"社会的"和"社会学的"的区别何在?两者有一种明显不同的用法。"社会的发展"和"社会学的发展"完全是两回事。但在"从社会性来看"这一意义上,两者似乎没有什么分别。其实,中文语汇区别"物理的"和"物理学的",德文却无此区别,都叫 physikalisch。"化学"和"物理学"对应,然而,我们只有"化学的",却没有"化的"。

那么,凡从社会性着眼,就既可以说"社会的"也可以说"社会学的"。而我们还要有"社会学上的"这个用语,主要是因为社会学并不包囊对社会现象的各式各样的思考,而是通过一整套确定的社会学程序来加工社会现象,生产出社会学上的数据和结论。"现象上的"这种说法早就有了,"现象学上的"却要等出现了个叫做现象学的学派之后才有意义。我们对人性的探索还没有自限于一套固定的方法,所以我们无法区分"人性的"和"人性学的"。有人呼吁建立"人学",但愿这始终是个宽泛的提法,不要当真弄出一门具有特定方法论的学问来。我们还是对人多加思考,不要去建立一个学科。凡涉及心灵之事,莫不如是。

最广义的"现象论的",也就是"从现象来看的",也就是"现象上的";最广义的"结构论的",也就是"结构上的"。海德格尔再三强调他的存在论不是一个存在论流派,而是最广义的存在论。① 那么,这个"存在论上的"也就相当于"存在上的"。当然,这是从义理上说;就翻译而言,既然原文是两个词,ontisch 和 ontologisch,我们也要翻译成两个词。

翻译成哪两个词呢?初一看这里没什么难处,我们既然有"社会的"和"社会学的",有"物理的"和"物理学的",我们这里就可以照章译做"存在的"和"存在论的",或"本体的"和"本体论的",而像我们那样译做"存在者状态的"和"存在

---

① Heidegger, *Sein und Zeit*, S. 11、S. 27 等处。

论的"就失去了这种对称。为什么不能保持对称呢？因为海德格尔不是以通常的对称方式使用这组词的。sozial 和 soziologisch，一个是"社会的"，一个是"关于社会的（学说）"，但 ontisch 和 ontologisch，则一个是关于存在者的，一个是关于存在的。这种用法在道理上通顺吗？我们不会认为 sozial 是关于各种社会现象的而 soziologisch 涉及的则是社会生活的社会性。然而，on 的身份不同于"分子"或"社会"或"美"，on 不是存在者中的某一些也不是存在者的一个方面，而是"存在者全体"，是万有。万有之"有"和所有社会事物的社会性只有表面上的对称。早在《存在与时间》的第一节，海德格尔就引用亚里士多德来说明"是"或"存在"不是一切存在者的概括或抽象。那么还能怎样理解"是"或"存在"呢？这是海德格尔毕生思考的问题，这里当然无法详述。我们眼下所要指出的只是一点：从义理上说，"存在"和"存在者"不像"社会性"和"社会事物"那样对应。因此，两种对称的译法，"存在的"对"存在论的"或"本体的"对"本体论的"，以及"关于存在者的"对"关于存在的"，都不合适。

  按说，我们不能因为海德格尔提出一种独特的理解——哪怕是更正确更深刻的理解——就立一个新名。海德格尔认为 Ontologie 应该是研究存在的，我们就把它译做"存在论"，海德格尔又认为传统上的 Ontologie 实际上是研究存在者的，那我们就把它译做"存在者论"吗？作为译者，也许可以不去深究义理，就从字面上来翻译，例如把 ontisch 和 ontologisch 译做"本体上的"和"本体论上的"。如上文所论，译者的首要任务是照顾字面上的对应。然而，这里牵涉到海德格尔思想的核心，终以慎重为好，所以我还是采用了"存在者层次上的"和"存在论的"这样不对称的译法。我希望海德格尔的中文读者能了解这类基本概念译名后面的义理纠缠。说到底，用 ontisch 和 ontologisch 来表述"存在论差别"，字面上似乎清楚，义理上反生妨碍，因为从"存在者全体"方面来想，无论怎样解说，我们难免会把存在理解为某种意义上的抽象或概括，全体存在者的概括，有似社会性之为社会事物的概括。后来海德格尔也的确放弃了 Ontologie 这个名号，提出"不借存在者来思考存在"[1]，更多从言说、从希腊思想中的 to auto（自身与自身同一）和德国思辨哲学的"经过中介的同一"来探讨 to on hen on 的问题 Sein。[2]

六、构词联系和生造新词

哲学的基本任务是梳理基本概念之间的联系。词根词源里所隐藏的概念联系经常十分原始，即使说这种语言的人也可能从不察觉。通过挖掘词源来解说概念联系，有时极其有力。海德格尔在这方面用力甚深，仔细阅读海德格尔可以发现，几乎没有一个重要的概念语词，他不曾着意从词根词源方面使用过。依我看，他在这方面可说是有点走火入魔。效颦之辈，更无足多论。其实，并非所有概念联系都体现在构词上。仁和人在概念上有联系，在构词上也有联系。仁和恕概念上有联系，却没有构词上的

---

[1] 孙周兴选编，《海德格尔选集》，上海三联书店，1996，第 662 页。
[2] 本节涉及的问题曾在 1998 年 5 月杭州现象学专业讨论会上作了讨论，笔者受到孙周兴、靳希平、倪梁康和张祥龙诸君的启发。

联系。

我们能够选出适当的中文译名，从词根和通行语义上都和原文词对应起来了，自然极妙，但这种运气很少，多数时候，只能加注说明。Vorhanden 译做"现成"本来蛮好，但海德格尔要突出其中的 Hand，手。这已经让人为难。现在他还要把它和另一个带"手"的字 zuhanden 对照使用。如果这种用法只是一时一事，加个注对付一下就算了。但这两个词贯穿全书始终，逼着译者把它们译出来。我勉强译做"（现成）在手"和"上手"，很难指望读者满意。约翰·德莱登自嘲说：译者带着镣铐走钢丝，当心不要一跤跌下已经算好，别再痴想风度翩翩。

我们的译名通常无法从构词和通行语义上都和原文词对应起来。如果侧重构词，就会想到生造新词的办法。倪君的建议是制造一些意义宽泛的语词。这个办法，我们私下交流时他说得较详，文章里却只有提示。他以为"此在""本成"这样的译名比较好，部分原因就在于此、在、本、成这些词含义都极为宽泛。这样的译名，用古人的话说，就是"不凿"。凿与不凿，显然没有明确的界限。我们一方面希望不凿，一方面又要尽可能具体而微地传达出原文的意思来。我们作翻译，毕竟是要从外面引进我们自己没有的东西，而非意在表明其实别人所说的，我们自己也早说过了，也早会说了。所以倪君绝非主张译名越空泛越好。他根据 Ereignen 里的 eig，主张译名中应该包含"本"这个字。而在包含"本"的几个译名中，他最赞成"本成"。猜想其中的理由，"成"字更多动词的意味。我从前译做"本是"或"成其本是"。"成其本是"太偏于解说。"本是"又不如"本成"适于传达 ereignen 中"转变"为自己、

"转变"为自己所有的意味。而且"本是"稍偏词组而"本成"更像单词。相形之下,不如采用"本成"。

但无论怎样生造出来的词,总嫌生硬。很多西文哲学用语,日常在口头上也说。一旦译成中文,就一副冠冕堂皇了。"本真"(eigentlich) 无非是"他真的走了"的那个"真","在真理中"无非是"叶子当真落了"那个"当真"。就此而论,哲学翻译从整体上就相当生硬,有时简直是在制造一种新的文言文,甚至比旧式的文言文离口语更远。有鉴于此,学友王炜建议我们尽可能使用口语来翻译,例如把 Sache 译做"事情",把 Ereignis 译做"发生"。口头语汇可能离西文概念太远。他说那就硬行嫁接,因为只有当大多数哲学语汇和口头语汇建立了联系,哲学语汇才有真切的意义。我很同情王炜的立论,但从翻译实践看,未必行得通。此中有很多缘由,这里不及细说。倪文在第八节中多少有所涉及。但我希望,在能够与日常用语相通的时候,就尽量沟通,不要有意制造乖僻。倪君赞成有时把 Sache 译做"实事",这个词虽有点人造意味,但还能"保持与日常语言的渊源关系"。倪君的这一见解,我大致是同意的。

生造出来的哲学译名,融入口语的机会很小。人们喜欢指出佛学翻译给我们留下的语汇遗产。更不消说这个世纪从西方引进的哲学语汇了。不过,翻翻佛学译文,我们就知道,其中只有很少语汇流入口语。但这里想指出的是,没有流行起来的语汇,不见得在疏通原文义理方面差一些。有时还可能更成功。语汇没有留下来,所传达的思想可能通过其他途径融入中国思想了。玄奘的翻译在很大程度上就是这样的。中文译名,一方面希望传达出原文的概念结构,一方面希望进入中文概念系统,成为可用的语词。这两种希望,在不同译名上的比重往往也不同。不同比重甚至反映出译者的不同取向。我个人更偏重于前一方面的希望。

翻译是一种重要的学习。但我们不能总把学习比喻成"取其精华去其糟粕"这样的"吸收"过程。别人的长处,多半不可能剪贴到自己身上。但深切体会别人的长处,仍有助于从自己身上生长出优良的品质,虽然原则上不可能整理出一个普遍有效的促生机制。一个译名是否有益于拓宽加深汉语的概念内涵,不能单纯用这个译名是否成为常用汉语词汇来判断。当然,流行起来的语汇,既然流行开来,就或多或少地直接改变了汉语。至于汉语因此变得更健康丰厚,还是变得庸俗软弱,竟不是译者管得了的,而端系于使它们流行起来的土壤成色如何。流行与否,和最切实地疏通原文义理则更少联系。所以我倾向于认为,译名最好还是专注于适合疏通义理。是否流行,是语词自己的命运。

无论什么译名,都只是一个起点,要真正起到语词的作用,它必须和固有的语词取得联系。融入日常语汇,只是种种联系之中的一种。使用原有的语汇来翻译,也只是其中一种。有些译名,虽然始终陌生,却可能为我们所熟悉的世界带来新的生机。

当然,我绝不赞成滥造新词。不得已而营造的时候,则须尽心营造义理上通顺形象上可感的新词。能够与日常用语相通,就尽量沟通,不要有意制造乖僻。我自己在翻译的时候,迫于无奈采用过甚至制造过不少怪异的语词,但自己写文章的时候很少用到它们。有人却很喜欢用这类怪异的语词来写文章。但若这种文章只是用了语词而什么都没说,我们就不能说这些语词真正得到使用了,已经进入中文了。看到我率先采用或制造的语词,写在文章里,怪里怪气的,真个诚惶诚恐,好像自己是始作俑者。其实，这些并不大舒服的语词，主要是起到车乘的作用，并非邀请人们在其中安家。我们有了车，出门就方便了，但很少有人愿意把家安在车上。

八、译名统一问题

倪文中有一句说："选择译名与理解思想一样，都有一定之规，不能落入随意，故而存在着一个讨论的基础。"这原是老生常谈，不幸今天却不得不重提。论理的文章，不再像论理，倒更像明星登台那式的"自我表现"，不管别人对不对，但也不管自己对不对，只要是表现了一番就好。结果难免像昆德拉所说的那样，表达真实自我所依赖的共同生活瓦解以后，每个人都在表达他抠鼻孔的自我。

本文的主导线索是同一外文词的译名是否一贯，而倪文则侧重不同译者之间的"译名统一性问题"。的确，翻译主要为了不大能读原文的读者，同一个原文，你这样译，他那样译，的确有时会使读者无所适从。翻译海德格尔的人主要读原文，最多读一点中译本做辅助，所以尽管手上在翻译，心里竟可能忘了读译文的人。我最初是靠中译本读西方哲学的，颇为译名混乱苦恼过。就是今天，读到"符码""指号""指码""语话"这些词，也常猜不出从什么词译过来的。

倪文指出我随熊先生把 verstehen 译做"领会"，就易产生这样的结果。我觉得这个例子比较接近边界情况。Verstehen 这个词，在海德格尔那里译做"领会"实在不错，而且也可能把这个译名带到一般的上下文里。不过，它在哲学著作中通常已经译做

"理解",而且在海德格尔著作中译做"理解"还是"领会"也非优劣判然。所以似乎可以考虑与通常译法统一起来,把它改译做"理解"。

现代西方哲学翻译工作的情况的确不如人意。译名混乱只是一例。倪君觉得前景不容乐观。乐观悲观多半无法讨论。但我想就此补充几点考虑。平心而论,十几年来着力于这项翻译工作的学者,本来西文中文西学中学的底子都不是很厚,上一辈学者由于政治环境等等也没有给我们创建好良好的学术氛围和学术规范。我们忙着补西文补古文,来不及在同行之间交流,难免弄成各行其是的局面。现在的局面已经有点改观。大量的译文已经摆在那里,无论质量高低,总使我们的讨论有了材料。理解方面,也有些提高。近来出了几本关于胡塞尔和海德格尔的专著,都信实可读。在这种局面下,如果我们能像倪君这样多作些具体而微的讨论,未始不能找到更广泛的共识。我们的目标本来就不是诸译者之间的完全一致。如果两个译者确经深思熟虑而各自仍坚持自己的译名,那么很可能实际上是两个译名并存更合理。这种情况不会很少,但也不至于多到让读者无所适从。

(本文以"从海德格尔哲学谈译名的一致"为题发表在台湾《哲学杂志》第21期［1997年8月］及《中国现象学与哲学评论》第二辑［上海译文出版社,1999］。)

未来最好不要由我们决定

学生：陈老师，我们今天是为《学园》文化评论副刊来访谈，所以准备谈些比较轻松的话题。

陈嘉映（以下简称"陈"）：这最好，谁都有腻烦了艰深话题的时候。

学生：首先请您介绍一下个人生平。

陈：我1952年生于上海，普通干部家庭，1958年，父亲到北京筹建轻工业学院，全家迁到北京，我那一年上小学，读到中学二年级，开始了"文化大革命"。"文革"之中故事当然特多，但是不算生平。1968年到内蒙白城地区插队，在那儿待了8年，我插队的感受和很多人不一样，我特别喜欢那个地方，那段时光。

学生：为什么呢？

陈：我想首先是因为那个年龄好哇，从十六岁到二十三四岁，可以说是黄金时代吧，那感觉什么都挡不住。1976年回到北京，闲逛了一阵后，1977年恢复高考，我考上北大西语系，读德语专业。那时候可以随便考研究生，没有什么限制，我在1978

年 5 月考上北大外哲所,读了 3 年,1981 年毕业,论文写海德格尔,导师是熊伟先生。毕业后留校,1983 年 11 月出国,在美国宾州州立大学。其间两次回国,长的一次待了将近一年,即使在美国,和国内的联系也挺多,应赵越胜、甘阳的请求,写了《海德格尔哲学概论》,那是 1987 年、1988 年,写了一年多,可惜后来有些风风雨雨,直到 1995 年才出版。1990 年写好博士论文,题目是"名称、意义与有意义",这篇文章的部分内容在《中国现象学与哲学评论》上发表过。1992 年在欧洲工作了一年,是社会学方面的一个研究项目,题目是"不同文化背景对自然科学家的影响"。1993 年 5 月回国,重返北大任教至今。

学生:刘小枫曾经称自己是"四五"一代人,您和他应属同一代人。请问作为"四五"一代人,你们拥有怎样的心路历程?

陈:我想我们的生活经历有相似之处,走上学术道路的动因也差不多,那是一个所相信的东西与现实相当冲突的时代,只要不是过分麻木的人就会去思考。在思考之中有人就走上了刨根问底的道路,当时("文革"后期)喜欢哲学的人特别多。

学生:我们也是因为喜欢刨根问底,最后走上了哲学之路。

陈:我们从小就教给我们相信"资本主义坏,社会主义好",社会主义人人都劳动,都有饭吃,资本主义那里人们受苦受累受压迫。可是慢慢听说了,那边的人不但没有饿死,而且吃的比我们还好,穿的比我们还好。这就需要一个解释。可以从很多方面来解释,可以从"公正"入手:比如说他们生活的确好,但是社会不公正;或者呢,他们现在好一点,可是前途不好。这时还不算哲学讨论。你接着问：吃好穿好之外还有没有公正？现状好未来不好和现状不好未来好，这二者哪一个更好？这个"好"是超乎时间的还是随着时间改变的？你思考公正、善和时间这些基本概念的关系，可以说，你就徘徊在哲学领域的边界上了。

学生：为什么说还停留在边界上呢？

陈：哲学家爱刨根问底，但比起一个平常爱思考的人，还要多一点：他在形式化方面有训练，把所思考的变成合乎学理的东西。

学生：您在课堂上经常讲到形式化，您能不能在这里简单概括一下这个概念？

陈：要简单概括，一个好办法是从极端的情况来讲。与形式化对应的一个极端是所谓单纯感觉：你觉得什么地方有点不对头，可是不但说不出到底是什么不对头，而且你自己就根本不知道是什么不对头，这种感觉、领会像是不具有形式的一团混沌，其中有物，却恍兮惚兮。在形式化的那个极端上则是自动化，像电脑作业那样，电脑用不着感到什么、理解什么，通过一定的程序，即一定的算法，就能得到一定的结果。

学生：可以认为形式化训练就是学术训练吗？

陈：形式化和学术这两个概念分属于不同的概念领域，不过在我们现在的论题里我可以说学术训练是形式化训练的主要内容。从事学术是挺辛苦的，不像在思想中漫游，一副悠哉闲哉。思想自有思想的乐趣，但乐趣不仅有量上的区别，也有种类上的区别，思想的乐趣和喝茶闲谈的乐趣不是同一种。尤其做博士论文或者写书的时候，除了好书，你还必须去读很多二手材料，你平时不会觉得那些二三手材料特别有意思，但掌握这些材料，是一种技术训练，也是职业要求。

> 存在问题首先是一个活生生的问题，引发希腊人提出了对存在问题的原初解释。这种解释以种种方式得到重新解释并通过这种种变形至今支配着我们对存在问题的讲法。我们今人欲对存在问题有所论，已摆脱不了历史上的种种解释，已必然活动在这种种学术讨论中。而这种种学术工作，都是为了熟悉存在问题在历史解释中的流行途径，以期最终溯流还源，达乎存在问题初腾的境界。
>
> ——陈嘉映《海德格尔哲学概论》

学生：我们能不能专注于思想，少在那些繁琐的材料中浪费时间呢？

陈：你做技术性工作时要是觉得纯粹是在浪费时间，那你无法从事学术工作，就像一算棋就感到枯燥的人，绝对不会成为一个专业棋手。你爱凭感觉说话，那你比较适宜写随笔，不一定要从事哲学探索。我这样的外行，凭感觉落子，最多算个两三着，我下棋只图个消遣，这样"随手"也无所谓，但真正的棋手就不能这样。感觉如果就是最终答案，那当然皆大欢喜，然而经常会这样：你的第一感是在这里落子，算一算却发现不对。再说，经常是你的感觉是在这里落子，他的感觉却是在那里，这时就得算棋。当然，我们不可能一盘棋都算清，不过，该算的地方你不算，能算清的地方你算不清，恐怕你也很难培养出正确的感觉。

超人一等的感觉是随着训练一道培养起来的。水平差不多的人那里，有的人算棋更突出，有的感觉特别好，但要是我对马晓春说，我算是算不清楚，可我的感觉和你不一样，就没什么意思。

学生：前一段有种说法，说八十年代有思想没学术，九十年代有学术没思想，您怎么看待这种说法？

陈：前些天《风入松书评》约了几个学生找我座谈，我发现他们把"学术"当做一个反面的词汇。在你们这个年龄，感觉非常活跃，不要因为踏上某一条思路，就把其他感觉都堵塞住。就此而论，我理解那种对学术训练的不耐烦之感，何况当今大学文科里的很多所谓训练不过是对自然科学方法的拙劣摹仿，并不是从人文思想本身的形式化要求中生长出来的。学术对于思想，不是附加在外的东西，这是因为，思想需要思想史的依托，我们不能够随便制造出一个概念框架，然后向其中注入力量，思想表达方式的力量蕴藏在这种表达方式本身之中。八十年代，不少闷在那里独自思考了十来年的青年人创制出一个一个的哲学体系，也有拿给我读的，其中有的不乏灵气和认真的思考，但你会有一种落空的感觉，因为所有说法都是他自己编的，没有和具有普遍性的形式编织到一起……

学生：就像哲学领域的私人语言？

陈：有点像。也像一个弓箭手，有些力量，也有些眼力，但是你不知道他在射什么，没有公认的靶子，谁也不知道谁射中了没有，俗话叫"打哪儿瞄哪儿"。我想我多少已经表示，学术不是外在于思想的东西。但最低限度我还可以说，没有充分的学术训练，你很难在学界获得承认，因此也就不大容易进入比较充分的对话。

学生：要成为哲学家，一个人就必须把哲学作为一门"技术"来学习？

陈："技术"这个词也不是个坏词，与其把哲学当做一套抽象原理的集合，还不如把它看做一些口传心授的技术呢。"哲学家"呢，也不是一个特别好的词，从前在法文里也许好些，与思想家、智者的意思差不多，现在呢，"哲学家"在很大程度上是某个职业的称谓。

学生：您是这样说吗——一方面哲学是外在于我的职业，另一方面则是内在于我的生命，是我立身于世的眼光，甚至血肉？

陈：哲学本身就有双重身份。海德格尔一方面讲"哲学的终结与思的任务"，似乎是把哲学当成思想的僵化、死亡，可是另一方面，他把哲学和希腊连在一起，"哲学讲希腊语"，那口吻可谓怦怦然而向往之。维特根斯坦经常用反感的口吻说到哲学和哲学家，可是同时他的著作几乎都是以"哲学"命名的。这样以双重方式看待哲学，我想不是他们的个人感受，而是哲学本身的性质使然。哲学一端接着我们的基本感受和领会，另一端接着形式化的框架。据罗素回忆，维特根斯坦到剑桥以后经常半夜跑到他家闷头闷脑在他面前踱步，有一次他问：你是在思考逻辑还是你自己的罪孽？维特根斯坦回答：两者都是。对维特根斯坦来说，生命之谜和逻辑疑难互为表里。

学生：维特根斯坦在临终前说过一句话："告诉他们，我的一生很幸福。"请问您怎么理解这句话？

陈：我觉得我还是挺懂维特根斯坦这句话的，虽然这个人呢，从一般意义上讲不是通常所说的幸福的性格。——说幸福是种性格，我想这话是对的，而维特根斯坦当然不具备通常意义上的那种幸福的性格。也不是基督教的信仰之类支持他，而是出于对另一种更深的东西的信任。生活中最重要的支持，我们信任它而不是了解它，就像幼儿信赖母亲那样。他一生中对一切都不满意：无论是对自己的思想、别人的思想，还是对社会的现状……我并非说他是个喜欢抱怨的人。喜欢抱怨的人，不满后面就空空的没什么了，而维特根斯坦在一切不满的后面却有一种更深意义上的满足，或者信任吧。

学生：什么是这种更深意义上的满足？

陈：也许"满足"这话不好。"满足"、"幸福"，通常都是说一种状态，其中难免有平板重复令人生倦之处，难怪人们又会觉得幸福平庸而苦难深刻、生动。但是从"幸"这个字看，或者从与之相应的西文看，我们也许可以想像，幸福是一种意外的给予。幸福不是我们挣来的，可以当之无愧去享用。倒过来，既然幸福是一种赐予，它就不求报答，也无法报答，我们无非是心怀感激而已。现在我不愿用"满足"和"不满"这些话，我应该说，那是由感激而生的一种不安。我们在上进的青年那里最容易感觉到这种不安。心怀感激，能够接受赐予，那的确是幸福。我们仔细听一听维特根斯坦临终的这句话,它不是总结、评估,它是一句谢恩。

[在陈老师欲言又止的表述中,我们蓦地体悟到这里有一种何其深刻的人生感悟!

尼采1888年10月在《瞧!这个人》中写下一段话:"在这个美好的日子,不仅葡萄渐呈褐色,而且万物都在成熟,这时,一缕阳光洒到我的生命上:我向后回顾,也向前瞻望。我从来没有一下子看到过这么多美好的事物。今天,我并非白白地埋葬了我的第四十四个年头,我有理由去埋葬它——其中曾真正是生命的,都已被保存,成为不朽……我怎能不感谢我的一生?"

1989年1月13日,海子写道:"从明天起,做一个幸福的人/喂马、劈柴、周游世界/从明天起,关心粮食和蔬菜/我有一所房子,面朝大海,春暖花开。"

写完上述文字三个月后,哲人尼采与诗人海子都坠入了生命的黑夜;但是亲爱的朋友,请不要怀疑他们,这些不幸但又幸福的人是如此地热爱生活,在心灵深处感受到饱满的喜悦。]

学生:陈老师,您认为哲学在当今中国应该肩负起怎样的历史使命,哲学家应采取何种态度?

陈:这里提到的两个方面都有待澄清,一个是历史使命。另一个是有没有当今中国的哲学。如果我们把哲学看做对基本概念结构的梳理,那么我要说,中国没有明显的哲学传统,这一类型的思考在中国不十分发达,今天就更说不上有什么中国的哲学了。——当然我这是在狭义上讲哲学,中国有一个独特的思想传统，这一点毫无疑问，而且很发达。

学生：一个民族，一个伟大的民族可以没有哲学吗？

陈：我想狭义的哲学不是必需的。是否一定要产生哲学这种高级形态的精神形式？我觉得，那就像一座漂亮的宫殿，像故宫，印第安人没有故宫，可是他们照样生活。高级文化形态，它没有的时候并不必然有，但一旦有了之后就是生活的一部分，而不只是一个装饰。就像故宫一样，它可以不存在，可是一旦有了故宫，它对于整个皇权政治、社会结构和民族心理都会有深远影响。哲学对人类历史的影响，更是无法估量的。依我的了解，哲学独独属于希腊，每个民族都关心自己的基本概念的意义，却只有希腊人关心概念的结构，对结构的关心把他们引向一个客观的世界，发展出一种科学的态度。在这个意义上，后人无不认识到，希腊是欧洲的故乡，希腊哲学培养起了近代科学的精神。至于中国，我们将成为欧化世界的一个新成员，还是发展出一种自己的哲学，或某种不是哲学却具有基本力量的精神形态，这些都在未定之数。

学生：那么，我们的使命是否就在于发展出这样一种精神形态呢？

陈：我们本来就要谈到另一个方面，即历史使命。使命感也许是个正面的词，但很容易夸张，甚至一动就想引导历史。以前人们以为历史有个必然走向，真的、正确的，就是符合历史大方向。我以为这种讲法不成立。未来有没有必然走向，这已经有疑问。这走向是不是一定好，更没有先验的结论。对求真的人来说，首先要了解自己身处何方，自己的时代身处何方，这样才能让未来作为可能性展现出来，至于哪种可能性最终实现了，不仅不是我们能决定的，而且最好不由我们决定。我们要做的，是摆明什么是真的，什么是好的，那么历史无论怎么走，都会少一点自欺。

学生：为什么未来最好不要由我们来决定呢？

陈：我们现代人，谁愿为儿女指定职业，包办婚姻？当然，我们难免依照自己的幸福观为儿女去创造条件，防止那些和我们的观念极端冲突的可能性，但从原则上，我们希望看到一次新的生命，而不是我们自己一生的一个克隆。

学生：在这一点上，我们的想法好像和古人的想法很不一样。

陈：也许正是在这一点上，我们能看出人的观念发生了根本的转变。当然这一点也可以从别的角度加以描述，怎样系统地把这种转变描述出来，我们还要切实考察潜心梳理。现在国内描述现代性的文章，多数只及皮毛，就是谁平常都看到的说到的那些东西，没有加深我们的领会，所以也没有开拓我们的视野。也有不少毫无分析，单就是骂世，博个喝彩——骂世的东西，听众总是很愿意来附和的，虽然这个世界是这个样子，无非因为你我是这个样子，不过骂一骂，至少在观念上感觉上能把自己提升一点。人总希望比自己的实际所是好一点儿，这种天性也许可以给我们一些信心。

学生：如果我们不想决定历史，那我们还要不要介入历史呢？五四时期的中国和五月风暴的法国，知识界有一种"介入历史"的强烈呼声，今天我们仍然听到这样的呼声。

陈：一般说来，我不愿把人的生活，包括学术活动，把它看做历史的一部分，相反，我宁愿把历史感看做你当下生存的一部分。一位画家，他是否想使自己的作品取得一定的历史地位，这对于作品本身而言是相当外在的，他的力量可能来自同情心，来自观察力，当然也可能来自历史使命感。历史使命感并不比别的动因格外能增加作品的历史力量和历史意义。对于历史来说，你有意为之或无意为之都不重要。历史这个词从根本意义上是讲"过去"，我们无法对未来讲历史。说要对将来的行为赋予历史意义，在原则上是不成立的。

学生：您是说我们介入历史不是我们主观决定的，不是我们有意介入就能介入的。

陈：我们行动的冲动多种多样，历史感只是其中的一种，它可能重要也可能不重要。是否造就历史与是否有历史感不一定有正面的联系。荷马在作史诗时根本就没有想过要在文学史上造就一个里程碑式的历史巨著。

学生：就是说一个高喊历史感的时代并不意味着这个时代特别具有历史性，它只是一个历史感特别强烈的时代？

陈：我不仅想说历史感和造就历史的力量是两回事，我还想区别历史感和高喊历史感，就是说，想把历史感和对历史感的爱好区分开来。喜欢谈历史感并不一定富有历史感，就如喜欢谈廉洁并不一定廉洁。

学生：换言之，文学、哲学、艺术这些作品具有历史意义并不是因为作者有历史感，历史意义的发生也许是出于某种更深的动机或动力。

陈：或许可以这样说。

学生：可是当我们身处 20 世纪 90 年代这么一个社会经济文化迅速变迁的时代，历史和历史意识无可避免地要进入我们的视野中来，并且我们也无可避免地要意识到自己身处这样的境遇之中。

陈：不错。当你说有一个更深的动机或动力时，我犹豫了一下。其实我更愿采用自己刚才的表述，即历史感只是诸种动力的一种，它有时真实有时虚假。至于说到眼下，谈到世纪末，特别是世纪末的中国人，他这种历史感几乎就是真实的，那是从我们的切身处境感受到的，我们的确就站在历史交接点上，我们无可避免地会对历史作大量的反省，会对自己的工作从历史角度作大量的反省。在这里，对切身处境的感受和历史感交织在一起。细说起来，"历史感"本来就该指对我们身在何处的感知、了解。在感受切身处境这一点上，我们最容易自欺。所谓深刻的历史感，就是扫开自欺，更真切地把握自己身在何处。在这个意义上，荷马当然十分富有历史感。不过，人们通常说到"历史感"，说的不是这个意思，而是说自己将在后人所写的历史中有何种地位，接近于"历史使命感"。我们刚才已经说过，这是个有疑问的提法。

学生：那么，海德格尔的"纳粹牵连"体现了哲学与历史的哪一种关系呢？

陈：海德格尔想塑造德国和世界的未来，然而，这不是哲学的任务，哲学家并不比其他人更知道人将来应该成为什么样子，历史塑造自身，哲学的任务是为历史塑造自身提供更广阔的眼界。按说，海德格尔自己的时间学说比以往任何学说都更强有力地有助于我们看到历史和未来的真实联系，坚持从可能性来理解未来。可惜他不曾在这短短的政治实践中坚持这种眼界。不过，即使在理论上，他也不够透彻。他始终从因果关系或表里关系来看待西方历史和形而上学史，而不是把历史看作是在某些可能性中的自由成长的。

学生：有些论者认为，海德格尔政治上幼稚，所以纳粹牵连本身倒可以原谅，无法原谅的是他始终不曾为这段经历道歉。

陈：至于他为什么没有为纳粹牵连道歉，我猜想，当时舆论一边倒，整个世界都在鞭挞法西斯德国和日本，加入这一谴责的行列也许在海德格尔看来既没必要也没资格。他在思想深处憎恨世界的技术化，在《形而上学导论》中，他把美国、苏联等量齐观，希望是在德国，后来他不会再把纳粹德国当做楷模，但并不曾改变对美苏的看法。在这种情况下他跳出来谴责德国，顶多也就是昆德拉意义上的"媚俗"而已，不可能拿出什么真识卓见。这只是猜想，不是系统研究后的结论，——也不是说我同意他的沉默。

学生：您能不能估价一下海德格尔哲学的历史作用？

陈：我觉得要回答这个问题，时间还太近了些。高级文化形态敞开了过于广阔的地平线，没有确定的作用方式，所以，事先没有人知道它的具体用途，基本上事后才看得到。就我多少把握得住的来说，海德格尔大规模地扭转了古典思维方向。

学生：向何方扭转呢？

陈：这种"扭转"本身甚至比导向何方还要来得重大。转向何方？我想哲学是一种对话，它是哲人之间的对话，然而，却是听众听到了什么，怎样听，决定了思想的命运。

学生：为了让听众听到，我们不是该把哲学写得通俗一些吗？人们抱怨今天的哲学太专门了，太艰深了。

陈：哲学讨论基本概念的结构，而基本概念必定是那些浸润在一般理解之中的概念，所以人人都对哲学讨论有似曾相识之感，从而产生了一种错觉，仿佛哲学讨论一定得让多数人都听得懂，才有意义。然而，基本概念并不等同于最日常的概念，哲学之所以对某些概念产生兴趣，是因为这些概念连接着我们的日常理解和科学、政治理念等等高级的知识形态。你不了解这些高级的知识形态，就不可能听懂哲学。历史上你可以找到一些学养不深的诗人和小说家，但没有这样的哲学家。不是今天的哲学太艰深，哲学一向是艰深的，除非你把艾思奇那种《大众哲学》也算做哲学。哲学从来不曾直接面对民众，它总是通过一个有教养的阶层才会为民众所知晓。在这个意义上，我也不愿说哲学对话"为了"让民众听到。通俗作家为了民众写作，要设法让民众听到。但就探求真理的活动而言——哲学、艺术、科学，都是探求真理的——我们是要设法向前多走一步，管不得别人怎样跟上来。当然，只要你的发现有价值，自然会有人愿意跟过来。

学生：这个有教养的阶层指哪些人呢？

陈：我是指科学家、教师、政治家、通俗作家，以及一部分企业家。当然，哲学著作也有深有浅，即使有教养有学识的人，多数也读不了海德格尔、拉康。不过，我们只有指望一个有教养的阶层作为潜在的评价者，否则演戏的看戏的都是同一圈人，这台戏很快就会失去社会支持。

> ［海德格尔认为］哲学从来不能为历史事变直接提供力量和机会。"原因之一是因为哲学家永远只直接涉乎少数人。何许？创造性的变革家改革家们。通过这些人，通过不可预知的种种途径，哲学渐渐传播开来，直到某个时候降为不言自明为止。当然，到那时，哲学中的原始力量早被遗忘了。"
>
> ——陈嘉映《海德格尔哲学概论》

学生：现在国内哲学杂志上的那些文章，好像不会有什么人要读。

陈：那种入式入套却不知所云的论文外国也有，不过，咱们这边特别多，这是令人苦恼的境况，用维特根斯坦的话说，这些刊物简直就是精神破产的证据。如果杂志是由一些有教养的人士资助的，情况大概会好些，不过我们中国还没有产生一个有教养的富裕阶层来资助这样的哲学刊物，此外还有政治控制。

学生：您认为通俗作家会读哲学吗？现在的通俗作家好像是指那些专门迎合低级趣味的作家。

陈：那是庸俗作家，不是通俗作家。我们说通俗作家，没有贬义，就像说科普作品，只不过是说这种形式通常不适于用来发表科学探索的新成果。大多数人不仅对哲学不感兴趣，他们也不会去读二十四史，甚至不会去读世界通史，是通俗作家通过故事书、戏剧等等形式让他们了解到一些历史。通俗作家不建构知识，但他们尽可以是很有知识的人，实际上，他们的一般知识教养往往高于专家。至于当今的通俗作家为什么较少从高级知识形态汲取营养，有很多明摆着的社会原因。不过我特别愿意提到一个简单的事实——眼下在高级知识领域还没有出现什么像样的货色，你强拉人家到这里来买什么？总的说来，你有好货色，别人就会来，虽然哲学吸引的不是一般群众。就此而论，我认为文史方面的专家太少，而且过于热衷去写那些谁都能写的文章，在这上面花掉了超过比例的精力，我们原应当把这些精力节省下来集中从事知识建构，在专门领域中作出更多的成就。不能急着让全社会一下子都理解，社会理解通过一些结构一层层波及开来。

学生：到了最后，人们理解的还是你的思想吗？每经过一层结构，就可能经过一道误解和扭曲。所以您所说的"思想的命运"只能受制于那个时代的读者，深者得其深，浅者得其浅。

陈："受制"这个提法大概太消极了。河流不可能把源头的水全带到下游去，而同时，河水的汇聚并不仅仅来自源头。我不久前在《天涯》杂志上发表了一篇文章，朋友圈内讨论过几次，我发现他们读出的内容和我的考虑相差颇远，但并不因此说，这些读法都是无效的。现在对"误读"谈得很多，可惜好多人喜欢新词儿甚于喜欢新意。一种伟大的思想是富于建设力量的思想，你有你的问题，我有我的，我们都可以从那种思想汲取解决各自问题的灵感。把别人的思想和自己的思想或情境嫁接到一处，产生出新的想法或方案，这怎么能叫误读呢？这是阅读的应有之义。而人们眼下所说的"创造性误读"，是一切阅读中最少创造性的一种，那就是把别人的思想读成自己已有的思想，万物皆备于我焉，还读别人做什么？我们能够把阅读比喻成一场对话，恰在于我的思想通过与陌生思想的应答开辟出一个新天地来。我们珍视某种思想，也正是因为它能够开启这样的对话，而不在于它是某人的私产。如果某人原封不动照猫画虎地读懂了我的思想，这只能称为复制，而不是思想在发生作用，我不觉得这对于我是个幸运。

学生：您在《天涯》发表的那篇文章是《感人、关切、艺术》吧？这篇文章是否标识您正在转向艺术哲学的领域？

陈：这些问题我一直连在一起思考，不过就发表来说，我的确想分几步走，先多写些语言和本体论，进一步写艺术哲学，然后写伦理哲学。我现在主要还在写语言哲学方面，《天涯》那篇文章也还没有拿出我自己的框架。提前写出来，一是有约稿，二是听到一些争论。我有不少朋友是诗人、艺术家，常会谈到一些关于艺术的问题，其中的一个是：诗人为谁写作？这些问题很难形式化，怎么回答都像是要错，而我听到一个道理说错了就会产生一种强烈的讲道理的冲动。我在这篇文章里尝试回答人们经常议论的有关艺术的问题。不过，这篇文章内容是我的，框架不是我的，我只是借托尔斯泰的一句话开启一个课题，其实，托翁这句话"艺术在于感人"从形式上我也并不完全同意。

学生：昆德拉在《小说的艺术》中说小说是探索存在的，哲学当然也以存在作为它的课题。小说与哲学这两种形式的最终鹄的都是存在，那么究竟是谁更能真切地捕捉到"存在"呢？

陈：在这个问题上我不是老师，你们对存在的消息，感觉也许要比我敏锐。我只有零星几点感想。"探索存在"、"以存在为课题"这样的提法，都是译文体，不一定真切表达出了我们想要表达的东西。哲学和艺术，其共同之处，有一点在于把我们带到他者面前，带到陌异的存在面前。可以说，艺术展现陌异者，哲学则致力于在习俗和陌异者之间修建通路。这两种角色从来不是分得很清楚的，比如歌德、托尔斯泰和昆德拉的作品。进入现代、后现代，小说与哲学本身的形式发生了多重转变，是否更进一步模糊了两者的界线？中国的传统更是文史哲不分家的。

学生：进一步发展下去，小说和哲学这两种形式也许会合流？

陈：我想不会合流。哲学一边和文学接壤，另一边和科学接壤，看不出什么理由它会一边倒。

学生：我们读韩少功的《马桥词典》时有这么一个感觉，似乎它的方法和现象学方法有某种暗合之处，即通过不断变换视角让"存在者是其所是"。

陈：的确，不少人写乡野粗人是想以题材取胜，韩少功则不是要赞美那种生活方式，也不是假装赞美它，而是如其所是地向我们展示一种生活方式。我很喜欢《马桥词典》，看法和王蒙差不多。韩少功学涉中西，趣通雅俗，这在《马桥词典》里体现得最多。

学生：不知道您怎么看待纷纷扬扬的"马桥官司"？

陈：我和韩少功不大认识，但有好多朋友认识他，口碑极好。朋友喜欢的人，我自然喜欢。我先读到他的杂文。20世纪80年代末90年代初流行闲适散文，"余味的余味"、"我的戒烟"等等。相形之下，韩少功认真思考，有所为而发，他的杂文无疑要厚重得多。喜欢这个人，又喜欢他的文章，所以争论伊始，我就偏心韩少功。不过抛开偏心仍然觉得张颐武的批评没道理。韩少功说明了他不是从哈扎尔辞典那里学来这种体裁，而且采用了别人首创的文学形式一定要宣布吗？文学形式又不是科技专利。

学生：最近《读书》上有一篇韩少功的文章，讲的是"大众文化"（工业消费时代的市民文化）和民间文化（前工业时代质朴原真的"大众文化"）之间的区别。他大致认为，民间文化产生于民间，而大众文化却并非来自大众，它具有非自然的特征，受到文化工业的制约和支配，几乎就是文化工业的产物。

陈：我认为这篇文章很有眼光，描述非常精确。的确，一切伟大的艺术作品都是从民间汲取力量，先以民间形式生机勃勃地涌现，而后在专家——并不是很专的专家——手里成形为伟大的作品。所以要有艺术就要有生活——我指的是有生命力生产力的生活。大众文化是由上而下通过商业包装的手段推广开来的。我们现在缺少真正意义的自下而上的民间文化，直接由作家去寻根、去乡土，这些似乎消耗了作家们的主要精力，没有精力再修炼普遍性，创造宏伟的作品。中国当代文学我读得不多，就我读到的，还没见到出现伟大作品的迹象。作家常提到《红楼梦》、"诺贝尔"，我们读者觉得现在还差得很远，最多表达了一种历史感。没有一个伟大的作家靠研究历史得知自己该写什么，怎么写；要真说历史感，他倒必须去好好感觉他的时代什么在瓦解什么在成形。这一百多年来，中国人的传统生活方式瓦解了，新的生活方式似乎还未成形。谁能从这么一种混乱不成型的生活中看出一种形式，那就有伟大的作品出土了。一个时代随着伟大的作品而获得自己鲜明的形象。

> 象与像不同。……一流的艺术家成其气象，于是引来摹仿，想弄得像。只在一种意义上可说一流的艺术家在摹仿，不是对现成景物更不是对前人作品的摹仿，他临摹世界成其象的时刻。
> ——陈嘉映《论感觉》

学生：作家要从民间汲取生机，但是另一方面他们似乎也须从理论汲取力量，我们发现现在有许多作家、艺术家越来越重视思想性的东西，文论画论都很发达，也许这是未来文艺发展的一个趋向。

陈：歌德、席勒都熟读康德，这是理所当然之事。哲学本来主要是为艺术家和科学家写的。不过，总的说来，艺术比哲学更贴近民间，民族生活才是创作的源头，当今有些艺术家，半生不熟读了些外国理论，自己的作品成了外国理论的中国图解。这不能算是艺术和哲学的交融。

学生：您反复谈到民族生活，那您是否同意《中国可以说不》等书表达出来的强烈的民族情绪？

陈：这本书我翻了几页，后来听说我的一个朋友也参与了写作，但坦白说，我认为写得很糟。至于民族情绪，我想，中国人有一种不平衡，倒不只是心理上的不平衡，而是中国人的品质和他的遭遇不平衡。一百多年来，中国人的日子可说是苦不堪言。要是中国人的能力品性只配过这样的日子，倒也罢了。有人就说中国人有劣根性。中国人根性低劣，怎么建立的大汉盛唐？哪儿来宋朝那种高度儒雅的文明？我看中国在近代以来的苦难，主要是运气不好。为什么这么说呢？因为中国与西方撞击的时机不对。日本和西方冲撞之时是在明治维新时期，当时民气正往上走，所以它就抗住了。假设中国是在康熙时候与西方冲撞，那么中国近代史将完全改观，不仅在军事上而且在精神上都承受得住，从而能开明地走向现代化。然而历史上的中西冲撞是发生在道光年间，清朝经过乾隆的好大喜功大肆挥霍，家底早已空了，虽然架子依旧很大，但整个民族精神正在走下坡路。在民气下降之时与西方发生冲撞，其结果可想而知。就举鸦片这一个例子，我们禁鸦片不可谓不严厉，而当时英国并不禁止自己的国民吸鸦片，可当时的中国人会吸出去几亿两白银，日本人就不会，英国人就不会。你想满人入关的时候会这样吸鸦片吗？那时的汉人会吗？这与生理爱好无关，和法令无关，只事关"民族精神"。

学生：近代以来，中国的确运气不佳。

陈：鸦片战争以来的苦难，不是因为我们的品格能力低下。中国人的自我期许蛮高的，可以说从来没有服气过，可以说这种不服气有个客观基础。但怎么改变这种遭遇？民族情绪不是答案。一百年来的有志之士，都是些民族性很强而民族情绪毫不夸张的人，相反，民族情绪最强的义和团给我们带来的却是最重的灾难。所以我个人对于民族情绪是非常警惕的。抱怨不是一种好品格，它不会使中国变得强大。我们一次次作过选择，我认为1978年这一次是正确的。

学生：很高兴能和您谈谈文化、历史，您平时很少谈到这些。

陈：成天想这些，想法挺多的。不过，学术又不是誓师表态大会，把人人都在说的再说一遍对学术和思想无所裨益。我希望做一点建设性的工作。

学生：那您是否希望走出一条自己的道路来？

陈：上下求索，不知道最后会不会踏成一条路。

> 林中有许多路。这些路多半断绝在人迹不到之处。这些路叫做林中路。
>
> 每条路各行其是，但都在同一林中。常常看来一条路和另一条一样。然而只不过看来如此而已。
>
> 伐木人和管林人认得这些路。他们懂得什么叫走在林中路上。
>
> ——海德格尔《林中路》

学生：您在上课时说过，伟大的思想家即使走错了，重复他的道路也是很有意义的。

陈：这话不错。但是要小心的是，不要说对错无所谓，只要激发自己的思想就可以了。对错有所谓，所以你走错了才有启发性，如果对错无所谓，还启发什么呢？

学生：最后我们想问的是，您在哲学领域中最关心的问题是什么？

陈：如果用一个问题来概括，就是在不用一个绝对标准来衡量时，我们怎样才能不陷入相对主义。我们现在拒绝任何排他的美，全盘的楷模。反正就我个人而言，宣扬任何一种生活方式都令我反感。这当然不是说，我们从此不识美善，不怀敬意，没有任何憧憬。而是说，我们更愿意看到自然的展现，因为我们开始相信，我们自己会作出选择。为此我们并不需要一个全面的楷模，一个整全的意义系统。我不知最热有多热最冷有多冷，但我知冷知热。总之，相对主义问题是我个人特别关心的，同时我认为这也是我们时代的问题。

（本文由周濂、陈岸瑛根据他们对我的一次采访整理成文，曾以"林中路：一个思想者的文化漫步"为题刊登在北大哲学系的内部刊物《学园》1997年7月号上。）

感人、关切、艺术

托尔斯泰在《艺术论》里把艺术归结为感人。这个定义显然有疑问。我在奇尔科廷（Chilcotin）人那里买来一个筐子，摆在组合矮柜上，客人都说它编得很美，很艺术，但我从没见它感动过谁。人们喜欢它。但人们也喜欢打麻将，喜欢奶油蛋糕。当然，我们可以不承认编得很艺术的筐子真的可以叫做艺术或艺术品，我们也可能发现这筐子中吸引我们的东西隐隐约约是有感人之处。这且不去深究。这个定义的疑问主要来自另一个方面：舍己救人是感人的，但舍己救人并不因此成为艺术。

不过，我们还是愿意追随巨人走出来的道路，即使这条路哪里稍有偏差。巨人的眼界高而广，只要我们不限于亦步亦趋，那么在巨人所领的方向上，我们多半会发现奇美的景观。侏儒看不出三步之外，即使他没走错路，也不会把我们引到哪儿。所以，我们还是愿意在前贤指引的方向上稍事摸索，在艺术和感人之间稍事停留。

我们经常受到感动。大到青年人为理想捐躯，小到母亲的眼光、快乐或忧伤。

你的行为举止感动我,因为我和你怀有共同的关切。你勇敢临阵,我受到感动。我们原是并肩作战的战友,生死相托。如果我根本反对这场战争,原被强迫入伍,我可能觉得像你那样子冲锋陷阵,简直傻冒。当然,即使这样,我仍然可能被你的勇敢感动。我的感动来自另一层次上的共同关切,超出这场战争之外。有人说,有一些行为品质,如勇敢和诚实,具有超越一切实际关切的价值,无论我们身处何方,都会为之感动。这里的争论也许只是字面上的,因为在我看,"关切"这个词指的总是实际切身之事。"祖国"这个观念可以十分抽象,但它也会成为非常实际的关切,实际到让人舍家撇业,更不说工资奖金这些实际关切了。惟因为它可以是非常实际的,人们才能没事儿拿它来空谈。关切总是以它有多实际来衡量的。对超越性质的价值的关切也一样。

感人的不仅基于共同关切,而且它也增益和培育共同关切。我本来不大关心邻人。但我碰到难处,你总伸出援手,久而久之,我培育起了帮助邻人的热心。

英勇和善良感人,讲述英勇和善良也可以感人。你从激战之处来,目睹英勇行动,激动不已,迫不及待地讲给我们听。你讲述的事情感人。甚至讲述本身也感人。不在于你讲得艺术。差不多正好相反:我们不在乎你由于激动而没有把要讲的事情讲得足够清楚。你身处英勇战斗的环境,从而具有感人的力量。你作为事中人感动我们。

事过之后,你平静下来,原原本本把英勇行动讲给远离现场的我们听。你不再是感人场景的一部分,感人力量来自所讲述的事情。非必激动不已才能感人。你刚刚离开英勇献身的战士,讲得声泪俱下。事隔多年,你经常讲到这番英勇事迹,每次都声泪俱下语无伦次,不是有点奇怪吗?让我们感动的方式有无数种,但它必须是"自然的"。只有已经变得矫揉造作的灵魂才会被矫揉造作的方式"感动"。

你自己并不富裕却解囊帮助另一个穷人,会感动我们。感动我们的是你的真实关切,对那个穷人的关切。若我们得知你这样做,目的就在感动我们,我们的感动会大打折扣,我们可能根本不感动,我们可能反而生出反感。你的善良感动我们。但你不是为了感动我们才善良。只有自身具有真实关切的行为,才可能感动我们。

意在感动我们的行为不再感人。一个人怎么会平白无故要感动我们呢?除非他别有所图。如果你确切了解到,我经常帮助你的孩子,目的是要感动你,从你那里谋取一个职位,你当然不会感动。因为这里没有对孩子的真实关切。我想谋取职位,而这不是你我的共同关切,最多我们会在这一点上互相利用。

有人可能会说,无论他的目的是什么,帮助孩子这个事实并没有变。不然。我们从来不孤立地看待一种行为。我们说到"目的",也不指行为者的心理活动,而指他的这个行动和其他行为举止的联系。

感人的行为不可以意在感人。然而,讲述英雄的故事,目的总是感动我们吧?出于这个目的,讲述者使用艺术手法,有所增删有所虚构。艺术的目的在于使人感动。技术和艺术的区别在于两者的目的不同。为了感动人服务的技术就是艺术。

只有在贬义上,感人才会成为目的。艺术也是人的行为,它从哪里获取特权?意在动人的艺术不再动人。这个根本之点当然不会逃过托尔斯泰的眼睛:"观众、读者和听众一旦感觉到作者的写作、歌唱和演奏……是为了他们——为了感受者……那么就会产生一种反感。"①

这倒不是说,讲故事的人预料不到我们会被感动。我抽烟,并且知道抽烟会引起咳嗽,但我仍然不是为了咳嗽才抽烟。你帮助我,你知道我会感谢你,从这里却推论不出,你一定为了我会感谢才帮助我。在很多事情上,我们不被目的领着走,而被爱护、关心、癖好和恶习推着走。如果我们不曾堕入目的手段的行为本体论,这原是明明白白的。并非任何行为都为目的规定,也非任何有意的行为都为目的规定。感人从来不可能是目的。所谓把感人变成目的,无异于说把感人变成手段,像大多数宣传和广告那样。宣传和广告本来不是什么坏东西。广告可以把所要介绍的产品介绍清楚。但它常常动用感人的手段,于是变成了坏东西。

我们从本性上抗拒感动我们的企图。我们不"要"被感动,这是我们能被感动的先决条件。为了感动人而做点什么让人厌恶,为了被感动而做点什么一样让人丧气。我们能追求刺激,我们无法追求感动。使我感动和使我受到刺激稍有不同。

真的没有人追求感动吗?难道你不曾见过男女老少要出门去看一场内容悲惨的演出,兴致冲冲备足了手绢?是的,他们准备

---

① 托尔斯泰,《艺术论》,人民文学出版社,1958,第150页。

好了大受感动。是的，人什么都可以追求。渥仑斯基追求卓越，追求安娜。他都失败了。所以葛里高利什么都不追求，他爱他恨他生活他战斗。你也可以不追求安娜而追逐女人。你可以把什么都当做刺激来追求。那还有谁挡得住你追求感动。

我们因为怀有某种目的而行动。我们也因为怀有某种关切而行动。这岂不提示出关切本来就是一个目的吗？

我们有时被领着走，有时被推着走，有时就那么走着。目的在前面引导我们。还在起作用的目的总是未完成的目的。未完成既然是目的的明确规定，就不必再说"潜在目的"了，除非我们是在一种极为寻常的意义上这样说：别有用心。"内在目的"也不是一个良好的用语。不过，黑格尔所说的内在目的，的确接近于我们所说的关切、关心，因为他说内在目的无所谓完成不完成，它在，它就完成了。这正好是关切的特点。目的在前面引导我们因而可以是未完成的，冲动在后面推动我们因而可能受阻，而关心就在当前，能做的时候就去做，不能做的时候就惦念。

我当然关心我的目的，关心它的实现，因此也关心实现它的手段。然而我也可以关心他人的目的，他人的做法。我也可以没什么目的却有关心。他关心母亲的墓地，每个月都去打扫。我们设置目的，却不设置关切。关怀生长起来。并非说，关切是盲目的，而只是说，我们不从目的性方面来规定关切。

我可以目的明确，却不明白什么是正确的手段。你我合伙做买卖，目的是要挣钱，有一桩买卖，你想做，我不想做，你证明了做这桩买卖合算，最终把我说服了。你可以有十种办法说服我,没有一种需要感人。

我可能没有明确的目的,而你说服我设置一项目的。其实,你劝说我同意做的那桩买卖,说是手段还是目的,本来只是角度不同。为目的而设置手段,这个手段本身又需要手段,于是它成了目的。人们骄傲地宣称这里有一种目的和手段的辩证法,而且在这种辩证法里苦苦寻找人生的"最终目的"。

理由可以打动我,但不能感动我。你基于我的既有利益使我改变了计划,但你并没有改变我的关切。只有通过感动才会改变爱与恨,关心与冷漠。感动具有深度。这话的意思是:只有打到深处的,我们才称之为"感动"。同理,关切处在深处。只有受到感动,才可能转变关切,才可能生长出新的关切。你的英勇感动了我,增进了我对我们共同事业的忠诚,增进了我对你的敬佩,增进了我对某项事业和某些人的关切。胆小的变得勇敢了,新的热情生长出来。说服改变了我们所挑选的东西,感动改变我们本身。

感动一定会改变我们吗?詹姆士说到,太太小姐听了歌剧,为穷苦人眼泪汪汪,出门碰上要饭的,赶紧拿手绢捂了鼻子,登上奔驰车扬长而去。我们打哈欠是因为困倦,但我不困倦也可以打哈欠。我们握紧拳头,是准备狠狠一击,但我根本没打算出击也可以晃拳头。太太小姐不改变什么,但受到感动,在包厢里流眼泪。她伪装感动吗?伪装总是装给别人看的。但她深夜里独宿闺房,读《苦儿流浪记》读得泪流满面。伪装只是不真实的一种。由于这种形式比较简单,我们会经常用它作范式来说明不真实。虚伪未必装给别人看,它可以在血管里流动。有人流泪,既不是伪装,却也不曾真被感动,这我们见得多了,简简单单说那人爱哭。也许我们该说感而不动。只不过,"感"本来含有"动",所以感而不动,就不该说是真有所感。我们也许可以界定某种"纯粹的心理感受",像个小小的黑洞,只受不出。只不过须记住,感动并不是由纯粹的心理感受加上行动合成的。因感而动是常态,纯粹的心理感受是感动的一种残缺形式。在当代的都市生活中,我们深怀关切的事情那么少,制造感动的动机又那么丰富,乃至于感而不动成了常态。假使语词没有历史,我们简直就要说,卡拉 OK 里的歌词才是真正"感人"的,而那些改变我们生活方式的事情,倒是感人的一种变式,是在纯粹感情之外又加上了点见诸行为的变动。

你爱小动物,我有相当的把握认为你是个慈爱的父亲。你迷莫扎特,我有相当的把握认为你不是个刽子手。然而,我只能有相当把握,我不能断定。一个儒雅的日本将军从百般抚爱的小孙子身边转过身来,向下属指示怎样屠杀手无寸铁的中国平民。四个法西斯军官像捕杀耗子一样射击地窖里的犹太人,然后回到宿营地奏起莫扎特的美丽的四重奏。没有哪条定律阻止这样的事情发生。然而,这不可置信,这难以置信。这几乎违背逻辑。

我们的各种关怀之间是有联系的。但别一下子断定,我们关心的事情是一个统一的整体。爱小动物和爱孩子是有某种共同之处。但它们没有必然的联系。"必然"这个词已经被数理逻辑和力学抢走了。那么,它们该有一种或然的联系啦?它们有很高的正相关系数?竟有人认为模糊数学和概率论表征自然科学终于向人文领域退让了一步。它们是在进一步侵夺心灵的领地。社会科学变得越科学,它的方法论越完善,它就离开心灵越远。

爱护幼儿和屠杀平民互相矛盾。矛盾是对人类心智的挑战，它要求解答，呼唤解决。我们这么说，本来没什么错。然而今天，自然科学——更确切地当然该说"不自然的"科学——统治了我们的思想的今天，我们怎样聆听这种说法？逻辑不再努力贯通人生的各种基本关怀，它正忙着建立五花八门的符号学。矛盾不再是对健康心智的挑战，它不过是哪个公式里出现了差错。为了深入了解人心的矛盾，我们指望社会学提供更多的统计数据，仿佛四个军官屠杀犹太人之后去演奏莫扎特还不够我们思考。如果不满于社会学所提供的或然联系，我们还有精神分析呢。它会提供具有科学根据的解答，在演奏莫扎特和屠杀犹太人之间建立必然联系。

托尔斯泰明言，科学要求认识的统一，艺术要求感情的统一。是的，正如人类认识不断面对矛盾并努力建立统一，人也始终面对感情和关切的矛盾并努力建设统一的精神世界，只不过在这里，矛盾来得愈加错综复杂，融会贯通愈加艰巨。当然，融会贯通带来的"快感"就愈加深邃基本。谁面对心灵的矛盾？谁建设精神世界的一统？我们后来称之为"艺术"的那种人类活动。然而，艺术已经奄奄一息，虽然艺术家还在活动——他们正扛着他们的艺术产品在外国使馆门口游弋。

人生的基本关怀，欢乐与忧愁的统一，爱与爱的矛盾，这是一个久已遗忘的领域。最聪明的头脑都去做股票生意和基因分析了。一个歌颂天真的青年怎么会用斧头砍杀他的妻子，一个性情高傲的女人怎么会流落烟花，没有谁还把这些当做对人类心智的挑战接受下来。这些不过是些生活琐事，最多让记者们热闹一番而已。我们对这些现象熟视无睹,却还在研究美学、研究艺术、研究逻辑。

逻辑,从它的高贵出身来看,旨在建立对世界的统一认识。不是靠把不合逻辑的现象砍掉。对矛盾掉头不顾,留下的当然是统一。然而,只有我们不合逻辑的,哪儿有世界不合逻辑的?正是在矛盾的现象面前,逻辑必须扩大自己的眼界,变换自己的视角,让那些隐匿的环节浮现出来,让整个现象呈现原形。

我们建造了数不清的炼油厂,但谁也没有发明过提纯感情的设施。也许有些感情会像油滴那样漂在生活的海面上。但感情愈真实,就愈深愈密地绞缠在责任、生计和欲望的一团乱麻之中。良心和纪律孰先孰后?亲情和博爱是否兼容?自然是我们的母亲还是我们的奴隶?没有任何推理能够提供解答。我们亟需心灵的逻辑学。它身怀关切来认识,梳理种种关切的盘根错节。一个歌颂天真的诗人向妻子举起斧头是一幅荒谬的图画,画面上一定多出了什么,或缺少些什么。谁能为我们提供完整的图画?谁来洞见真诚下的虚伪,虚伪中的无奈?谁摆明爱与爱的冲突,并指点出路?谁为心灵的困惑求解?曾经常被称为"艺术"的人类活动。那岂是心无所系游手好闲之徒所能成就的?这些活动曾召唤科学家的智力,苦行僧的赤诚,探险家的勇敢,隐者的高洁。非此就无能在这个领域里作出成就。这种活动可以取消,但无法替代。你要我们保护自然吗?如果我们不是热爱大自然的人,如果我们不变成热爱大自然的人,我们怎么会保护自然?你可以说服我们,为了更有效地掠夺自然,我们必须放慢掠夺的速度。掠夺者的寿命可能延长了一千年,但他还是掠夺者。一万种理由也无法让我们热爱自然。只有热爱自然的人通过他的行为,只有理解人和自然的深邃联系的人通过他的艺术，能让我们热爱自然。艺术曾经充满理解，远不是低能儿特有的自娱。回头看看我们今天的作品，智性的光华流失殆尽，还剩下什么——一点温馨，噢，有时还有一点吊诡。

没有不食人间烟火的艺术家。他生活在我们的关切之中。由于天职的敏感，他比我们更不安于各种感情的冲突。他关切得更深更广，也更为统一。

那种被称做"艺术"的事业，像所有重要的事业一样，要求健全的头脑和人格。那不是一个稀奇古怪的领域。它从我们的日常生活生长出来，并始终和我们的日常生活息息相关。你教我物理。你借助于我关于物体的既有知识，把我引向新的公式，新的答案。你向我指明我真正的利益何在。你不能对我的既有利益一无所知，因为你必须借助某些显而易见的利益才能让我明白某些我不明白的利益其实是我的利益。以一种可以类比的方式，你可以把我引导到某种感情——从我已经具有的感情和关切出发，通过我所能承认的方式。艺术从寻常之事出发，感动不期而至，我们因感而动，进入从前对我们陌生的感情。

我们熟悉的世界和陌生骇异的世界接壤。能够找到通向陌生世界的道路，需要智性。能够踏上这条道路，需要勇气。震撼人心的艺术背靠常情，展现出骇异的景象。平庸的作品从常情到常情，一团温馨，无所触动。这样的作品，容易得到公认，容易流行，但不会被人记取，原是当然之事。

非必激动不已才是关切，非必大声疾呼才见真情。鏖战正酣，将军却仍然冷静，这不表明他较少关切。心怀深切关怀的人不见得一脸严肃，或者镇日愁眉苦脸。出于关切，可能讲得声泪俱下；出于关切，也可能娓娓道来。在峡谷激腾，在平原缓荡。已经到了平原，还激腾不已，不是很奇怪吗？

这是老生常谈。谁不爱说自己的艺术是真实感情的自然表达？

表现和表达可以是有意的。该同志一向争取入党，表现积极。表达也可以是无意的吗？我们说，落泪是悲伤的表达。那是我们说。落泪人却不表达什么。谁通过流泪表达？谁流泪流给别人看？敏感的诗人大为警惕。他说，我不为读者写作，我为我自己写诗。你不知道诗发表在诗刊上，会有人读到？你不曾希望有人读到它？当着人，你却尽量不流泪。的确，有时候你竟当着人流出泪来。你可能顾不得是否被人看见，但你肯定不曾希望被人看见。眼泪若不是挤出来的，它就不在意它表现了什么，怎样表现。诗人，你真的也不在意吗？你的诗歌像眼泪那样流出来吗？不是为了要让人看，你才完成自己的诗歌吗？是的。

我们对"自然的表达"已经疑问重重，而"真实的感情"同样游移不定。你既有高尚的感情又有低贱的感情。如果你单挑高尚的表达给我们看，是否有点不真实？很好，我把我低贱的也拿出来给你们看。且不说你可能没有那份勇气，就说你有，那算什么勇气？那些低贱的东西，留着自己享用还不够，谁希罕看？

归根到底，你的感情，高尚也罢，低贱也罢，干我们什么事？我们都知道，一个人喜欢谈论自己的程度，大致和他的无聊程度成正比。还没见到警察和大夫，干吗要谈论自己的借条、床上习惯、写作习惯，自己的失眠和痔疮？艺术怎么就给了我们特权，可以让絮絮不休地谈论自己的感情成了美好事业？流露出来的感情也许会动人，成心把自己的感情表现给别人看，不是只能惹人厌恶吗？当然，惹人厌恶也挡不住暴露癖把自己的感情表现给人看，否则怎么还有惹人厌恶的人呢？不仅如此，这种表现自有市场。因为有人专好窥人隐私，因为我们多多少少都爱窥人隐私。但这些精神病学上的案例，和艺术有什么相干？古典时期，即使自传也只限于心灵的共同关切。今天，诗歌、小说、绘画和散文竞相成为表现，进入了兜卖隐私和收购隐私的市场，这不过表明，从晚期浪漫主义到今天的市场经济，所谓艺术已经堕落到什么程度。幸亏我们还有一点感想化的艺术，感想化的学术，在把隐私打扫出来兜卖之前尚在徘徊。

"自然的表达真实的感情"这话并不错。但一个理解力低下的时代，只把随地大小便理解为自然的，只把我自己的东西理解为真实的。这种理解让不入流的才子横行霸市，让诚实的艺术家不知所措。他们只好悲叹艺术没有标准，甚至屈尊附和那类论调。他们甚至不敢想一想，我的不一定真实，随地大小便也不一定自然。

创作之际心里有没有读者，要不要有读者？如果这话问的是艺术家的心理活动，我们对这个问题就毫无兴趣。我们谁会关心达·芬奇在落下画笔的时候心里在想些什么？只有在特定情况下出于特定的目的我们才会琢磨作者的心理。

也许作者潜在地想到了读者？思路仍然指错了方向。读者不是守在前头等待读到作品的一群人，等待作者去讨好他们的一群人，而是站在后面支持作者的动力。作者从时代汲取灵感。他并不面对读者,而是生活在读者之中,分享他们的关切、感情和逻辑。他向时代关怀的深处多走一步,即使得不到时代的反响,他也仍然属于时代,为他的时代创作。正是在这个意义上,普希金告诫:诗人,请不要关注群众的好恶。

诗不是眼泪,诗人知道有人读到他的作品,诗人关心他表达什么,怎样表达。所以他通过时代可以接受的方式——当然这也是他真实了解的惟一方式——表达时代的共同关切。知道有人看而仍然创作,并非弄虚作假。明知有人看却装做自言自语,那才是弄虚作假。

托尔斯泰为艺术总结了三条标准:独特、清晰和真挚。[①] 这是形式方面的标准。从内容方面说,艺术传达"前人所体验过以及现代的优秀和进步人物所体验到的一切感情"[②]。

细加领会,艺术的形式特征只有从内容方面来看才有意义。母亲怀念远隔重洋的儿子,每来一封信,必捧读数过,感动落泪。她终于忍不住把这些信拿给她的二三好友读。她们读到的东西,文不成句,细琐凌乱。她们暗暗希望她不要再让她们受这份洋罪,丢开无礼,捧读无味。

只有那些能够引发共同关切的事情才是艺术的题材。这些事情只有通过对大家都有效的机制才能形成作品。真挚,就是具有真切的关怀。独特,就是这种关怀虽然从我们既有的关怀中生长出来,却还没有成为共同的关怀。只有这种意义上的独特对艺

---

① 托尔斯泰,《艺术论》,人民文学出版社,1958,第 150 页。
② 同上,第 152 页。

具有价值。你对自己腰间的小瘤子情有独钟,喔,独特倒也足够独特了。清晰,就是通过对大家都有效的机制成形。

诗人为谁写作?没这么问的。——眼泪为谁流淌?既不为别人,也不为自己。是的,诗人知道有人读到他的作品。知道有人看,未必有意创作给人看。你说话,总是说给别人听,你照样大大方方说就是了,你无须有意说给谁听,也无须因为有谁在场就装腔作势语无伦次。我们从别人的习惯那里学会怎样说话,但我们不必专说别人习惯听到的话。读者教给诗人怎样开始写诗,诗人教给读者怎样读诗。

"句里春风正剪裁,溪山一片画图开。"诗既不是为自己写的,也不是为别人写的。诗自然涌现。

天文学家要观测一颗彗星,最自然的就是走到望远镜前面。莫扎特在钢琴上弹出生命的快乐和临终的弥撒,就像伏尔加纤夫唱起他们的劳动号子一样自然。对我们人类来说,不只生理活动才是自然的。她笑得多么自然——却没有哪种动物会笑。他愤怒地握起拳头,骂将出来——握拳和骂人都是后天习得的。农妇在丰收的田野上歌唱,那是自然,也是艺术。荷马在炉火边吟哦,那是艺术,也是自然。别一提艺术就只想到挂在画廊四壁标着高价的油彩。那是不是艺术,还有待探讨。一个舞姿,一句隽语,随手编织的花环,却是艺术。一笑复一歌,自然在哪里结束?艺术在哪里开始?形立则章成,声发则文成,夫以无识之物,郁然有彩,有心之器,其无文欤?丢勒说,艺术深藏在自然中。这话实在表达了所有伟大艺术家的共同经验。所谓理者,原是玉石的纹路;所谓文者,原是鸟兽的色彩。论理和艺术,到了至极之处,无非是让万物自身的理路和文采现象。艺术家的伟大,因此也无关乎皇室的奖掖,甚至无关乎百万群众来送葬。他像一片春风,所经之处,冰融花放,自己却消逝于无形。荷马、莎士比亚、曹雪芹和科尔乌坷夫,诗人中之最伟大者,只剩下空名,我们不知道他们的生平事迹,甚至不知是否确有其人,这绝不会是偶然的。就像我们每天都见到听到的艺术,一个舞姿,一句隽语,一曲高歌,没有谁去追索作者为谁。曲方终,人已不见。

我们这些俗物,自然不敢望此高远。即使不至于急功近利,难免还想以真正的艺术家之名传世。这也罢了。可是,还是让我们当心艺术。艺术就像一切最珍贵的品质,稍稍脱离自然的肌体,就立刻变成矫揉造作。一种感情可以自然流露。也可以用矫揉造作的方式表达出来。它也用艺术的方式表达出来吗?我们不"用"艺术。我们生活在耕耘收获晨炊晚钟之中,我们也生活在艺术之中。为孩子准备好过冬的衣服,清扫母亲的墓地,劝说,歌唱,伏在显微镜上,写诗。是的,艺术是一种生活形式,是一种自然的生活方式。所以它才可能既是自然的又是艺术的。而且它也必然是艺术的才是自然的,自然的才是艺术的。就像一种思想,必然是真实的才是自然的,自然的才是真切的。

艺术从它诞生之日起就是自然的。因为它是形象,而不是象征。形象的意义就写在形象上,一览无余。形象的意义可深可浅,这只在形象本身塑造得有深有浅。形象不再象征什么,不再有什么隐秘的设置,不再通过神秘的含义来联系具有某种特别信仰的人群。

当然,作品必须通过某种机制成形。所以从悲伤中涌出来的,不是眼泪,而是作品。流泪依赖一种生理机制。作品也通过艺术的机制成形。艺术机制和语言机制一样,惟在传统中定型变化。语言的基本机制只有通过训练才能掌握。感谢传统在这一点上那么明智,它不会把基本机制设计得过于复杂,要我们大半辈子也掌握不了,不给我们留下运用机制的时光。艺术家掌握艺术机制,就像我们这些俗人学说话——我们要学习的只是基本的语言机制,至于话该怎么说,端由要说什么决定。说话人没有义务关心怎样改变语言机制,我好好把要说的话说清楚,语言机制自己知道它会因此产生何种改变。艺术家只学习艺术的基本机制,千奇万态的艺术手法自会应境而生,把太多精力花在艺术上的人,不会成为艺术家。

艺术机制经历生长、成形、积重的循环。一种艺术形式,只在一个时代允许一大批卓越作品涌现。和姜夔、周邦彦相比,苏、辛简直不谐音律,然而苏、辛却是词坛盛世。艺术机制像所有体制一样,有自增生的倾向。艺术变得越来越精美,所能容忍的感情也越来越精细易折。到了清代,没有哪个进士举人不通文章词赋,没有哪个字不饱含典故,那时写就的文言诗词,却只能从文人雅士的小圈子里汲取关切,其为作品,大致只能由文学专家来欣赏了。广阔深厚的关切,则在白话文或半白话文的作品中成形。

奇尔科廷人的筐子编得很美。我把它当做艺术品买了回来。首先,人家都叫它艺术品,我也的确是在艺术品商店买到它的。其次,它很漂亮,据说,漂亮的东西就是艺术品。我把它摆在簇新的组合矮柜上,既表明我曾旅行到遥远的地方,又表明我具有艺术鉴赏力。它是否含蕴什么关怀,它是否有感人之处,这些和我了不相干。是的,那个辽远的世界和我们这些旅游人了不相干。我想，他们也在生活，也在劳动。我们也劳动，我们在装配线上把同一零件装配到同一机壳的同一位置上面，或在电脑屏幕上紧盯着瞬息万变的股票行情。我们也爱美，我们在时装店里挑选今年夏季的国际流行款式，我们出入音乐厅和美术馆。美和劳动没有什么矛盾，它们只是风马牛不相及罢了。在一个辽远的世界里，橡树荫下，围坐着几个中年妇女，手里不停编织着箩筐，嘴里轻轻唱着。轻唱的旋律通过灵巧的双手编织到箩筐的形状里。她们从早到晚劳动，干的是十分累人的活计。然而，劳动不只累人，其中自有愉悦？编筐人的愉悦？用筐人的愉悦？生活从来不是田园诗，但也很少会是不堪忍受的重负。生活有它的方方面面，但它却是同一个世界。艺术沟通这方方面面，所以它不仅宜人，而且带着力量——如果我们不只把氢弹的爆破力称做力量。男人从女人手里接过筐子，转动着，微微一笑。他今天要到远处山里去采集果实，但他们生活在同一个世界里。那笑容也许和我在艺术品商店用半价买下这只筐子时的满意笑容不一样？我不知道。我们甚至不知道它是不是艺术品。我们只能遥遥猜想，有一个社会，有一些关怀，他们在关心把筐子卖给旅游者之前，曾关心怎样把筐子编得美丽。

感动是人生至深至极的现象。我们可以通过计算改变世界，但我们只有在感动之中才能改变自己。所以，没有什么比动人更加动人。只有真实的关切会感人。意在动人就不再动人，打算受感动就不再受到感动。所以，只有自然能感动我们，而艺术必须作为自然的一部分才会感动我们。

感动不期而至。我们不知道自己会变成什么样子。我们可能变得慷慨大度，也可能变得阴暗猥琐。我们可能变得热爱祖国而爱护异族人，也可能把热爱祖国变成一种激烈而又狭隘的感情，对异族人生出无端的仇视。我们可以像大自然一样朴素畅达，也可以骄奢淫逸，榨取自然侵害天性。我们每一个人——包括我们的艺术家——在为我们大家作出选择。

（本文发表于《天涯》1996年第六期。）

何谓"自然"

有友人喜谈"自然本性",一日,引庄子为证,说近日读庄子,始觉一篇《逍遥游》,并不曾嘲笑鼠目寸光,歌颂鸿图大志。大鹏有它的大活法,小雀有它的小活法。它们谁也没必要学谁,既然万物齐一,自然说不上哪种活法儿比哪种活法儿优越。大鹏小雀各依其自然本性生活。大鹏像小雀似的在树棵子间扑腾固然滑稽,小雀非要背负青天图南冥也一样可笑。

我们都知道,"自然"原先的意思不是自然界,而是如其本然。羊吃草,羊长毛,羊活上十年自然死亡,都是如其本然。羊吃肉,羊长翅膀,羊才活了一年却被狼吃了,这些该是不自然。可是细想,羊才活了一年就被狼吃了并没有什么不自然,因为狼吃羊,是狼的本性使然,不管那羊是一岁还是两岁。羊有羊的本性,狼有狼的本性。水的本性是往低处流,人按天性却想攀个高枝儿——若不知道这是人的天性,那就太容易愤世嫉俗自寻烦恼了。

世上不只生着羊,而且还生着狼,羊的命运,不只是由羊的本性使然,而且由狼、由世上的所有事情一道决定。如此放大了看,天下竟没有什么事情是不自然的了,"无物不然"。可是我们凡人，很难始终放眼全球，总想分出个自然不自然来。即使眼光放得很大，仍然想划个界限。比较分明的界限，就落在有没有人的干预上。凡是没有人工的，我们就称为"自然"。于是生出"自然"的第二层意思：自然界。自然界里会有意想不到的事情，地震海啸，山崩河枯，这些事情颇不寻常，却没有什么不自然。

把界限划在自然界和人之间，主要的麻烦出在人这一边，因为无论哪种语言，都不肯把凡是人为的都称做不自然的。在自然主义者看来，试管婴儿和克隆羊是不自然的，飞机和飞船是不自然的。但在更彻底的自然主义者眼里，果树嫁接和马车驴车也不自然。推到极端，种庄稼或直立行走也一样不够自然。这当然不是咬文嚼字，而是天天发生在我们身边的争论。夹着皮包在车流里堵上一两个钟头，每天八小时坐办公室，肯定不是最自然的生活方式。可是谁又敢说，比较起马桥那些日出而作日入而息的农民，神仙府里的马鸣一定过得更为自然？从卢梭的自然主义到当今的环境主义，都有这个疑问需要澄清。

在这些事情上，我们需要的是透彻，而不是彻底。理论太彻底了，可能就不自然了。其中一个原因，在于我们凡人终究彻底不到底。主张返璞归真，总难一路手脚并用在地上爬走。在这关键的一点上，庄子恐怕比老子思得透彻。虽说无物不然，却仍然有小大之辨。我们不可只记得"彼亦一是非此亦一是非"，而且要记得这一段的末尾，庄子的结论是"莫若以明"。单线的彻底不能通乎道枢，而是在恶无穷里打转，是亦一无穷，非亦一无穷。通乎大道，不是单拣那些六合之外的事情，发那些大而无当的议论，而是返回于就事论事；不是笼统地无为绝迹，而是就事做事。这是妙处也是难处："绝迹易，无行地难。"

我猜想，庄子总会知道大有大的难处，小有小的美处，不过，无论怎样读《逍遥游》，也不会感到庄子把大鹏和雀鸠等量齐观，只不过中立地描述了两种都出自本性的生活方式。凡这样的结论，总不是来自阅读，也不来自对生活实际的思考，只能从知性想当然演绎而来。在数学式的上帝眼里，大活法和小活法大概是不分轩轾的，但犹太教的上帝，更不要说我们这些凡人，绝对进入不了这样的境界。赞赏一些活法，怀疑一些活法，反对一些活法，是我们本性里的本性，自然中的自然。所以，各种活法不分轩轾这种说法，听起来总有点儿不太自然。

（本文曾以"天性与自然"为题发表在《读书》1998年第一期。）

关于谈话的谈话

简：今天我想听你谈谈谈话本身。我首先想问你，哲学家还能够对普通人说话吗？我的意思是说，跟没有经过哲学训练的人谈论哲学。

陈：我的第一个回答是：可以。虽然对哲学的定义一人一个，但是无论如何定义，哲学最主要的任务之一就是探讨基本概念的意义及其联系，而所谓基本概念就是我们每个人都使用的概念。

简：但是对现在的普通人而言，哲学的基本概念是不是已经丧失了？

陈：基本概念是大家的概念，不是哲学家的概念。但探讨基本概念的方式会相差很多。像任何一门学问一样，发展了一个时期以后，就积累起一些技术性的东西，需要训练才能够使用。

简：哲学的童年时代好像不是这样，比如说孔子、佛陀或者希腊时代，我读柏拉图或色诺芬写的苏格拉底，印象是他在街上随便遇到一个人就拉着聊了起来。

陈：哲学大概应当做到这一点。当然，普通希腊人的智性程度是极高的，比如阿里斯托芬的喜剧，台上演出，台下的观众，也就是所谓的大众吧,边看边批评,这台戏下一场就修改过了,对观众的批评作出反应。当时希腊人的智性水平由此可见一斑。孔子的谈话则主要面对弟子而不是街上的人……

简: 但也是对话、谈话和讨论。

陈: 学术积久之后,有些技术的东西影响直接对话,就像没有汽车的时候骑自行车很舒服,但是汽车来了,把自行车道挤掉了。思想成了学术,口头就不流传了。

简: 但在谈话中,有沉默的参与,在书面语言中沉默的力量就被削弱了。

陈: 非常对。这种差别也可以在电话交谈里察觉到。在电话中沉默常常是尴尬的。而面对面坐着,沉默经常是愉悦的。对话发生在具体的情境里,在说什么,为什么这么说,对话者已经清楚,所说的好像只是一点补充,一个注脚。而在写作的时候,作者就得把情境本身交待清楚,或者把话说得更周全,或者提高表述的形式化程度,这些都冲淡了韵味。文字固然有它独特的艺术,不过与文字比较,直接对话有着无法取代的丰满性。即使讨论很抽象的课题,直接对话都会有一种特别的灵气,例如在我的研究生班上,你知道学生读过哪些书,大致有哪些思想准备,学生知道你的表达习惯,你通常的导向,很多诸如此类的因素都是直接对话才有的。

简: 但在网络上呢?网络上的对话有没有可能补充这种丧失了的丰满?

陈: 关于网络想得很多,但没想清楚。就我们讨论的这一点说,网络基本上不是向直接对话的回复。就说我们刚才提到过的沉默吧,在网络上也很难有愉悦的沉默。关于直接对话,我们几乎可以打一个生产上的比方。以前的一个器具，在匠人手里生长出来，基本上他能看到它的整体，一把剑啊，一个罐子啊，他知道这个器具是为什么人做的，大致会派上什么样的用场。相形之下，写作就有点像工业生产，谁也不知道这本书最终会落到谁的手里，思想者无法对思想的命运负责。

简：就是在对话中，对象是鲜明、具体的？

陈：写作中，书信还保存了直接对话的某些特质，但是书信也在消失。

简：我们的歌好像越来越多地在唱给未知的人群听。

陈：现在的世界更广大了，我们和世界的亲近感也变得稀薄了。就说体育吧，在电视上看转播的奥林匹克运动会跟在一个小范围里看熟人打一场球，体会是完全不一样的，后者的观众更有一种直接的参与感。

简：前者的参与感是虚拟的？

陈：完全虚拟的。世界级的体育创造了最精湛的技巧，但是参与感被疏离了。如果达不到最好的，就变得没有意义。写作有这个特点。智慧变成了竞技，要的是最出色的而非最合适的，因为合适的标准没有了。但是谈话就不同，你不得不按照具体的情境谈话：对谁说，什么时候说。

简：对人更有意义的是最出色的思想呢还是最合适的思想？

陈：最出色的思想在刚刚扩张的时候恐怕也是最合适的。也就是从一种形态向另一种形态转变的时候，它的质朴还没有完全消失，它的精美也还没有完全成熟，这时候也往往是整个民族的精神生活最为丰富和活跃的时候。这一点从诗歌发展看更突出，一种形式最有活力的时期常常是它从民间诗向文人诗过渡和转化的时期，但到真正的文人诗占主流地位时，它的生命力就开始萎缩了。

简：从文学史上看好像是这么回事，比如可以举李煜的词为证。

陈：所以我们恐怕要经常尝试摆脱一点写作的影响，恢复话语的直接性。

简：它在学术上有什么意义呢？

陈：至少可以少生产些废料。在我们哲学这个行当里，无论中外，无论国家一级的专业杂志还是博士论文，90%以上的"作品"毫无意义。

简：你这么说不怕得罪学院？

陈：这是常识啊。就像官僚机构一样，本来造这么一个东西，是为了满足大家办事的需要，但是机构本身也有需要，经过一段时间以后，竟然大多数机构不再给大家办事，只是在互相服务。学术中的技术部分也是这样。概念需要定义，定义需在解释，解释需要澄清。这些有时是必要的，但大多数时候，只是为了满足"学术规范"。像奥斯丁说的那样，解释的解释，论战的论战，通常都符合"报酬递减"规律。古人说邦无道则隐，这是从政治上说。这话有时也可以用在学术上，有时候必须适度地退出学术竞争。我想可以寻求其他一些交流形式，比如恢复、提倡小范围的交谈、讨论，我的课堂讨论可算一例。学生们告诉我他们在我的讨论班上学到了东西，真正在思考一些问题，这很令我欣慰。评价和鼓励不见得非要来自同一个无所不包的大系统。

简：小范围的谈话是不是除了意味着对当下的关怀，还意味着更具体的肯定？

陈：人的自信很大一部分是来自成功，不过，我们不能用群众的赞扬来衡量成功与否。我觉得越实在的自信，越来自一个小范围的肯定。大众的赞扬只能产生表面的自信，这种自信不会融入一个人的性格。这一点在科学评价机制上最明显，我们很难想像爱因斯坦需要大众的肯定来增强对相对论的信心。

简：我觉得现在大多数作品的智性含量很低，这大概和现代传媒直接面向大众有关系。而在小范围内的谈话，可以期待较高的智性？

陈：说到谈话的智性，我觉得我们应该从西方的传统中学一点东西。西方有个法庭辩论的传统，两个人在台上争辩，两个人的地位是一样的，谁也不能靠"势"来压倒另一方。那靠什么？靠道理。陪审团的智能固然不一定一样高，但他们作为旁观者评判者一般也够合格，就像我们自己走不出常昊的棋，但他走出来了，大多数落子我们也还明白其中的道理。中国先秦时候，在学园里在政场上都流行当庭辩论，和希腊的法庭辩论不无相像之处。但另有一种"游说"方式，专对君王一人说话，君王地位高，智能却不一定高，不像当庭和你辩论的另一个律师，随时会抓住你立论里面的逻辑矛盾，你所要做的不是让逻辑严密，而是铿锵有声，把听话人唬住，到了极端，就成了"侃"。

简：最后，说话的人更关心修辞技巧，而非道理本身。我觉得孟子就是这样。

陈：说是孔孟，孔子从来不"侃"，孟子则很能"侃"。孟子在汉朝已成显学，到宋儒手里更成了经典。相反，荀子在汉朝遭冷落，在宋明更多是遭到理学家的诋毁，我想除了孟、荀所持观点不同，两人的说话方式不同也促成了这一结果。总的说来，诸子之后，特别是宋明理学家，越来越不讲理。我一直觉得我们的说理文章是比较差的。苏东坡是我特别喜欢的作者，但他的说理文章有的就不讲道理。理学家，说是"理"学家，却很少讲道理，他们更多的是要教训别人，而不是说服别人。唐宋的时候，我们的文化比当时的欧洲辉煌多了，但说理文章还是没人家的好，与阿奎那、司各特的说理文章比不了。从这一点看，科学在西方出现，毫不奇怪。

简：科学更注重对象而不是注重修辞。

陈：我们写文章好讲高屋建瓴，你得承认文章写得是有气派，但不讲理。雍正的文笔不怎么样，但写起批示来也洋洋洒洒，自得得很。十几年前我跟朱正琳曾经提出要反对文章以势取胜，我们发现中文特别容易上这条路，当时几篇很有影响的文章，立论的缺陷很明显，但气势很大，气势扑过来，就稀里糊涂把逻辑上的毛病盖过去了。现在仍然可以读到很多这样的文章，看似气贯长虹，拆碎下来不成片段。

简：你觉得这个毛病有传统上的根源？

陈：我们没有面对面说话的传统，要么踩在别人头上说，要么趴在别人脚下说，要么绕到别人背后说。我们一直没有法庭，没有公开辩论制度，我想这一点对思想方式、写作方式甚至说话方式影响极大。在皇帝面前争起来的时候也有，但很少，重要的事情要在反对派的背后进谏，上个密折什么的。我们说话的时候，揣摩心理比较多，事实和逻辑都放在第二位，诛心之论比较多，就事论事比较少。如果面对面说话，诛心之论就会少一点，事实和逻辑就必须多一点。直到今天，学术界也几乎没有公开论争，谁要是提出一项批评，那就要说，谁谁谁要"灭"谁谁谁了。我们甚至不觉得这是极不正常的。没有公开论争，可说是一个标志，说明我们还说不上有个学术界。

简：真理在对话中生成，而不是一方握在手里要交给另一方。而在交谈中生成真理，这就是谈话中的智性内容。我的一个感觉是，当前时代的谈话太缺乏智性的内容，话语一出口就散开，然后像灰尘一样沉落了。

陈：智性的交流稀缺得简直令人沮丧，而人们还在沸沸扬扬地闹闲适。

简：我的理解，闲适在中国古人那里跟当代嚷的不是一回事。

陈：苏东坡闲适。但苏东坡深有关怀，身家性命常系于一发，那种闲适，怎么能和林语堂的闲适同日而语？鲁迅举出"刑天舞干戚，猛志固常在"说明陶渊明也有不闲适的一面，其实何必说到"另外一面"，就在"心远地自偏"这样的闲适里，也透出他深有关怀，否则心从何处远，地因何事偏？本无远大抱负而一味闲适的诗人，写出田园诗来，自然就达不到"此中有真意，欲辨已忘言"的深远境界。

简：他还写过肚子饿极了要饭的诗呢！

陈：卓越的作品，闲适也罢，调侃也罢，雅淡也罢，都深含智性内容。

简：可是过多的智性内容似乎妨碍哲学家与普通人的对话。

陈：哲学与常识对话的一个主要障碍是大词儿、生僻词儿。多用大词儿、生僻词儿不能制造出智性来。我觉得哲学家与普通人的对话的困难要比想像中小得多。在我们班里，我第一节课就告诫我的学生，不到万不得已不要用大词儿或者术语，实在要用，你应该道歉。

简：太好了！但是我还是得问——为什么？

陈：我们本来应该用大家都听得懂的话来说话，关心这个课题的人们听得懂的话。但有时候你不得不使用一些生僻的表达方式。就像我们应该按照交通规则骑车，你也许有件急事，必须横穿人流，必须逆行，这时你该道歉，因为你在要求别人改变习惯来迁就你的方式。哲学是个很大的领域，有些分支技术性很强，不经过一些专门训练就不好懂。但哲学的主体部分，恰在于把那些难以理解之事和我们凭常情就能理解的事情联系起来。

简：独识卓见与常情之间的一场谈话？

陈：对。不存在一种抽象的深刻，再深刻也得连在我们已经理解的事情上。讲道理从本质上就是一场对话。

（本文原是1997年秋末和简宁［文中简称"简"］的一次谈话，简宁整理后发表在《南方文坛》1998年第三期。）

哲学的用途
——致赵汀阳

从书店里一排排的书架上抽出一本书,《论正义》、《逻辑和语言》和《时间的本质》这一类题目,看看作者是中国人,不假思索就把书插回书架。这类书多半是把一两本外文书编成一个拙劣的中国版,要么干脆自己瞎编滥造。系统思考不是咱中国人的强项,有本事的中国人都在写随感,不写理论著作。先秦以后,中国人就忘了有概念辩证这一门,有科学精神这一道。咱们擅长偈子、随感和拈花一笑,虽然后来一百多年,笑得少了,哭得多了。哲学是人家印欧语族的游戏,咱可以喜欢,看个热闹,但不大玩得起来,就像中国也有些人爱看橄榄球,只没见人玩这种游戏。眼下在中国从事哲学的,能一五一十介绍一下西方思想,大家开开眼界,就算好的。也许十年二十年,哲学忽然看中了咱们这里,到断了流的黄河来住上一阵,不过那是后话。

读了《一个或所有问题》[①],才知道有人觉得时机已经成熟,立刻要教给哲学说中国话。余不幸选上哲学这行当,成天读外国

---

① 赵汀阳,《一个或所有问题》,江西教育出版社,1998年。

人的文字，心里早有怨气，今天读到中国人自己写的哲学，不说"符码""逻辑斯蒂""此在"，直截了当说"语词""道理""人"，读着就畅快。不仅文字如此，思考问题的方式也是原生的，你不在各种学说的夹缝里兜圈子，直赴问题本身，我相信这是真正从事哲学的不二法门。大概也因此，书写得生气勃勃。你的取向，颇能引起我的共鸣。这大概不是很重要，你我都认为哲学不是要表明一种趣向，或者说，单单表明趣向还用不着哲学。对我来说更为重要的，是一些因独到而有启发的概念转换，例如用亲疏性而不用归属性来思考价值（第61页）。尤其是思想空间和思想实形的辨正（书中几处提到，例如第80页），特别值得进一步思考，我觉得在你那里，思想空间无论多广袤，都像是给定的，而我愿意设想思想空间随着思想实形的成形在不断转化生成。不过，这种题目大概非要谈得深入一点才有意思，不宜在这里细说。倒是这本书的主题，形大易辨，适合在这里说说。

这本书处理的是个大题目，你说是给哲学定位，大致的结论，说哲学所重者不是知识，而是创造，不巧，西方哲学一向重的是知识，所以严格说来，那还算不上哲学，只算为哲学作了准备。哲学在西方长了两千多年，如今咱刚刚把人家"哲学"这个词儿翻译过来，你就告诉说人家那东西不是哲学，是不是有点不讲理？人家要是发明出一种和咱们的饺子长得差不多的食物，宣布说那才是真正的饺子，中国人吃了一千多年的，都是假饺子，那我就不爱听。你说，你所设想的东西也可以不叫哲学，叫它个别的名字。可我猜你多半丢不开哲学这个名号。不论你叫它什么，玫瑰还是玫瑰，反过来，只要玫瑰还是玫瑰，人们就叫它玫瑰。

这就牵涉到你的另一个主张了，你说要紧的不在于哲学是什么，而在于哲学应该是什么，我们应该怎么做哲学。可你要是不知道什么是饺子，就不知道应该怎么包饺子。你包的可能很不像样，人家说，这叫什么饺子啊，整个一碗片儿汤。当然，你可能知道什么是饺子，而且包出来的饺子空前好吃，人家说，这才叫饺子哪。前所未有的东西，人家怎么知道它是饺子而不叫面条呢？依愚见，即使不同凡响的饺子的饺子性也潜藏在普普通通的饺子里，要有无论何种非凡的哲学，都得先有某种东西已经是哲学。

你会说，我们必须知道什么是哲学，但这还只算为做哲学作了准备工作，底下才是正经的哲学工作，那完全是创造性的。饺子包得没有什么新意，吃着照样香。哲学要做得平平庸庸呢？就像说我写诗，写得不怎么好，但也不算很糟——嗨，那你还写诗干啥？屠格涅夫说诗和牡蛎一样要么是最好的要么不能吃，我看在这一点上，哲学有过之无不及。你反对平平庸庸的哲学，强调哲学的创造性，这我很同意。不过这里有个难题：哲学的创造性和艺术的创造性区别何在？你这本书里，到处谈论哲学和科学的界限，有时也谈到哲学和宗教的区别，但鲜言哲学和艺术的关系。虽说你谈的是"或所有问题"，我们仍不该要求它把世上一切差别都列举清楚，但我怀疑，通过知识性和创造性的对立来阐述问题，既剥不清哲学和科学的关系，也剥不清哲学和"诗"的关系，反倒先陷入了科学—艺术两分的圈套。海德格尔总讲思诗比邻，但从来没把隔开两家邻居的篱笆墙画清楚。我倒是盼着你从自己独特的角度，能把这个问题想得更清楚一点。

你所提倡的新哲学和传统哲学实质上有哪些区别，我没有读得很清楚，所以你对传统哲学的批评，有不少我也不觉得中肯。限于篇幅，只举一个例子："许多哲学观念是给人想着玩的，一到要做事情或者要作出决定，人们其实听从的是平常得多的观念。"（第 175 页）这是你老兄最爱用的句式之一，而我听着，怎么老觉得这样的句式里有个小圈套似的？种萝卜还是种白菜，他准不会先查查哲学全书，这是肯定的。但因此哲学观念就成了给人想着玩的啦？他种白菜不查土壤学、植物学、昆虫学和农药学，此等科学就都是给人想着玩的啦？你提倡哲学最后要落到做事情上，这我很赞成。但这话没说出很多，因为主要的麻烦在于哲学在什么层次以什么方式做什么事情。我邻居种白菜之前以及之后，我敢打赌，也从不查阅《论可能的生活》①或论现实生活，既不听从无所事事的哲学观念，也不听从做事情的哲学观念。

也必然如此。照你的说法，西方哲学两千年来一直在错误里打转儿，中国人的思路倒是恰当得多，可惜"仅仅是个开头，根本没有展开"（第 189 页）。你老兄的创造性哲学呢，直到几年前尚未出世。但我猜测你不会否认，无论西方人还是中国人，都做了些事情，甚至做了些重要的事情。由此可以推知，人们做事的时候，不仅不去听从那些想着玩的哲学，同样也用不着听从你的智慧的哲学。

倘若人们用不着哲学就能做事情，甚至能做很重要的事情，乃至几乎一切事情，那么，哲学还有什么用呢？我们究竟该把哲学定位在哪里？像庄老先生那样，定位在无何有之乡，不患其无

---

① 赵汀阳的著作之一。

用，逍遥乎寝卧其下，我看就很好。

不消说，这是把"用"看得窄而又窄，只承认执鼠（能抓耗子）才叫有用。我觉得你老兄也有点把"做事情"和"有用"看得偏窄了。在我心里，哲学是一门科学，一门关于讲道理的科学，这门科学研究的是讲道理的技术或艺术。讲道理的科学有用没用？当然，人们用不着学习讲道理的艺术，就已经会讲道理，研究这门艺术的，实际上仍然可能不讲道理，或在讲道理的时候笨嘴拙舌，就像研究运动医学的教授可能一下场踢球就伤了膝盖。但我仍然觉得讲道理的科学有用。第一，人们爱讲道理。第二，人们愿意自己的道理讲得通，甚至讲得漂亮。第三，人们经常不知道怎么把道理讲得顺畅，讲得漂亮。第四，人们可以通过研究和学习提高自己讲道理的水平。

人爱讲道理的程度大大超乎想像。以为专家学者才爱讲道理，那是十足的误解。昨晚上看"实话实说"，题目是怎么对待乡下亲戚。嘉宾和现场观众都不像专家学者，更不像从哲学系毕业的，可是他们讨论起问题来，引用的大道理实在不少：人不可能只为自己活着；我们中国人做事就是讲究个亲情；可你那样帮他，实际是害了他；人须自立，才能证明生存的价值。人都是自私的抑或人具有利他本能？什么是爱什么是害？生存的价值怎么衡量？当然，人们不一定出于观念才接待了或拒绝了乡下亲戚。但他们说这些却也不只是为了合理化，更不只是骗骗我们玩。人生一世，并非一边是做事，一边是玩玩。城里人读书读报，上了正式场合，难免好用大词儿，但十足的乡下人也并非只闷头种地，你到怀柔乡下的小酒馆坐上一个钟头，听听旁边的人，大道理只多不少，凡事都要讲明自己占理。

人们愿意自己的道理讲得通，讲得漂亮，就像人们编篮子，愿把篮子编得更漂亮些，甚至编出一些新花样，哪怕他不为什么。漂亮的篮子会有人喜欢，甚至山前山后的人都喜欢，编得邋里邋遢的篮子他们看不上眼，加以嘲笑、打击和抵制。同样，只要人们讲道理——雅典人特别爱讲道理，但别处的人也都多多少少讲些道理——就会有人愿把道理讲得更清楚些，更顺当些，清楚的道理听多了，再听到讲得七扭八歪的道理，就觉呕哑嘲哳难为听。

你自顾自编漂亮篮子，人家偷偷模仿学着编漂亮篮子，这不是科学，是艺术。我一向以为先秦以后中国没多少哲学，不是说中国人不讲道理，或道理讲得不漂亮，但我们的确不大钻研讲道理的技术。研究编篮子，讲解编篮子，不一定是最佳编篮手。即使在讲解的时候需要示范，示范者也不一定比学习者编得更漂亮，就像篮球教练常要做示范动作，他的动作不一定比学员更精彩。他示范时编篮子，目标不在编篮子上，而在教编篮子上。他最擅长的不是编篮子的艺术，而是其中包含的科学。当然，你的动作太走了样，你也不配做个篮球教练。各门艺术的教育中，示范和讲解的比例不同，人们经常看轻了哲学工作中的示范部分。哲学是讲道理的科学，同时它只能通过讲道理来谈论讲道理，道理讲得不漂亮的哲学损害了哲学的工作。道理不通的当然根本就不是哲学了。

最后有一点想要澄清：我说人好讲道理，倒不是说人这种生物格外温文儒雅——读一点历史还有点记性又活到我这把岁数的人，当然知道人是一种相当蛮横凶残的动物，强者恃强凌弱的时候蛮不讲理，弱者耍赖泼皮的时候也不讲理。"我是流氓我怕谁",够不讲理的吧?可这话自有道理,他怎么就不说"我是小学老师我怕谁"呀?人讲道理,哪怕是歪道理他也要讲,哪怕是自欺欺人他也要讲。讲道理不是人的诸种活动之一,他实在是非得对别人对自己讲出道理才活得下去。所以,研究讲道理的这门哲学,从一个层面上说固然是对一种技术的研究,但哲学之为科学和烹饪学之为科学总有点不同,因为这门科学的内容深深扎根在我们的本性之中,不是"有用""没用"说得清的。

搭得上搭不上的,说了一通,恭候驳斥。

(本文发表在 1998 年 6 月 19 日的《书评周刊》上。)

中国思想的位置
——读张祥龙的《海德格尔思想与中国天道》

十几年来大陆文化界海德格尔谈得极多,但直到这两年才连续有几本中文的专门研究著作出版,如孙周兴的《说不可说之神秘》(上海三联书店,1994年)、张汝伦的《海德格尔与现代哲学》(复旦大学出版社,1995年),靳希平的《海德格尔早期思想研究》(上海人民出版社,1995年)、拙著《海德格尔哲学概论》(北京三联书店,1995年)和张祥龙的《海德格尔思想与中国天道》(北京三联书店,1996年9月;下称《天道》;以下引文均引自此书)。一时间,海学可说形成了西方哲学研究领域中的显学。

这儿本书中,前几本都是就西学论西学的,惟张祥龙这一本从海德格尔一直谈到中国思想和印度思想。西方、印度和中国,我们得"从头了解清楚此'天下三分'的大势态……非如此就找不到我们中国思想的真实位置"(第194页)。东西方比较,方方面面,这些年闹得最热闹,但祥龙君为人为学都极不喜赶热闹,他所做的这番比较,不在寻章摘句,把海氏著作与东方思想排比并列,找出些人所周知或莫名其妙的异同之处,而是希望进入"相摩相荡、氤氲化醇的对话"（引言第1页）。读罢此书，感到这是一次真诚的而且是高水平的尝试。祥龙君于中国思想、印度思想和西方思想都曾用力，在这三个方面都提得出一些精辟的见解，这是我和多数同龄学人所不及的。眼下，超出一般文化比较而向思想的合构方向努力的著述甚为罕见，我相信学界中人都能从这本书有所收益。虽然中国当前的学术水准大大低于西方，但东西方的对话主要得靠中国人来开启，一个明显的原因，如海德格尔曾指出的，西方思想家鲜有深谙东方语言的。

说到西方哲学，祥龙君认为，其主干，在于"通过'形式'以及它的'概念'替身来处理终极问题或理解存在本身"（第196页）。于是，

整个传统西方哲学以普遍与特殊、现象与本质、主体与客体、语言与对象的分裂为基本的理论前提，以探究这二元双方之间的某种关系为目的。而且，按照某种概念原则和建构方式，这类哲学总是包含一个从下到上的等级层次。（第199页）

所有西方哲学家，一旦进入了这种形式—概念框架，只能选取"对子"中的一方，在既定大局中做些调整而已，只有康德、胡塞尔、维特根斯坦和海德格尔等极少数思想家能在某种程度上脱此樊笼，维持在二元之间的"居中之处"（第199页）。

瑜伽高出西方哲学一等，意在通过阿特曼消弭差异，进入统一的境界，"一切由观念名相招致的二元区分"似乎都已消失。

不过,瑜伽究竟功亏一篑,"我们仍可以在这种体证中隐约感受到一种新的二元区分",即通过瑜伽达到的更高级的世界与日常经验维持的世俗世界的区分(引言第 9 页)。在古印度思想中,祥龙君最推崇龙树的《中论》,有一段是这样评说的——

> 细读(《中论》)全书即可知这种"无区别"是指在"无自性"或"缘起"这最根本的一点上无区别。求涅槃不是离开世间,而恰恰是去理解世间之为世间。而在世间受苦者与得涅槃智慧者的"区别"就在于是否理解这一点。真正明白了这区别也就消泯了这区别的定相,所以两者毕竟无区别。到了这里,释迦牟尼的"有限"立场,或不离现象界而求至真的倾向获得了最明白敏锐的直陈表述。(第 231 页)

对中国哲学,祥龙作出如下概括:"与西方和印度的正统终极观不同,它(中国思想)有一个不离世间的终极思想视域。"(第 234 页)据此,后世所讲的与"人欲"相对的"天理",离先秦形态的"天道"实相去甚远。在阐述"天道"时,作者突出了天时与见机而作的内涵,即作者所谓"缘起构成"、"纯构成的境界"之类。谈到夫子罕言性与天道,作者说:

> 孔门弟子之所以特别注意到这个事实,说明当时有知识的人对于"性"、"天道"、"天命"这些问题有普遍的关心和议论……(孔子之罕言)并不说明孔子不关心这些问题。相反,正因为这些问题对这位"圣之时也者"的思想家来讲是太重要了……以致他无法不以当场构成的或"时中"的方法来揭示、体

会它们的终极意义，不能或不忍心以现成的方式来"言之凿凿"。（第248页）

基于这样的基本见解，作者推重孔子、老子和庄子，对孟子则已感不满。"到《孟子》，儒学之思已不纯……讲'我固有之'则已有悖于孔子思想的精微处了。由此讲性本善、理同然和求放心，就开了后世理学的先河。"（第253页）对墨子、荀子的批评更为严厉。后世如朱熹之笼统，陆王之僵板，自然更加不济。

印度思想在最深处与中国思想的深度暗通款曲，这是佛教在中国传播的深层条件——

（印度思想）在最关键的一点上（涅槃即世间）与中国古代思想的主流发生了实质性的接触。通过这一敏感的触点，外来佛教的妙处才得以被求至真的中国人心领神会。……这一思想史上最重要的接受外来者的成功经验是极可贵的。（第235页）

我相信这也是作者写作本书的动机：找出西方思想能和中国思想相互引发的真正契机，使两者能"发生实质性的接触"，而不是流于表皮的介绍和模仿。

古印度和古中国的根本识度都超出"西方概念和观念哲学所能及的范围"（第192页），不过，拿中国和印度比较，毕竟还是咱们中国人更胜一筹，中国思想活动在"朴真自然、与天地一气相通的道境"之中，神降明出，从来不拘束在"二值体系的安排之中"（引言第11页）。正是在这一点上，海德格尔与中国天道观有"极重要的相通之处"（引言第13页），由此建立了与中国天道观的通道,展现出东西思想合璧的前景。

通过以上的简要介绍,读者也许已能觉出,祥龙君对这三种思想传统的探讨,不是把它们先定格为研究对象,通过一番分析求得其文化意义,而是努力使这三者互相牵引,进入一个共同的场域之中。这不只是个方法问题,这种类型的工作必须依托于作者本人的思想力度。表明这种力度的一个例子是对"道言观"的阐述,以及随之而来对王弼"言道死结"的疏解(第414—423页),这绝不止于在某个哲学史纷争中选择立场,而是对一个基本哲学问题的深入探索;而在这个题域内,直到今天,绝大多数论者依然极喜欢滔滔不绝地教导我们大道是不可道的。

这样精彩的辨析,尤其是《天道》一书总体上体物撰情的深度,读者必须读原书才能了解。不过,我同时也愿意提出几样和作者相左的看法,尝试进入《天道》一书为我们提供的对话场域。

一、从大的话题说,我既不同意西方、印度和中国的"天下三分"说(第194页),更不同意把它们排出低、中、高的座次,把中国安排在上首,让西方叨陪末座。在这个方向上,祥龙君走得如此之远,竟断言西方"做不出真正有趣的思想游戏"(第200页)。说到"思想游戏",就我个人的品味,柏拉图和亚里士多德,休谟和康德,罗素和杜威,如果说不上有趣,那真不知什么才叫"真正有趣"了。

无论对于中国人素质低劣论还是中国文化优越论,我承认自己都有点过敏。中国有中国的毛病,西方有西方的问题,我不愿在针砭现代化的弊病之际大而化之地批判西方文明,同时又忘掉东方世界特有的黑暗与愚昧。何况我从根本上就不认为有惟一最高的精神形态或"思想态势"。无论把"中国思想的真正位置"排在哪里,总有几分见外了,孔子庄子他们开始思想的时候,不知有柏拉图、不知有佛陀、不知自己该排在什么位置上。

其实,《天道》为维护其天下三分论,常须曲为之说。"印度文化中有强大的宗法、伦理、教派和种姓体系,也有暴力压迫和巨大的不幸,但她的根底处仍有一个超越的、非暴力的、宗教宽容的和众生平等的维度,或起码有作这种解释的可能性。"(第210页)难道对于基督教就没有作这种解释的可能性吗?多数现代基督教神学家不正在作这样的解释吗?

二、思想境界三等级论也给"对话"的描述造成了相当的困难。寻找佛学和中国本土精神的"实质性的接触点",的确是一条好思路,但这种接触似不宜被描述为佛学终于达到了中国思想的高妙境界;如果事情真是那样,那么我们无非是从他者那里重又见到我们自己古已有之的东西,何尝当真接受过"外来者"?祥龙君所描述的思想对话,一团温厚的感应,我却会想到摩擦、难以下咽、陌异之为陌异的粗野力量,而这些也都是对话和理解的构成要素。

现在有一种流行的论调,把西方思想的现代转向和后现代转向说得像是西方思想向东方思想的输诚。这样一来,我们就没有必要从西方思想和西方精神那里真正学到什么了。反过来,从希腊起,西方文明的优势在很大程度上就来自相近水准的交流激荡,在向远亲近邻学习的时候,西方人勇于自我批判。西方思想的现代转向和后现代转向,包括海德格尔哲学在内,仍体现了西方思想充满生机不断开拓的趋势,其主动力来自西方开放精神的内在推动,而非另一种更高思想形态如中国思想的点拨。

三、祥龙君明察哲学与概念思维方式有"不解之缘",他把西方思想排在最低一等,主要是因为西方采取了概念思维的方式,或把思想变成了哲学。《天道》全书贬斥概念思维方式,并为此引海德格尔和维特根斯坦为支持(第191页)。

诗化哲学论者经常以概念"达不到"心灵深处等等来贬斥概念思维。其实,概念本来就不是用来达到心灵深处的,问题倒在于概念是不是来自心灵深处。西方思想注重概念建构,我们不能由此推断西方缺少心灵力量,我们下此断论之时可曾想着希腊和耶路撒冷、米开朗基罗和独立宣言?概念和观念是我们离不开的,至于应在何种方向上以及在何等程度上进行概念构造,是个"时中"的问题,没有抽象的原则。审时度势,"中国思想方式"恰恰需要增进其概念建构的强度而非反之。然而在实际上,中国的诗化哲学论者,在反概念这一点上,实比海德格尔和维特根斯坦走得更远,海德格尔始终不曾否弃 Begriff 和 Begrifflichkeit,维特根斯坦更不会那样。我们的确可以在这两位哲人那里找到很多批评哲学传统乃至嘲笑"哲学"的语录,但同时他们都经常在积极的意义上使用"哲学"这个词,例如,维特根斯坦把自己的几乎所有著作都冠以"哲学"二字。不是两位哲人西方流毒太深因而摇摆不定,而是他们都深知哲学及概念思维方式的两重性。到了中国,我们往往明眼看到他们力求融会贯通的"东方色彩",而遗漏了他们的思想的建构性质。

比较海德格尔与中国哲学的学者,特容易把海德格尔老庄化,忘掉了海德格尔是西方哲学的传人,而西方哲学不同于中国思想的根本之处,可以表述为构成性,正是从这种构成性出发,发展出了西方的科学理论,有别于神话和阴阳五行的宇宙论。祥龙君很喜欢使用"构"和"构成",这突出体现了作者的敏感。不过,从书中的阐述来看,所谓"缘构引发态"、"交构视域"和"构成边缘域"等等,都是发生性的,而非构成性的。我甚至觉得祥龙君似乎要通过"构成"这一类用词来平衡其反概念反构成的主旨。

四、据《天道》一书,概念思维的主要弊病在于拘囚于二值体系之中。所以,思想的主要任务即在于"消解掉西方传统哲学的范畴束缚,不让'主体''实体''形式''本质'等等有二元化宿根的概念……主宰我们"(引言第3页)。《奥义书》把我们领到了阿特曼的大我境域之中,"一切由观念名相招致的二元区分"似乎都已消失,然而我们还是可以隐约感受到一种新的二元区分,即通过瑜伽达到的更高级的世界与日常经验维持的世俗世界的区分。西、印、中的低、中、高座次也是依二元宿孽的深浅排定的,因为印度思想只是似乎消除了二元区分,其实却只有中国天道思想真正活动在"朴真自然、与天地一气相通的道境"之中。

两向性属于哲学的本职题域,要求专门的分析,这里我只能提出几点结论式的异议,不遑细密论证。1."二元宿根"并不单单伸入"概念思维"之中,这宿根一直扎入我们最原始的感受与最基本的思考——感受总带着好恶,思考总摸索着方向,没有零位的感受和思考。2. 感受带着好恶,概念具有两向性,这些既不可恨,也不造成什么特别的麻烦。值得怀疑的,是用某一个概念及其必然携带的两向性来解释整个世界。我们真正要克服的,不是概念思维具有的两向性,而是用某一对"范畴"来概括天下万物的宏大理论。3. 若说在阿特曼的大我境域之中,还是可以隐约感受到更高级的世界与日常经验维持的世俗世界的区分,那在哪里能摆脱这种感受?把中国思想说成最高明的,岂不也先要分出高级低级来?何需贵无为,反正无为而无不为,所谓贵在下,毕竟因为"上"善若水,可见无为、在下也得带着有为、在上这样的二元宿根才有意义,即使来到太极,蓦然回首,还有一个无极守在旁边。4. 在我看来,由于中国语言文字格外工整对应,中国人倒格外喜欢挖掘或建构对偶关系;又由于中国的理论家不注重实验与分析,结果格外喜欢构建宏大理论。阴阳、理气和道器,所有这些我们都耳熟能详。直到今天,我国学界仍有这个不注重实验与分析而单好宏大理论的毛病。祥龙君解释说,阴阳"并不是两个'范畴',由概括万物的基本属性而来"(第243页),这样辩护是行不通的。现象和本质,主观和客观,或任何对应范畴,都不是对事物属性的概括。

　　五、部分由于对两向性的理解不同,祥龙君祓除二元宿根的办法,我也不尽同意。他似乎认为有一种终极的方法,可以克服较低级的西方传统思想方式,进到"终极境界",就像海德格尔那样,"将问题推究到无可再退的终极处",这时,"一切现成的二元区分,就都失去了逻辑的效力,而出现了两方相互引发和相互成就的构成局面"(引言第6-7页)。在这个"终极处",我猜想,混沌未开万物合一,所以,不仅所有二元区分失去了逻辑效力,其他区分也一道消泯。源头是什么样子?这是一个大谜团。我个人一直很怀疑谁能够乃至谁真愿意回到物我两忘主客齐泯的终极境界或"源始境界"。我们有时不分物我,有时不分彼此,有时却要行事行得一清二楚;我们需要知道什么时候应当分个彼此,什么时候不应当彼此分明。但要知道这个,一条"处理终极问题所需要的终极视野"（第186页）无济于事，我们只能在生活的重重险阻中学会这些，而且需要不断地学习。

其实，作者在这里所欲表达的思想既深刻又清楚："缘就是源。"（同页）在我看，缘和源这样的概念恰恰隐示无论什么视野都不可能是终极的，视野和视野之间的沟通不靠另一个视野，而是因缘。在这个题域，我有时觉得海德格尔的表述已可疑问，而祥龙君的表述比海德格尔走得更远。Horizont 这个词比"视野"要稍少视觉的意味，而且我只记得海德格尔使用"不断开拓的地平线"这一类的表达，不记得有"终极视野"这样的提法。依鄙见，"终极"最好不要和某些语词搭配，例如"'缘起'的终极含义"（第222页）就近乎矛盾用语。我认为祥龙君的体证不一定要坚持"终极视野"、"终极境界"这样的提法，无论如何，我不怀疑他在"终极问题"上的至深体会：

任何求至真人生的人都可以从中得到警戒：切莫沾沾自喜，将终极追求变为在一个高级的和更难逃脱的规范构架中不自觉的弄虚作假。（第403页）

（本文以"缘就是源"为题发表在《读书》1998年第十二期。）

分殊文化,共同世界

饿了,要吃,这是生理。有好干煸牛肉丝的,有好烤牛排的,有用筷子吃的,有用刀叉吃的,这是文化。你们吃肉不吃鱼,他们吃鱼吃牛不吃猪,你们见面作揖,他们见面握手。从自然的角度看非必如此而在实际生活中人皆如此的行为模式,就是文化。你到岁数想俩人往一块儿睡,这是自然,你穿件白纱裙子上教堂照好多相片,这是文化。

虽说文化"从自然的角度看"非必如此,但人本来就是一种"非必如此"的动物,一种文化动物;就像鲸鱼是一种水生动物,回头是岸,却还是游在海里自在。

有的食品营养好,有的不好,有的吃法卫生,有的不卫生。确定营养和卫生的标准,对中国人、阿拉伯人、西非人,都是差不多的。可是在一个地方,让客人拿手抓饭吃表示尊敬,在另一个地方则近乎污辱。死,不管汉人还是藏人,都不乐意,但吊死、砍头、饮鸩,各种死法的含义,则因民族而不同。死后处理的方式,更是因民族而异,暴尸于野,在汉人是件惨事,在藏人则是正当,反倒是患了恶病犯了恶罪的才用土埋。

人的很多行为，很难找到一个共通的评判标准，因为这些行为的意义框架是由一种特定文化提供的。

无生物是以物质的方式反应的，给一个力，就改变运动的速度与方向，加入一种试剂，就产生出一种新的物质结构——起反应的物质别无选择。生物是以信号的方式反应的，听到同伴的警报，雁群就起飞了，等不到狼扑过来；用电流刺激狗的中枢神经，造成一种饱食的感觉，硬是眼睁睁看着一盘肉饿死了。

相比之下，人是以意义的方式反应的。要是坚信商之旧臣不可食周粟，明明肚子饿，明明感觉到肚子饿，也宁肯只吃几根薇草，直到饿死。这样极端的例子不多，但不太极端的情况，则所在多有。钱，人人都想要，但谁都想不起到朋友家的抽屉里取出点儿来，哪怕绝无被发现的可能。走路被人撞了一下，听一声"对不起"就拉倒，听一声骂娘就非得和人没完没了。苦役犯什么苦都吃惯了，让他挖个坑遂即填平夯实，再挖个坑遂即填平夯实，苦役犯也受不了。

自然是齐一的，信号添了变数，意义使世界变得神秘莫测。天体物理学家可以算出亿万年前宇宙大爆炸后几秒钟的粒子密度，可以算出一颗彗星几百年几千年几万年后的轨迹，可是没人算得出世界上明年要发生几场战争。

十七十八世纪从西欧发轫的进步观念，是近代思想体系的一块基石。进步观念渗透到各个领域：天体演化、生物进化、人性不断进步、社会形态不断更新。进步要有个标准。什么是生物进化的标准呢？适者生存是一个同语反复，因为"适者"是以是否存活延续来确定的。向高等进化也接近于同语反复，既然"进化,自然就是向"高"处发展了。

衡量生物的进步,已非易事,遑论衡量社会。进步观滥觞之际,正是西欧雄视世界之时。欧洲人当时的观念和状况,就被自然而然当成进步的标准,其他社会,则都处于较落后的状态,并将逐渐进步到西方那个样子。形形色色的文化被排到同一个系列上,只是先后次序不同。

相反的看法在西方从未断绝。莱布尼茨就注意到东方文明是不同种类的文明,不在西方发展模式中。汤因比、斯宾格勒等人更发展出系统的学说,把形形色色的文化理解为各有特点的个体。后现代的西方知识分子,检讨欧洲中心论,容易接受这种文化特殊论的观点。

西方中心主义生自西方,文化独特论或非西方中心主义也生自西方。这无足怪。刘少奇接见时传祥,说干国家主席和干淘粪一样,都是为人民服务。时传祥就不会往那儿想。

进步观和文化特殊论,短短几年里在中国知识界重新旅游了一遍。

极端的进步观把形形色色的文化都排在一条直线上,分出它个上下高低来。文化特殊论的立论正相反:每种文化都有自己一套独特的价值标准,因此是无法比较的。你打桥牌,我下围棋,怎么比得出谁高超?任何衡量标准都与特定文化相关,没有超乎一切文化之上的自然标准。说不定拿各种文化来一比高低这种想法就是某种特定文化的产物呢。形形色色的文化只有不同,没有优劣之分。

中国人先前认为华夏文明世界第一,后来在可以直接比较的方方面面都比不上西方，终于产生了一种文化自卑感。文化独特论既不自称高人一等也不承认低人一等，算是中平之论。

但我们说所有文化都平等，只是面对西方文化时才说的。倒不是咱们中国人采用了双重标准，说实话，坦桑尼亚和巴布亚新几内亚哪儿有什么文化呀，所以也谈不到平等不平等。

文化特殊论的兴起，和平等观念的泛滥有关。虽说古希腊就主张公民在法律面前平等，基督教主张在上帝面前人人平等，中国人古时候在考场上人人平等，但直到美国革命宣称"人生而平等"，法国革命把"平等"列为三大原则之一，世人才处处事事争起平等来。妇女争选举权，残疾人争工作权，小国争主权，小民族争自治权。既然艾滋病人可以争入境权，同性恋可以争结婚的权利，那么文化当然都可以争和其他文化平起平坐的权利了。

我们不可把"平等"理解得太宽泛了。人当然是生而不平等的。他生得又聪明又漂亮嗓子又好家里又有钱，我生得又蠢又丑公鸭嗓子家里捡破烂的，啥平等？平等是指我们在某种捉摸不定的"人格"的意义上平等，在一定的法律程序上的平等。美国很少想着和格林那达、巴拿马、伊拉克平等，但在某些国际交往的场合还是得遵循平等的说法做法。

国家间实质不平等，但可以有个正式身份上的平等。文化却没有正式身份，要平等只有一途：文化各有各的特殊性，所有文化都不相类。

维特根斯坦考察 Spiel（游戏、玩）这个词，发现并非所有被称为 Spiel 的活动都有一个共同点。这些活动中甲类与乙类有共同点，乙类与丙类有共同点，甲丙两类则并无共同点，但甲乙丙联绵统称为 Spiel。

实际上，一切自然概念都具有类似的性质。三千年中国文化形成一个统一体，不但不必一成不变，甚至不必围绕同一个中心。

中国的传统文化，被称为"儒家文化"。道家释家的影响却也不小。即如儒学，也难一言以蔽之。曰"仁"，曰"忠恕"，言其大概而已；细究，"仁"、"忠"这样的概念包含了太多的方面。在民间，重"义"或甚于重"仁"与"忠"。皇帝有过千百个，民间都不修庙，但到处是"关帝庙"，一个败军之将，当神来崇拜，盖因其义气焉。考了进士做官，而进士是皇帝考定的，于是进士自称"天子门生"，可见对皇帝的忠也有几分报答知遇之恩的意思，而知遇之恩是从义想过来的。中国的封建传统弱，人身本无依附关系，皇帝王侯大人识我于屠钓之中，我是报答恩情，不是尽义务。日本也袭儒教，但那里有封建系统，于是更讲究"忠"。

用一个字、一句话概括一个文化，只有在很特殊的情况下才有意义。中国人重义，日本人重忠，美国人重自由，这是大概言之，并非美国人一举手一投足均可用"爱自由"来解释。

文化比较学得出的一个极为流行的结论说：西方人重分而中国人重合。凡说到东西差异，莫不如是说，不但我们说，西方也有不少人这样说。

文化比较学身为一门学问，当然具有客观性，但在讨论义理的时候也难免不知不觉中立下了弘扬本族文化的目标。我们说到西方人重分而中国人重合，心里已经想定合比分要好、要高。可在我看来，什么该分什么该合，端视事务而定，没有一般的原则来决定孰高孰低。党政该不该分开？四代人该同堂还是该分住？另一方面，中国人在很多事情上，好分之心颇胜于西人，即使外寇当前，国共也绝不肯诚心合作，人家能合成一个大企业的，我们只愿各自做点儿小本儿买卖。

文化比较学的主体内容是绕一个学术用语的圈子来证明本族文化的优越。无怪乎弱势民族特喜欢这门学问，因为强势民族要表明自己优越性的时候通常会采用直接的手段。文化比较学家赤诚可感，惟于事无补耳，就像谁要想成为工业强国，有效的办法是自己生产出像样的产品来，靠不上一场又一场抵制洋货的运动。

比喻在不同类的事物中发现共同点，比较则从同类事物的差异入手。

要是把中西比较放在更多的文化类型的背景下，我们会发现这两大支文化简直太相近了。两种文化都提倡勤劳致富，尊崇建功立业，并注重记载自己的历史。这差不多是理所当然的——要不是具有这些相类的品质，很难想像恰恰是这两大支文明数千年生生不息，不断创造出繁荣昌盛的局面，雄视周围世界。这种优越的历史，反过来又增强了这两支文化的共性：这两种文化都具有强烈的优越感，同时具有深厚的宽容精神和人文精神。

价值系统随文化而异。就像概念系统随语言而异。但不同语言之间竟是能翻译沟通的。这是因为，语言是从自然中生长出来的,语言之外,有着一个共同的世界。两个说不同语言的聪明人关在一个牢房里,什么都不许做,只许说话,谁也教不会谁另一种语言。放他们出去,一起盖房、打猎、捕鱼、种地,像鲁滨逊和礼拜五那样,他们很快就学会了对方的语言。

一种语言包含着对待共同世界的一个特殊视角,同时又反映着一个民族的特殊历史和生活方式。有些高度凝聚着这些特殊性的概念是无法翻译的,如"仁""义""官""福"。但它们可以得到解释。翻译不会是完全的,解释也不会是完全的。不过我们对自己的语言和文化也不是完全清楚的。

我们学习一门外国语,是按照汉语的习惯来理解的,还是按照那门外语的习惯来理解的?如果只按照汉语的习惯,我们连一个听起来自然的外语句子都说不出来。但也不可能完全按外语的习惯,因为我们时常说得生硬勉强。我们处在这两种习惯之间。最关键的,是我们并不因此制造出第三门语言来。

我们并不需要一套独立于各文化之外的价值标准,就能够跳出一种特定模式来了解别的文化,评价不同的文化。就像我们比较甲物和乙物孰热,并不需要站在绝对零度之上。

五笔字型输入比较快,可学起来比较费事,坐地铁比坐公共汽车快,可是比较挤。事事时时,我们都在比较。他老婆比我老婆漂亮,我儿子比他儿子聪明,他比我有钱,可我比他德行好。

有技术性的比较,有总体性的比较。下棋时比较走车还是跳马的得失,是技术性的,比输赢,是感性的。棋手上场,是来比输赢的,但行棋之际,脑子用在技术性的比较考量上,一脑门子输赢,反倒影响行棋了。我侪尚未超凡入圣之时,难免计较得失,比量高下,但权衡而至于患得患失,最后是得是失先已经损了。权衡计较终有竟时，什么也代替不了痛痛快快干它一场。凡一为事就要与人一比高低，就可算做病态了。毕竟天下之大，容得狮虎，也容得鸥鹤。

一向优越的，和一向居劣势的，较量一番的冲动较弱。曾居优势而退居劣势的，冲动最强。于是中国好"比较"。比较比较，不只是对比一下，还有一番较量的冲动在后面。这点儿冲动，要老是用在比较上，倒是可惜了。要真恬然于中国文化的独特性，我们何不高高兴兴做点儿自己高兴做的事情？

（本文曾以"何不做点自己高兴做的事——'文化特殊性'解"为题发表在《东方》1994年第一期。）

关于相对主义的对话

仲春，友人韩鸿雁、刘行健接踵来访，相谈甚欢，其间谈及相对主义的一段尤多意趣，整理成文，以飨同好。

韩：说起我这个弟弟，真把我恨死，无论你说他什么，"各有各的活法"，一句话就把你打发完了。

刘：我看你指责东东指责得太多了，你们两个差了十岁，活法的确不一样了。时代变得快，五年十年就差出了一代人。

韩：他们那一代人都什么样我管不着，他是我弟弟我就不能不管。你不求上进，你自私自利，这是你的活法，到时候你偷抢嫖赌，杀人放火，你照样可以说你有你自己的活法儿。什么叫各有各的活法儿？偷抢嫖赌、自私自利，放在谁头上，放在什么时候，都不是好事儿。我们总有个起码的共同标准吧，要不不成了你们哲学家说的相对主义？

刘：相对主义早不是我们哲学家的专利了，倒成了这年头的大时髦，随便和谁聊天，出租车司机，卖菜的，冷不丁他就告诉你：一切都是相对的。

韩：什么叫"一切都是相对的"？所有天鹅都是白的，一切金属都导电，"一切"后面得跟个名词。再说，"相对于"什么呢？美元的比值，要么相对于法郎，要么相对于人民币。如果一切都是相对的，就没有可相对的东西了。

陈：相对和绝对是一对孪生概念，有相对就有绝对，我们看着泰山大，同时就一定看着草芥小。如果天下的东西都是大的，我们反倒不会有大这个概念了。

刘：不过，"什么都是相对的"这话还是有个意思在那里，我们听一句话，不见得都要先作一番逻辑分析，我们通常一下子就明白这话是什么意思了。

韩：那要你们哲学家还有什么用？我们看不出问题的地方，你们哲学家一分析，就分析出毛病来了。

刘：我也不喜欢太笼统的说法。常听有人问，"有没有绝对的善？事物是绝对的还是相对的？"我相信问话的人通常真是有个问题在那儿，但我还是希望他能问得更具体一点——困惑他的具体是什么。

韩：我还以为你们哲学家越抽象的命题就越喜欢。

刘：不怕抽象，就怕太笼统。"一切都是相对的"这样笼统的说法自身并没什么意义，不过是个名号，统称一大类相似的提法，"此亦一是非，彼亦一是非"，"道德标准是因时因地变化的"，"没有放之四海而皆准的真理"。"各有各的活法"也包括在内。这些提法就好像一个命题家族，"相对主义"或"一切都是相对的"就好像这个家族的**姓**，对这个提法本身细加分析没多大意思。

陈：真要分析起来，这个命题其实是个悖论。

刘：从古以来就有人这么说，但我看也不见得。

陈：你说一切都是相对的，"一切都是相对的"这话就成了个绝对的命题。

刘：我为什么不可以承认"一切都是相对的"这话本身也是相对的呢？

陈：那咱们换个更明显的例子。如果你说一切都是谎言，那我要问你这句话是不是谎言。你说不是，那就有一句真话了，就不能说一切都是谎言了。如果你说"我这话也是谎言"，那你已经自己承认"一切都是谎言"是句谎话，不足置信。所以"一切都是谎言"这话是个悖论。一切皆无意义，怀疑一切，没有放之四海而皆准的真理，都属于这一类悖论。如果真的没有放之四海而皆准的真理，那么"没有放之四海而皆准的真理"这句话就放之四海而皆准，因此至少有了一条放之四海而皆准的真理，所以，这句话是自我否定的。

韩：不过这有点儿奇怪——我自己差不多相信没有放之四海而皆准的真理，我这么认为，可一点儿都没想到自己是在声称一个放之四海而皆准的真理。

陈：有人说，世上没有彻底的相对主义者，或彻底的怀疑论者，你要是真以为一切都没有意义，你就不会主张"一切都没有意义"了，彻底厌世的人已经自杀了，彻底的怀疑论者从不开口，所以我们也听不到彻底怀疑论的主张。

韩：可这还是挺奇怪的——我发现没有放之四海而皆准的真理，我心里这么想的时候，没问题，可我一说，就成了悖论。

陈：凡是全称否定式的说法，都有这个困境。你说"一切都是真的"，我就不会反问"那你这句话是不是真的"，你说的可能不对，但它不是个悖论。我们无论说什么，都是在主张些什么，肯定个什么，哪怕这个主张的内容是否定性质的。你说"这是假的"，你这是在肯定这是假的，你认为"这是假的"这个判断是真的。所以，否定一切从逻辑上讲不通，——既然是"一切"，就把你有所主张这回事也包括进去了，而你有所主张这回事恰恰是肯定性质的，不是否定性质的。相对主义是个悖论，因为"相对"也是个否定的概念。

韩：但我要说"没有一把钥匙能打开天下所有的锁"呢？我说"没有万能真理"，你可以逼问我这话本身是不是真理，我说"没有万能钥匙"，你不能问我这话是不是钥匙。

陈：否定命题要产生悖论，命题所否定的内容必须反弹到命题上，就是说，你否定的是真理、命题和语言之类。

韩：可我觉得"没有放之四海而皆准的真理"和"没有能打开一切锁的钥匙"这两个命题的结构完全一样。

刘：我们是该想一下，怎么会"没有永恒不变的道德"不是悖论而"没有永恒不变的真理"就成了悖论？

陈：两个都是元命题，但"没有永恒不变的真理"具有自指的形式。

刘：我正是想说，仅仅抓着形式上的反冲性质其实没多大意思。你想，我可以换个说法，不说没有放之四海而皆准的真理，而说任何真理都有一定的前提。

韩：意思还一样，只不过一个用否定的口气说，一个用肯定的口气。

陈：但我还是可以问：那你这个说法本身有没有前提啊？

韩：我可以回答"有"呀？你不能因此指责我陷入了悖论。

刘：反冲力就消失了。这个反冲力这么容易消失，可见它要么是假象，要么力量很有限。现在好多人主张我们不能谈论语言，我们能够谈论别的东西，但用语言谈论语言，就会落入自指的循环，这种议论好像很有深意，但我觉得还是在形式上兜圈子。我在想，没有哪个重大的哲学问题能够还原成单纯的逻辑问题，相对主义不只是这个那个命题，那是一种精神形态，是一种"否定的精神"。

陈：你可不要用思潮之争来抹灭义理之争，哲学从结构上把握精神形态。

刘：我还不至于这么简单化，但你肯定承认，像相对主义这样困扰人类精神的大问题，不可能是个简简单单的逻辑错误，似乎哪天谁发明了一种逻辑上的辩证，它就会烟消云散。相对主义是一种否定，但主要不在于形式上的否定，而是从精神上否定绝对主义，是一种反抗。

陈：当然，我们这一代人都是这么走过来的，从前眼前就一条道儿，一直推到共产主义，忽然，上帝死了，干什么都可以了。

韩：我们也赶上了个尾巴，相信过谁啊谁啊的绝对权威，某个主义的绝对权威。

刘：当时也是这样进行理论思考的———一切社会现象归根到底都可以用经济利益和经济发展来解释，历史正在向一个终极的目标发展……

韩：那时候都有信仰，有理想，我觉得这也挺好的，总比一上来就什么都不相信要好。当然，是好多事情想不通，但只要你还有信仰，你就可以慢慢想着。

刘：我们试图用老框架来解释世界，但你越解释发现疑点越多，有一天你忽然意识到有些事情是断然解释不通的，信仰就会动摇，甚至崩溃，人们会一下子觉得"一切皆空"。

陈：那时候流行的一首诗里叫做"我不相信"。

韩：还有一句诗叫：一切都是谎言。我们当时也都读过，那时我们都挺爱读诗的。现在想想，这样的说法不能太认真，一切皆空，实实在在的东西又从哪里来？

刘：诗人可没把"一切都是谎言"当做一个逻辑命题提出来。这些诗的意思明明白白。你失恋了，说一声"一切皆空"，我非要和你争论物质不灭定律。

陈：也不是不可以从逻辑上来思考。一切皆空，那么，有从何处来？无中能不能生有？从无生有的机制是什么？也许"有"只是幻象，这下你就麻烦了，你得编出一整套的理论来解释实实在在的东西怎么会其实只是幻象。这种希腊式的分析里含着一种可贵的科学精神。

韩：我看"一切皆空"这样的话是表达一种感受。

刘：也表达了一种理解，只不过不是逻辑分析得出的那种理解罢了。

韩：反正，一切皆空，一切都是谎言，我们学科学的，听起来还是太诗人味儿了。我要是反对绝对主义，就不会说一切都是相对的，我会说有些东西是相对的，有些是绝对的。

陈：你这个说法倒是挺和气的，但也有个难处：要是相对的东西自管自相对，绝对者还怎么绝对？必须一切别的东西都归属于你，你才绝对。

刘：absolutism 这个词从字面上说，就是绝对主义，但它更常用的意思是专制主义。

陈：莫里斯就是从反对专制的角度来看待相对主义的，他给这种相对主义加了个名号，叫"客观相对主义"。

刘：专制主义当然不是说咱自由咱的，他专制他的。咱都听他一个人发号施令，他才专制得起来。所以，和"一切皆相对"对应的，不是"一切都是绝对的"，而是"绝对是一"——是上帝，皇权，是一切标准的标准。只要还有一样东西留在外面，它就和这样东西相对存在了。

韩：听起来就像个黑洞。

刘：一个惟一的大黑洞。

韩：宇宙最后成了一个无所不包的大黑洞，这图景可够让人压抑的。

刘：大家就起来反抗绝对主义啦。

韩：所以，要是从相对主义者的立场来考虑，最好是一开始就不容忍任何绝对者，一开始就要坚持一切都是相对的。

刘：之所以落入这个结论，是因为相对主义其实是从绝对主义那里汲取自己的逻辑的，两者都采用还原论的逻辑，天下万事都应该归于同一的原理。我们沿着任何道理往后追，都会碰上终极者，只不过绝对主义认为终极者是一，是我们大家都接受的终极标准，相对主义也承认我们追来追去总会碰到再也追问不下去的东西，只不过这不是我们大家都接受的共同标准，而恰恰是各执己见没道理可讲的东西。

陈：所以任何一种道理都和别的道理一样好，或说得更确切些，都和别的道理一样糟，因为一切道理说到底都是没道理。

韩：相对主义成了绝对主义的简单反面。要是你呢，你干脆不承认终极者？

刘：可以这么说。

韩：可是你必须选取一个立场。你否认绝对的真理，实际上等于主张一切真理都是相对的。

刘：我就是在怀疑你这个最理所当然的等式。没有什么道理是绝对的，这话真能翻译成"一切道理都是相对的"吗？有些时候，说一件事不是绝对的是一个意思，说一件事是相对的则是另一个意思。我看，有些事情无所谓绝对相对。你来我家走错了路，你是绝对走错了还是相对走错了？

韩：我绝对保证他会来，这话的反面不是我相对保证他会来，而是我不敢绝对保证他会来。

刘：在一些形式化的体系里，你可以说，一个实数不是有理数就是无理数，可是在自然状态里并非如此，自然状态浑然纠缠，不是随便怎么把概念化的东西套在上头都可以的。

陈：你还记得那阵子，你要是不站在革命人民一边，你就是反动派？

刘：政治概念化，成千上万人吃尽了苦头。

韩：照你们这样说起来，相对主义与其说是个逻辑上的悖论，不如说更是精神上的悖论，它一方面要反驳绝对主义，一方面却自己陷在绝对主义的逻辑里面。

陈："逻辑的力量"可能把人逼到很荒唐的结论上去。前两天一次讨论会，有个人讲中西小说比较，讲得挺不错的，可最后得个结论说，没有什么标准可以评判艺术作品的优劣，我问他那《红楼梦》和《红楼圆梦》有没有优劣之别，逻辑明摆在那里，他只好答：没有。不过，我相信他是硬着头皮说的。

韩：逻辑倒是一贯了，结论却很荒唐，这样的一贯性要它干啥呢？

陈：人在某种程度上都必然要坚持逻辑一贯性，否则就没有理论，没有观念了。

韩：为啥非要理论呢？如果这个理论推出来的结论让我不舒服，我就不会信服这个理论。

陈：亏你还是个科学家呢，你怎么能相信日心说？和我们的直觉差得那么远。

韩：前提正确，推论无误，结论自然成立。

陈：是啊，前提正确，推论无误，结论哪怕让你不舒服，你也得被迫接受。

刘：你指出我做错了一件事，指出我行为恶劣，我听了一定不舒服，直觉上肯定不愿接受，但你可以证明你的看法，我不得不承认你说得对，把这个结论接受下来。

陈：你要是提倡自由竞争，你逻辑上就得同意放弃自己的某些特权，虽然这个结论可能正好不是你想要的。理论不只把现实反映反映就算了，它是有后果的。

韩：可有时候结论那么荒唐，那你就应该回过头来检查你的前提，或推理过程。

刘：你说，出错的无非两条，前提、推理。但比这一切都常见的毛病出在应用范围：这个道理在这里是否讲得通？天上地下没什么向我们保证，所有正当的东西归根到底都融会贯通和谐一致。只要一个道理总有它终结之处，那么，在哪里我们应当把这个道理贯彻下去，到哪里就应该停止，这就成了一个无法事先决定的事情。

韩：科学对原理的应用范围事先就作了明确规定。

陈：不如倒过来说，能事先明确规定应用范围的，就可以用科学方式进行论证。

韩：好吧，在科学里我尊重逻辑，不过在生活中我仍然更相信直觉，理论和我的直觉发生冲突，我跟着感觉走。《红楼梦》和《红楼圆梦》怎么可能没有优劣之分？我驳不倒你，只不过我没你会说就是了，可我还是没法接受你的结论。关键不在于你怎么说，而在于你实际上是怎么想的。你怎么可能真的认为什么活法儿都一样呢？就拿东东自己来说，他自己也常说，谁谁谁还活着有啥劲，谁谁谁没法让人看得上眼，诸如此类。其实我批评他，他心里也虚，什么各有各的活法，他就是在跟你胡搅蛮缠。

陈：所谓道德上的相对主义，多半都是给自己找借口。

韩：各有各的道理，还有没有高尚卑劣之别，文明野蛮之分？

陈：现在的文化相对主义不就是不承认这些差别吗？扎伊尔的蒙博托来不来就把政敌抓起来，有时干脆就杀掉了，别的国家让他注意人权，他说，嘿，咱们非洲的文化和你们西方文化不一样，你有你的人权观，我有我的人权观。这就把文化相对主义的大旗祭起来了。

韩：我看这种相对主义是对外的，对内就成了绝对。我就不明白，那是你的文化，你的文化为啥就不能改改？裹小脚从前就是咱们的文化。日本鬼子烧了杀了，还说日本文化就那德性，就是那样对待战败者的，那你就无话可说了？

陈：丈夫死了老婆殉葬也是一种文化。

韩：如果说绝对主义是优越者的绝对主义，相对主义就像是弱势者的绝对主义。

陈：说得好。咱们这儿的文化相对主义就是用来对付强势文化的，这些年老吵吵文化无优劣之分，心里想的只是西方文化不比咱们中国文化优越，谁都没往巴布亚新几内亚的土著文化那儿比较。

刘：表面文章都是相对主义，精神实质的确可能很不一样，有的是用来欺人的，但也有对西方文化霸权的真诚怀疑和反叛。文化相对主义最早是博厄斯他们提出来的，一开始就是西方科学家对西方中心主义的反省。反对绝对主义，本来特别强调反省与宽容，在蒙博托那里却倒过来了。

韩：我不知道你们是怎么定义"悖论"的，不过我听人把相对主义说得那么振振有词咄咄逼人，还真有点儿它是个悖论的感觉。

刘：的确，一种否定性的精神而成为主义，就变得十分可疑了，它不再是精神表达自己的形式，而是套用一个现成的概念形式，无论什么内容都可以把它套上去，如果我们喜欢用悖论的形式来说话，我就要称它做"绝对的相对主义"。

陈：始终保持否定的精神而不落筌蹄，无过于庄子了，人们好引"彼亦一是非，此亦一是非"，其实接下来庄子就问：果且有彼是乎哉？再追一问：果且无彼是乎哉？

刘：可以说是连环消解法。

陈：这种随说随扫的语式在庄子那里通篇皆是。《齐物》篇一上来，说人籁依乎天籁，话未落地，接着就说"言非吹也，言者有言"，说是言者有言吧，接着就问：果有言邪？其未尝有言邪？

刘：其实《齐物》和《逍遥》两篇，已经构成了一个连环消解，一个说因其所大而大之，物莫不大，因其所小而小之，物莫不小，这是齐物；一个说斥鷃和大鹏，小年不及大年，小知不及大知，这是辨大小而不是齐大小了。

陈：《齐物》《逍遥》各张其旨，两篇又交相辉映，郭象却只从一个角度来理解庄子，大鹏和斥鷃，一个绝云气负苍天，一个辗转于蓬蒿之间，他居然引出个结论说：各以得性为至。

刘：好像庄子翻来覆去是要说明一套现成观念。

陈：其实庄子通透之人，最明白一旦入了纯概念的圈套，就要在反义的概念圈子里打转，有大就有小，有是就有非，有有就有无。他要的就是跳出纯概念的对偶，还归于此时此地，此所谓"吾知之濠上也"。引用"彼亦一是非，此亦一是非"，把庄子定案为相对主义，实在是冤枉，庄子接下去明明说"彼是莫得其偶，谓之道枢"。

韩：刚才起了个名字叫"绝对的相对主义"，那庄子的相对主义就该叫"相对的相对主义"了，这种相对主义自我化解了。

陈：把谁叫做相对主义者或任何主义者，都像是把一个戏剧角色叫做好人坏人，我们难免要区分好人坏人，但那只是远看时贴个标签而已，真和你亲熟贴近的人，气血俱在，那些标签就没什么意思了。

刘：揽到相对主义名下的，有的是很严肃的思考，甚至很苦恼，充满了张力，有的恰相反，是逃避严肃生活的借口，把自己的不负责任合理化，所以我从一开始就不愿只限于考察逻辑，希望深入精神实质。

陈：有意义的逻辑考察恰恰是为了让真实的精神内容显现出来，你也许真有一种精神诉求，然而，"一切都是相对的"这样的提法，当真表达了你所感到的东西吗？抑或它恰恰切断了深入的感受，让自己滑到空洞的概念里舒舒服服兜圈子去了？

刘：单在相对、绝对和自指这些概念上打转，即使证明了相对主义是个悖论，这种证明也不是那么重要。重要的不是词和词之间发生了矛盾，而是观念和真情实感不一致，说法和真情实感脱了节。辩驳也是一样，从逻辑上找出某种主张的自相矛盾之处固然需要相当的聪明，但仍然不能去除这种主张心里的疙瘩。

陈：能胜人之口不能服人之心。

刘：只有摆明了这种主张的来龙去脉，分清楚它是不够恰当的表述，是糊涂，还是借口，才能让我们心里的困惑涣然冰释。

韩：按说，你不争气，你堕落，只要你不犯法，人家能拿你怎样？人干吗要合理化呢？蒙博托抓了，杀了，就得了，为什么非要找个借口？

刘：因为人喜欢讲道理，我们有一种要辩明对和错的冲动。

陈：一种本能，辨明是非是我们的本能，比我们其他的本能还要顽固。

刘：像别的本能一样，我们得经常努力克制它。

韩：我看不讲道理的人也不在少数。我是流氓我怕谁？

陈：但他即使不讲道理，也还要给自己设一个不讲道理的道理：因为我是流氓所以我才有资格不讲道理。他就不会说：我是中学老师我怕谁？

韩：你们哲学家说人是理性的动物，原来就是这个意思。

刘：我看这话的确不完全是对人的褒奖。不单单亚里士多德有讲道理的冲动，连日本鬼子也有。卢沟桥他打进来了，他的飞机大炮比咱们的厉害，他就来侵略咱有什么法子？不，他不愿意闷不作声就打,他要说他丢了两个日本兵,他出动千军万马是来找人的,他抢掠烧杀强奸妇女,他说是建立大东亚共荣圈。权力和金钱,人之所爱,所以人们争权夺利,但是你好好想想,争夺道理的斗争,其激烈程度绝不在争权夺利之下。中国人抗日有理,堂堂日本天皇,堂堂日本帝国,倒不讲理,那怎么行?于是他编出一大套大东亚共荣圈啊什么的,他是有理的一方,倒是中国人抗日没道理。

韩:可为什么杀你烧你不成个道理,大东亚共荣圈才成个道理?

刘:本来,我们各有各的利益、欲望、爱好和处境,这些东西本身不是道理,但从这些东西中却生出我们的道理来。

陈:向无人欲,则亦并无天理可言矣。

刘:什么能把不同的欲望、爱好和处境沟通起来,什么就成道理。你想卖贵一点,我想买便宜一点,各有各的利益。我们可以讲价钱,讲得合适了,买卖成交了。买卖有个买卖的道理,兼顾买卖双方。

韩:你非要卖十倍的价钱,我非要不花钱就拿东西,就不是做买卖的道理。

刘:买卖的道理基于我们各有各的利益,但它不能还原为你的利益或我的利益。你我都服从这个道理,并不意味着你我的利益就成了一样的利益,你还是追求你的利益,我还是追求我的利益,但通过买卖的道理,你的利益通过某种方式和我的利益连通了。道理就像道路一样,两所房子在同一条路上,并不意味着这两所房子就成了一个样子,只不过这两所房子可以互相往来了。

韩:利益、欲望老是相互冲突,人和人很难沟通。

刘：是啊，有些理性主义者太乐观了，当然并不是所有的利益与爱好早晚都能找到一个共通的道理，得到协调。

陈：而且有些事情也用不着什么特别的道理，我爱吃萝卜，你爱吃白菜。

刘：什么都得说出个道理，那种时代真是可恶，"文革"的时候，养花斗蟋蟀也得有个道理，梳短发留长发也得做阶级分析。

韩：其实有些事情有道理，有些没有道理。

刘：更多时候是有点道理，但不完全有道理。我喜欢道理这个词，不太喜欢逻辑这个词。人们说到逻辑，会觉得要么合乎逻辑，要么不合逻辑；道理就不是这样，有些事情道理很充分，有些事情完全没道理，有些事情有点道理。从这个角度看，绝对主义和相对主义都属于逻辑主义：分歧要么可以简单明了一劳永逸地解决，要么根本解决不了。然而大多数事情并不像加减乘除，大家都服从同一个道理，也不像萝卜白菜，各有一爱。

韩：谁也不会否认有些事情很有道理，有些则有点道理。

刘：但一到观念和理论上，这就被归结为我们自己认识能力有限度，好像道理客观摆在那里，但我们要慢慢认识。其实有些事情客观上就有点道理，但不是充分的道理。

韩：那你这又等于说，世上有些事情是绝对的，有些事情是相对的？

刘：有些事情有道理可讲，有些事情没道理可讲，这话的意思已经足够清楚了，干吗非要把它翻译成一句不那么清楚的话呢？相对绝对这些词，形式化程度很高，很抽象，不到万不得已，我们不要使用这样的词来澄清自己的意思。路堵住了，只好绕道，挺好走的路干吗去绕上它半天？

韩：其实我们平常也不大用这些词儿，不知为什么，一正经八百讨论问题，就用起这些词儿来了。

刘：我看倒不如反过来把绝对相对之争翻译成要不要讲道理之争，我们平常不争相对绝对，争的大半就是要不要讲道理，有没有对错。你要是太爱讲道理，我就说，嘿，给咱们点儿人权，让咱们活咱们自己的活法儿，说到头来，都没道理可讲。我们并不只生活在道理之中，我们只在需要讲道理的时候才讲道理。你每天起床先穿左脚的袜子，我先穿右脚的袜子，有什么道理好讲？

韩：真没道理好讲也罢了，可明明有对错的地方，叫他那么一说，就没了对错，明明有善恶的地方，叫他一说，善恶就没有区别了，有时候真让人恼火。

陈：我们要是些神仙，八仙过海，各有各的活法儿还真不错。可其实呢，人反正得生活在一个共同体里面，我们不是靠讲道理合在一起，就得靠暴力欺诈合在一起。我看相对主义给我们带来的，不是相安无事，而是一种变质了败坏了的共同生活。

刘：我更关注的好像总是另外一面。我们和别人不一致的时候，很容易否定别人，肯定自己的生活方式。这时候很容易过于讲道理，把原无所谓道理的事情也说出个道理来。毕竟，弱者很难否定强者，道理在优越的人手里。

韩：你不能把对和错都说成强和弱。

刘：当然不能，但是谁要是能告诉我哪个是对和错哪个是强和弱，我就立刻拜到他门下为徒。我只知道，咱们人类有一种很基本的倾向，就是把强的和弱的说成是对的和错的，结果，道理老是强者的道理，是他们编出来的，或者由他们解释的。道理讲得太多,最后要把弱者逼得不讲道理了。

韩:你和东东站到一块儿去了。东东就挖苦我,你是大名人啊,是咱们韩家的骄傲啊。说实话,我也不是不反省自己。我父母当年成天盯着我,反对我和闹学潮的啊梳长发的啊交朋友,现在呢,东东那些朋友,什么前卫画家啊,什么流浪诗人啊,我看着就不顺眼。是不是我自己老化了,僵化了?我有时想这些想得很苦恼。究竟有没有绝对的标准来区分对错善恶?只有对不同事物都有效的才叫标准,所以,没有绝对标准不就等于没有标准吗?

陈:我们不知道绝对高温是几度,但我们知道今天比昨天热。

刘:我觉得鸿雁说到了一种基本的感觉——异类让我们难受,可是去消灭异类就更危险了。

韩:没听明白你的意思。

刘:与陌异的存在遭遇,我们最初的反应难免是用自己的既定标准来评判这个他者。我最近读《停滞的帝国》,中西方相遇,中国人和英国人都用自己的标准去评判对方。

陈:英国人要好一点,他们已经在地球上闯荡两三个世纪了。

刘:也许我可以用卡列宁来说明我的想法,他那套为人处事之方是以不变应万变,他永远用自己那一套来裁判你,他所谓理解,就是把你纳入他早有的一套道理里面去,好像把随便哪个数字套在一个代数式里,有解无解,公式反正不会错。他可以可怜你、帮助你,但别人的存在方式对他的内心毫无触动。这样的人,即使他的外在世界扩大了,他的感受结构,他的理解,还是老一套。这种理智上的惟我独尊，虽说不一定强迫别人接受自己的观念，却照样起到压迫作用，而且这种压迫力量还不可小视。

陈：但我们都会这样的！基于自身来评判世界才能保持自身的同一性。

刘：当然我们都会这样！如果绝对主义是个别专制暴君的怪癖，那就只需要革命家不需要哲学家了，既然哲学从"认识你自己"开始，它就只对"我们都会"感兴趣。

韩：真正与陌生人遭遇。

刘：就此而言，相对主义者也是一样，没有真正遭遇他者，各自擦肩而过。要是还用《安娜》里的人物为例，奥勃朗斯基算个典型，他不把自己的原则强加给别人，甚至不认真评判他人，反过来，陌异的东西也无法击中他，震动他。大家都萍水相逢，世界就变浅了。

陈：感得到萍水相逢，就还有点深度。

韩：与陌生者遭遇——好多小说都以这类故事为题材。

陈：那才有故事啊。你一天八小时上班，回家做饭吃饭看电视，有什么可写的？老实巴交的市民过得好好的，一个忘在脑后的亲戚来了，是个革命家、诗人……

刘：第三者、土匪、妓女……

陈：发生了碰撞，市民那种理所当然的小日子动摇了，对坚不可摧的道德原则也疑惑起来。

韩：那些社会边缘人，读小说的时候我会同情这些人，但在现实生活中我不愿和这种人打交道。

刘：要是从生命的角度来理解生活，倒可以说，恰恰在与社会边缘人碰撞的时候才有生活，才有生命力迸发出来。

陈：可惜，生物科学为了科学的目的，只从"自身复制"来理解生命，完全割掉了生命概念的核心：生机勃勃。

刘：传统社会有同一的价值，那种社会生活在共相之下，现代社会却容忍不同价值共处一堂。传统社会更多地依赖于忠诚，而现代人必须学会更多地理解、谅解，学会与异类相处。

陈：你这种想法杜克海姆已经表达过，他把传统社会称做"机械社会"，把现代社会称做"有机社会"，在机械社会里，有统一的价值，以宗教信仰为代表，而现代社会则是有机的，即人们生活在各种不同价值的关联网络之中。

刘："有机体"的提法有时也得警惕，黑格尔是有机观念的大代表，你在"有机性"里常能读得到克服异类、消化异类这种帝国主义气息。

韩：我们好像更应当提倡融合而不是消化、克服。

刘：我觉得融合也说得太多了，没有为融合不到一起的东西留出充分的余地。

陈：在努力融合的过程中始终保持对无法融合的他者的尊重，我想这里面的确有很现代的精神。

刘：我们不仅要抑制克服异类的冲动，不仅要尊重异类，实际上，异类经常直接是我们欣喜的源泉。黑格尔对他者的讨论虽有深刻之处，但始终没考虑到这一层——这个人性情上似乎不太能从他者感受到欣喜，你看他对自然美就不屑一顾。

陈：多数生态主义主张也只讲合理开发自然，不讲自然美，可你想想要是地球上只剩下我们光秃秃的人类，哪怕我们有办法用化学方式生产出所有吃的喝的穿的，我们会快乐吗？这么多种树和草，地上有鹿和狐狸，天上有喜鹊和老鹰，人在这样的世界里生存才叫生存。

刘：我们不是把融合不了的东西忍受下来，而是要学会去欣赏。一种美好的品质，我深爱其美好，但很可能它并不能移植到我自己的性情上来，我乐见它活在别人身上。

陈：就像歌德之喜爱拜伦。

韩：不就像男人爱女人、女人爱男人那样嘛。

刘：不过，既为异类，就总是有压迫、有挑战、有疏隔之感，它在任何意义上都不能完全约分，即使我们学会了欣赏。

陈：真正的理解里也总有不曾完全明了的东西，清明的理解连到更深的暧昧处。

韩：这是造物主的慈悲，宇宙之中的谜团要是都如数抖在咱们面前，一时是痛快了，可以后不闷死啦？不如这样，在这样的好天气里，河边走走，山边上坐坐，明白了一点，还剩下好多可以去想的，到秋天，到明年春天，再来领教。

陈：好风好景，好朋友好话题，随时欢迎。

（本文据1997年春在政法大学的讲演整理成文，发表在《天涯》1999年第一期。）

五味盐

任何一种生活都可以是好的。有更好的,也许有最好的,但没有惟一的。

羡慕让人怨天尤人,钦慕让人爱命运。

责任从不落到缩在后面的人的肩上。道德的困境要人主动去承担。

德谚说:上帝惩罚他所钟爱之人。

也许真有人无所畏惧。但那些行往更高存在的生命怎能不心怀敬畏呢?

君子坦荡荡,就是说无论君子怎样虑远,怎样任重道远,甚至中心惶惶,都不会唉声叹气。

不以成败论英雄的另一层意思是:英雄自有不同凡庸的成败标准。拿破仑大概是失败的,而我们要能熬上一个副经理,可算是大大的成功呢。

适者生存。于是，英雄毁灭了，病毒、虫豸还一代代传下去。

值得关心的只是更高的存在，而不是更久的。

粗野也是一种力量。但从词汇上看，撒野撒泼与刚强正相反对：刚强的力量来自行为的控制和组织，有人称之为 Will zur Macht。

这类向上的力量，如体育运动，包含着美。这就把它与堕落的力量如放任、撒野和凶残区别开来了。

成功不能证明一种生活方式；明天什么都可能发生。自信不能评判的，幸运也不能。但仍然，有人生活得好，有人不好。

Hegel 说：近代的教养足以使每一个人为自己找到充足的理由。为酗酒，为追逐女人，为不关心公众，为庸碌无为，为出卖朋友。而且可以说得自信、堂皇，还可以恳切。

然而，事情是怎样，它还是怎样。看似一个充足理由的世界，其中却永远有原则、有善恶、有裁判。良心熟悉它们，理性了解它们。

就说人生是一场大梦吧，梦与梦也是那样不同！

我喜爱充满生活欲望的人，他们兴致盎然，不打搅你的灵魂。在那些斤斤计较的人身上，有些琐碎的欲望，但不见充实的欲望。

人的善意是可信可喜而不可依赖的。

得意的俗人是惟一招人讨厌的俗人。那些不屑于凡俗的凡夫俗子让人难堪。

说一个人有思想，就是说他不只重复别人想的。

说一个人有感情亦复如是。真感情总有独特的，滥动感情只是对感情的模仿。

两种声音不折磨人：爱人的和智者的。

爱是联结精神和世俗的纽带，绝不媚俗的人，连爱也不能了。

既要走自己的路，就该让别人走别人的路。

然而，爱、友谊、责任和关怀呢？爱而不妒可能吗？关怀而不干预可能吗？

有情的，强、弱，都有苦处；无情的，强、弱，都无趣。

友爱充实，这一点把友爱从一团和气区别开来。

没有共同关心的事情就不会有浓厚的友情。而有了共同关心的事情就不可能总是和气一团。

爱中有需求，于是人们就把需求称做"爱"了。他们爱起一个人来就像烟鬼需要烟土一样。

被爱是幸运的。只有爱使人幸福。

没人来爱，倒也罢了；人若不自爱，还成何体统？
最可怕的是不再爱，对一切都失去了兴趣。
更可怕的是没有任何办法预防这种危险。

精神生活不特指读诗、听音乐会、写哲学论文。盖房子、侍奉病人、为朋友跑跑腿、坐监牢、跑步，只要贯彻着悟性，充沛着精神，就是精神生活。
精神不领我们到生活之外；精神深化我们的生活。
性格不是显现在顺境中。强者是在不能的所在能。
孤单时不奋斗的人从来没有奋斗过；他也许随着潮流涌动过。

被喜欢不是什么可以得意的事。人不是也被跳蚤喜欢么？

非要带几分虚浮矫饰，爱才光彩夺人。太深重的爱倒像一袋泥沙闷上心头。
自然设计了多少机巧，把爱弯向亲热。谁要不肯沿这条曲线滑下，就招不到亲人。却也不会长留爱中；只被沿着切线抛向没有爱也没有亲人的空间。

是引力不可知呢抑或不可知才吸引？生存吸引人，因为其中总有暧昧的东西。
人通常是被推走的，不是被引着走的。有了动力，才谈得上算计。经济服从情趣。在一切游戏中，情趣都是第一位的，规则是第二位的。

缺乏想像或缺乏事实都同样单薄。二者的融会千百倍地扩展人生的领域。

我们并不只生活在粒子之间，还有波呢。

人心底有股傻气，谁对宇宙加给他的规矩都有厌烦的时候，谁都愿说几句疯话，做一点丑态。

永远一本正经的人真倒霉。

谁也别嫉妒谁。有人成功，有人得到敬、得到爱、得到钱、得到赏识；这些都是牺牲了另一些得到的。

喋喋不休议论自己痛苦的人，让人为他感到羞耻。

痛苦是无法议论的，所以我们在艺术中找到它——艺术表现而不议论。

不过，能够表达的痛苦总还有点美味在里面。那种当真透不进光线来的痛苦才真叫苦。

世俗观念离不开比较：谁钱多谁官大谁更漂亮谁更好心。要比较，就要把被比较者分开。但人与人，人与命运怎么分得开呢？人们不是在一起受难、相爱、幸福么？幸福不会是单属于一个人的。同样道理，幸福不会是许多幸福的总和。

运气是可以比较的；命运却总是独特的。

人一过三十岁，主要的事情就是为自己的弱点寻找堂皇的说辞了。

成年使我们增加谅解，减少了解。
天空向地平线弯曲。

义务重了，冲动轻了，这大概就是人生的步伐。

人很少靠内省了解自己，他多半倒是靠内省欺骗自己。这大概是古人慎独的道理。

本质不仅是渐渐被发现的。本质也是渐渐生成的。
我们随时为自己提供示范。我们随时让本性成长——这样或那样。

乌兰诺娃评论她芭蕾生涯的话，于人生大舞台也很中肯；后来我们真正地懂得了生活，惜筋骨已不敷用。
大鹏飞兮震八裔，中天摧兮力不济。这是够惨淡的。但更惨淡的是在末世中沉沦，连失败的悲鸣也难听到。大多数的失败并不悲壮，只在些琐琐碎碎的得意失意中了结。

幸福青年会不庸俗么？老来福气才叫福气呐。

未来使今天光明，而以往使今天温暖。
生活中最基本的是光明和温暖。而最能打动人的，是人渴望温暖。
这世界上，谁不该得到温暖呢——冰冷的日子这样漫长。即使这边也常是冷冰冰的。

那些冷血的、从不需要温暖的生物让我们无可奈何。

太阳，它又去照临黑暗的那面了。

出自爱心的努力本身就是报答。如果事后说：白努力了一场，那他爱得不够真诚。

在高贵的事业那里，成功是手段而不是目的。成就的动力处在它曾索求过那么多美轮美奂的努力。

贫瘠的时代难以滋养巨人。侏儒中的巨人可能仍很矮小。

"中国是一头睡狮。"
"是不是狮子我不知道，但她始终睡着。"

中国文化一代代传承，像几千年的老酒一样醇厚，却也尝不出半点烈性了。

继承往往是无意识的，反对则多是着意的。

西方最让人倾慕的是那种无穷的开拓精神。而我们每介绍来一种新思想，很快就把它拧成主义的枷锁套在自己的脖颈上。

没有自由竞争的社会，也没有不竞争的社会。问题在于一个社会用哪些规则来调节竞争：聪慧还是狡诈，勤奋还是凶狠，正直还是谄媚。

谁说咱们中国人竞争得不激烈？

慷慨者施舍于你，仁者善待你，深情者爱你，你都无动于衷。一个吝啬鬼给你几文大钱，一个暴君没有鞭打你，寡情人向你微微一笑，人哪，你怎么就美得屁颠屁颠的？

中国人各个有保密习惯，说是世风恶浊，不瞒不骗过不了日子。
你可一试明心待人再来作这样的发言？

"看透了"是一种无可辩驳的认识。但人世上有几成是认识？谁没见过把一切看透了的人在蝇营狗苟的事端上争得格外起劲？

中国人多容易为自己的善良感动。给过路人一碗水喝，就觉得向世界施了恩情，以后凡不顺心，便抱怨世界不公平。一帆风顺的，相信都是用自己的善良换来的；倒霉不济的，都怪自己太善良，叫刁钻的占了先去。自鸣得意的，确信善意除了感动自己以外，还该让人人感动一遍；自哀自怜的，简直觉得自己在为世界殉难，当然不屑去了解世界可曾因他的善意受益丝毫。为了保证人人的心地善良，不得不把污糟不良统统扔到外面去，于是偌大一个中国弄成了一个大垃圾筒。

邪恶不是什么抽象的东西，它不落实到每一个人头上就不肯罢休。
一个民族的劣迹要由这民族的一个个人来承担或洗刷。

中国人常因西方人对中国文化感兴趣而感到自豪。何止中国文化？西方人把洞穴文化和恐龙化石都收集到他们的博物馆里去大加赞赏。我们确该和恐龙一道自豪呢。

车到山前必有路，这哲学百试不爽；虽然那路领到的所在可能颇令人晦气。

从不向前移动的人会说它正在打基础。历史和个人发展却都说明，基础从来不会足够牢固，从来是岌岌可危地向前迈进，然后反回头巩固基础。

政治最险恶之处在于它必须习于利用人的弱点。

让我们这些没选上这门险恶职业的人记取：勿利用人心的弱点，亦不可臣服于人心的弱点。

生活真容易变得有趣。所以没有人思考。

应当让无能的安乐，有能的施展雄才。实情却往往是：无能的不幸，有能的去谋取安乐。

积久吸毒的人，一旦戒毒，会很久恢复不了正常生活。
但就应当永远这样吸下去么？

一触到蝇头小利就张牙舞爪的，在强力面前总宣扬安天乐命。

一不当心，就会被语言挟制。循着常套滔滔而下，与心意脱了环。大多数文化产品就是这样来的；人称舞文弄墨。

性的职业化体现在妓女身上，文化的职业化使一个人变成作家，一本又一本地写书。

各种体系都可以给人生一个大体完整的解释。通常不在于谁是正确的，而在于谁是中肯的。

不能要求人人都从同一角度看待事物。真见却是说：如果你站到这里，你也将看到同样的。

了解人心固有的界限，我们就变得更宽容了。

不会有任何一种理论能证明人应当从善。善是一种感召，从善自有诱人之处。

没有一种干干净净的高尚。高尚是在浑浊的人世一点一点争取来的。

众星背后，天空黑洞洞的。

生活不证明什么。生活就是有所领悟地生活一场。

（本文是《天涯》1997年第五期"五味盐"一文的节选。）

浪子拉摩与哲人

近年来,现代性的讨论、后现代的张扬,通常都以启蒙运动当靶子。既然是树立靶子,难免要画得简单一点,让人一眼可以看清一环两环三环。一个时代的确有一种大致可以称为"时代精神"的东西,不过我们虽能体会到这种整体氛围,要把它描述出来却不是易事,总结成几个概念就更容易走样。说到反宗教,les philosophes 有的反对一切宗教,有的只反对天主教,有的只是反对宗教统治。说到提倡进步,更有卢梭这样的主要人物激烈地反对进步,呼吁回到自然状态里去。启蒙时代到底留下了什么,到底有哪些已经过时或值得批判?还是要去读 les philosophes 的文著。《狄德罗哲学选集》(商务印书馆,1997)里的《拉摩的侄儿》就颇值得一读。歌德曾把它译做德文,介绍给他的同胞。

《拉摩的侄儿》是一篇对话,一个是"我",哲学家,另一个是浪子拉摩,法国著名作曲家拉摩的侄儿。两个人中,浪子拉摩是主角。在我们自己的交游里,都能找到拉摩这样的人,或这样的人的影子,如果找不到,那可是够不幸的。什么样的人呢?他不是正人君子,也不想装成正人君子,但他"骨子里具有敏感的心灵"（第256页），让你觉得平时交谈时的一层伪装显得怪没意思的，于是能"使每个人都恢复了他的自然的个性的一部分"（第207页）。

拉摩是个音乐家，一个不够成功的音乐家和无职业者差不了多少，于是他去当食客，靠给贵人和当红歌星（歌剧演员，不过那时候歌剧不是别具一格的高雅艺术，而是相当通俗的艺术形式）捧场过日子。拉摩极富才分，他和哲学家是在一个咖啡店里作这番对话的，对话之间，拉摩胡乱摹仿一些歌剧里的人物和曲调，竟引得咖啡店里"所有棋手都离开了他们的棋盘，聚集在他的周围。咖啡店的窗外也挤满了听到喧噪声而停下来的行人。人们的笑声简直把屋顶都震破了"（第281页）。拉摩才情过人，但半因运气不佳半因缺了点儿什么，他不曾创造出一件"美丽的艺术作品"（第294页）。狄德罗是艺术批评家，这篇对话经常谈到当时的作品和艺术家，不过这篇对话主要是关于道德的。浪子拉摩不惜放弃尊严，作出小丑之态，不过是为了在阔人的餐桌上捞一餐美食，或者用连篇的谎话骗取无知少女的芳心。塑造一个道德堕落分子，以便在"五讲四美"宣传大会上有个靶子，不算难事儿。让人困惑的总是当事人的道德感。当实践生活中道德成了大疑问的时候，道德问题在理论上也一定成了难题。人生一世，最重要的不是快乐吗？拉摩话说了，食色性也，我不过是公然完此本性而已，别人扭捏作态，就强我几分吗？小市民有贼心没贼胆，为了能在公认的规矩社会上熬点食色，平时只好压住性子；一旦发了财，得了势，仍然是食色两字，做起来却冠冕堂皇，让人羡慕，让人尊敬，"有金腰带的人绝不缺乏好名声"（第238页）。我们这个社会，只要面上光光的，究竟做了什么倒不大打紧，"恶行只是偶尔得罪人，恶行的表现却从早到晚地得罪人"（第260页）。人的确是种很奇怪的东西，有人偷偷做坏事，我们知道他做了，却像受了他行事方式的暗示似的不愿声张，同样的坏事如果败露了，我们就会义正辞严，以便表明自己是正人君子。别说道貌岸然的伪君子，就是货真价实的真君子，恐怕也不宜很多，真造出一个圣贤毕集的世界，"你要承认它将是非常沉闷的"（第240页）。德性很可能是违反天性的，违反天性难免受苦，"而当人们受苦的时候，人们就会令他人也受苦"（第245页）。

对话里的另一个人物，哲学家"我"，虽好像是个陪衬，却也很有特点。哲学家独坐追随自己的思想之时，轻松自得，就像浪荡青年追逐眼神灵活鼻子翘起的妓女，只挑逗，不纠葛（第203页）。然而和浪子拉摩的交谈让他苦恼，因为在拉摩身上，聪明和卑劣、洞见和谬误、堕落和坦白交织在一起难解难分；拉摩描述一桩恶劣的行为，如此津津有味，和描述一件英雄事迹的细节没什么两样，这让哲学家阴郁起来。对话将要结束的时候，哲学家称浪子拉摩是懒汉、懦夫和卑劣的人，但这些话，与其说是义正辞严的指责（当然，拉摩并不邪恶，而且比起现在的人来，比起两次大战之后可能的恶人来，实在只算不够端正而已），不如说是哲学家自己表白心迹。"我"并没有什么优越感——不是掩藏起优越感，而是没有优越感。我们中间谁是没有罪的？谁有资格拿石头打那个行淫的妇人？但若只说道德领域无准则也未免虚伪，因为我们在道德问题上都忍不住经常作出审判，即使不说到嘴上，也在心里审判了一番。哲学家不要审判，而要理解。了解狄德罗哲学的人都知道他绝不是要鼓吹道德相对主义，但他也没有拿出批判浪子拉摩或拯救他的整体方案来。道德是一个"变化多端的题目"（第261页），文章中经常拿道德和音乐相比（第286页），提示我们多看一看道德题域中的感性因素、审美因素。这在狄德罗那里，只是一个提示，原可指望康德等大哲人加以阐发，可惜的却是后世越过了这个提示，仍然依循中世纪的惯例，把道德和审美当做两个不相干的领域，直到道德哲学自己干燥龟裂为止。

除了浪子拉摩引出的道德问题，对话中还涉及其他方面的道德问题，例如我们常谈到的天才与常人道德的两难。狄德罗不是事事都喜欢伏尔泰的，但这里他为伏尔泰作了这样的辩护：伏尔泰固然对别人对他的非难过分敏感，但若没有这份敏感，他也写不出那许多敏感的心灵了（第215页）。诸如此类的话题，细想下去，似乎把天性、自然、历史、政治、神意和潜意识所有这些概念都卷了进来，后来那些德国哲学家，擅长把这些层层叠叠的概念构建成一个系统，要么从道德命令推出行为的准则，要么从生存的原始要求演化出超乎俗世伦理的更高的德性，《拉摩的侄儿》却只是把一个绘声绘色的浪子摆到那里，论宏大深邃，大概比不了费希特的《伦理学体系》之类，但这也是比德国哲学读来亲近的地方。

《拉摩的侄儿》可以看做哲学论文，也可以看做一篇小说，无论看做什么，反正不是时下的哲学论文。话题及于天才、音乐和教育，也时不时来一段针对时人的嬉笑怒骂。整篇对话有点喜剧的调子，生动里有点芜杂，太合规中矩就不成其为喜剧了，但因此不少内容在我们隔世人听来已颇为生疏。要是咱们中间有人能用我们身周的事来谈我们关心的问题,例如道德问题,那该更让人爱读了。

（本文发表在 1999 年 2 月 23 日的《书评周刊》上。）

德国古典哲学与德国文化

今天，给我的题目是德国哲学。在我们学西方哲学的人看起来，德国哲学或德语哲学至少占了近现代哲学的一半。莱布尼兹、康德、黑格尔，直到叔本华、马克思、尼采、胡塞尔、海德格尔和维特根斯坦，这些哲学家都被认作是头等重要的哲学家。我们缩小范围，只讲古典时期，从康德到黑格尔。即使如此，题目还是太大，尤其是太深。所以我想还是讲些一般性的，讲讲德国古典哲学的文化背景和文化意义。

德国的第一个重要的哲学家是莱布尼兹（1646—1716）。他是德国人，也是哲学家，叫他"德国哲学家"当然错不了，不过应当说，莱布尼茨属于欧洲而不是属于德国。实际上他的大部分著作是用拉丁文和法文发表的。当时欧洲的格局就是这样的，民族还没有费希特后来强调的那种强烈意义。各国王室之间的联姻，各国贵族之间的血缘联系，各国文人之间的联系，多于一片国土之内各阶层之间的联系。新教和天主教斗争，往往比国家间的斗争更重要。莱布尼兹属于欧洲，还因为他受到德国思想的影响很小，因为在莱布尼兹成长时，德国没有什么哲学，那时的文明地带主要在法国、英国以及荷兰。当然再早是在意大利。在德意志这块土地上，是几百个小公国，都住了些农民，科学不发达，文化也很落后。莱布尼兹本人虽然是在德国大学受的教育，拿的博士学位，但 25 岁时就来到巴黎，并曾访问英国和荷兰，这期间他结识了很多重要人物，如哲学家马勒伯朗士、神学家阿诺德、荷兰物理学家惠更斯，还有斯宾诺莎。莱布尼兹为世所知的成就，差不多都是他在西欧的时候做出来的，他发明了一种计算器，比帕斯卡尔所发明的更进一步，能做开方，因此成为英国皇家学会会员。微积分也是这个时期发明的。回国后，他写了很多文章，这些文章多半是用法文和拉丁文写的，因为当时德国人没文化，高深的哲学和科学没什么人读，读者都在西欧呢。不过，莱布尼兹当时对欧洲的影响也很有限。当时，整个德国文化就没有什么影响，当时英法和德国间有一个巨大的文化落差，文化是从西往东流，从英法往德国流，不会有英法人到德国去寻找学问。莱布尼兹和牛顿晚年时为了微积分的发明权打了一场臭名昭著的官司，后人经过细密的考证，确认他们是各自发明各自的。而且莱布尼兹设计的符号比较好，我们现在使用的微积分符号基本上是从莱布尼兹这一路传下来的。可是当时人们觉得在德国这个地方，怎么能有人来和牛顿争呢？于是都对莱布尼兹印象很坏，乃至后来他的恩主汉诺威的 Brunswick 公爵到英国去当国王（乔治一世），却没有带着他去，怕英国人反感。莱布尼兹当时在汉诺威当图书馆馆长，知识广博、思想深刻、成就巨大，但当时在世界上影响不大。当然后世的看法不同了，我们现在都知道莱布尼兹是最重要的哲学家之一，也是最重要的科学家之一。

莱布尼兹之后，有一个沃尔夫学派，沃尔夫比莱布尼兹小 30 岁，自认莱布尼兹为老师，这个由他创造的沃尔夫学派被认为是一个折中主义学派，在很大程度上把莱布尼兹的哲学变成了一种四平八稳的教科书体系，统治德国一直统治到康德出现。在沃尔夫学派统治德国的几十年中，没有什么特别重要的思想家出现。

下面这一段德国文化思想的历史，我想用歌德的两个年代来标识。一是歌德 21 岁的时候，1770 年的狂飙突进（Der Sturm und Drang）运动，另一个是歌德去世的年代，1832 年。这 60 年是德国文化的全盛期。

Der Sturm und Drang 是德国的一个重大的文化运动，主要的参与者有歌德、赫尔德尔和克令格尔、楞茨这样一大批人，其中最重要的、今天我们仍然人人都知道的，肯定是歌德和赫尔德尔。狂飙突进主要是个文学运动，不是今天要讲的内容，我只想讲一讲到 1770 年时德国的文化状况就是什么样的。从莱布尼兹传下来，德国文化界没有什么特别突出的人物，但有两个人肯定要除外，一个是莱辛，一个是康德。康德那一年 46 岁，但还是一个远居边陲不为人知的教授，还要等 11 年才写成并发表他的大著作《纯粹理性批判》。1770 年以前这一段，莱辛是德国文坛中惟一比较重要的人物，那年他 41 岁，已经发表了《寓言》、《拉奥孔》、《汉堡剧评》、《军人之福》，马上要发表《迦绿蒂》和《智者纳旦》。莱辛对狂飙突进运动影响甚深，但自己已经不是狂飙突进的年龄了。这个运动是由一些很年轻的人折腾起来的。领导这场运动的是赫尔德尔，那年才 26 岁。歌德那一年是 21 岁——都是像你们这样年龄的一群小伙子。赫尔德尔的《论语言的起源》，歌德的《冯·伯利欣根》、《少年维特之烦恼》等都是 1770 年之后那几年写成的。

不过我挑选 1770 年作为一个标志，不只因为这一年掀起了狂飙突进运动。这实在是德国文化史上一个奇特的年头。贝多芬、黑格尔和荷尔德林都出生在这一年,他们三个,在很多眼里,一个是最伟大的音乐家,一个是重要的哲学家,一个是最出色的诗人。拿破仑是在头一年出生的,不消说,那也是个顶重要的人物,实际上很多人认为他是人类历史上出现过的最伟大的个人。拿破仑本人和整个法国大革命,对德国古典时期的思想精神状态产生了极其巨大的影响。

还可以提到好多名字,费希特、洪堡、大小史雷格尔、诺瓦利斯和谢林,这些也都是世界历史人物,也都是在1770年前后出生的。从1770年到歌德谢世的1832年,在德国形成了一个文化场,造就了文学、哲学和音乐等诸方面的全盛期。

我选了歌德一生中的两个年头来作标志,这当然因为歌德是那个时代的最突出的代表人物。那个时代,老天爷真的不拘一格降天才,世界文明史上少有这样伟大的时代,我们这些研读世界文明史的人,说起这样的时代,禁不住怦怦然而向往之,这和我们这种时代出几个歌星、影星、体育明星完全是两个世界。当然,认真说,这些人物不是碰巧先后出生,他们互相结识,互相影响,合作、争论、冲突。而在那个一个个天才横空出世的年代里,歌德仍然是领袖群伦的人物。莫扎特比歌德小7岁,歌德少年时候曾出席神童莫扎特的演奏会。歌德和席勒的关系格外密切。贝多芬曾是歌德的崇拜者,后来又和歌德闹翻。黑格尔奉歌德为德国的精神之父。歌德曾夸奖过叔本华的博士论文,叔本华十分感激,因为当时没什么人注意到这个后生。海涅成名后曾拜会歌德,把他看做奥林匹克山上的神明。海涅在《论德国宗教和哲学的历史》(1834)中曾有记载。那个时代几乎所有重要的人物都曾与歌德有亲身交往。特别值得一谈的是歌德与席勒。两个人有深厚的友谊，有过十年之久的合作，但也有疏远的时候，有内心的不快。席勒比歌德小十岁，他当时在德国诗坛的地位也很高。歌德虽然是文化界的主导人物，但他的性格非常平衡，对于很多热情洋溢的青年人来说，平衡得太极端了。席勒呢，理想主义色彩浓重得多，有不少年轻人特别推崇席勒，多多少少也是以此对抗歌德。

我们再来看看1832年歌德去世的时候，那时康德和席勒已经去世近30年了，贝多芬和黑格尔也已去世，施莱尔马赫，还有洪堡，柏林大学的创造者，在此后两三年后去世。一个时代结束了。叔本华虽然正在盛年（44岁），但默默无闻，要等到另一个时代来欣赏他的见解。我们再看看新生的一代，歌德去世时，马克思已经是个能读书、在思考的小伙子了，尼采还没出生。这两个人对本世纪思想的影响极大，但他们属于一个完全不同的时代。古典全盛时期就是歌德所代表的那个时期，《浮士德》是那个时代的精神的集大成者。大约随着歌德去世，这个时代结束了。

德国古典哲学发展的年代大致也就是这一时期，德国文化的全盛时期。康德的《纯粹理性批判》发表在1781年，它标志着德国哲学的开始。在那之前有莱布尼兹，我上面说了，莱布尼兹更多是属于欧洲的，而不是属于德国的。除了莱布尼兹—沃尔夫的哲学，对德国思想发生较大影响的另外一支哲学是斯宾诺莎的思想。斯宾诺莎主义在德国的影响特别重，比笛卡尔重得多，赫尔德尔、歌德、费希特都曾信奉斯宾诺莎主义。它总体上也是一个唯理主义体系,但其中有一种近乎宿命的崇高精神特别能打动德国人的感受方式。

康德早先时候也是在沃尔夫学派中长起来的,后来受了英国的休谟的影响。从洛克经贝克莱到休谟,大致有一条比较清楚的路线,所谓"英国的感觉论"。洛克说,所有外物都通过感觉到达心灵。贝克莱说,既然所有的知识都经过感觉才到来,那么我们就无法确定在感觉之外还有什么,因为我们没有感觉之外的方法来确定它。一块石头,我看见它是白的,它在我的感觉里存在,作为白颜色存在,但你怎么知道它在我的感觉之外也存在呢?你说,你摸一摸就知道它是硬邦邦的客观存在,可是坚硬仍然是一种感觉,是我的触觉,如此类推,我确切能知道的,只是感觉,而不是感觉之外的存在。到了休谟就更进一步,他说不但外部世界的存在很可疑,而且我的自我也很可疑,因为讲到自我,其实只有我现在的感受,我前一刻的感受,我下一刻的感受,你没办法说这些感受都属于同一个我,就像你不能说白和硬都属于一块客观存在的石头。所以,有人开玩笑说,贝克莱的哲学是"doesn't matter"(不要紧),休谟的哲学是"no mind"(别在意);贝克莱否定了物质,matter,否定了外部实在,休谟又否定了心灵的实在,否定了mind。两样都否定了,所以什么都无所谓了,都用不着在意了。当然这些复杂的理论这样讲有点简单化了,不过我们现在不是上哲学讨论课,只讲个大概就行了。

总而言之,这种思想传到了德国,康德大吃一惊。他自己说,休谟把他从独断论中唤醒了。和休谟那些奇思怪想相比,沃尔夫哲学真可谓死气沉沉。上边有个上帝,下边有个世界,上帝和世界都很有条理,于是人也要多讲理性,多守道德。就是教科书那一套。就像我们现在的教科书那样，唯物唯心两大阵营，辩证法三大规律，毫无生气。相比之下，休谟他们的思想颇有点"后现代"气息——你们想想：物质也没了，心灵也没了，什么都无所谓了。康德是在沃尔夫传统里长大的，可以设想休谟那一路的思想对他的震动。

康德很受震动。但他是个很沉得住气的人，他接过了休谟的挑战，年复一年思考、工作，直到他将近60岁的时候，才写出《纯粹理性批判》，出版后他又作了很多的修改，好几年后又出了一个改动很大的第二版。用最简单的话来说，康德是这样解决休谟难题的：现象内容本身，的确像休谟说的那样，没有普遍性和统一性。然而，我们所能感知的现象，从来都是已经具有形式的现象，这些形式包括空间、时间和因果必然性等等。这些形式是属于主体的。法则不是自然加于理性的，而是理性加于自然的，这就把常识性的看法倒转过来了，就像哥白尼的日心说那样，因此，康德自称他在哲学中完成了哥白尼式的革命。康德体系的确既恢宏又精细，不过他也遗留下了重大的困难。一个困难是，尚不具有形式的东西是什么样子的？康德叫它"物自身"，按定义，我们就不可能知道物自身是什么样子的。然而，既然我们对物自身一无所知，我们为什么要承认它的存在呢？后世的新康德学派主要从这个困难入手尝试发展康德哲学。另一个困难是，认知形式属于主体，那么是属于你的主体还是我的主体？费希特和谢林主要是沿这条线路来发展康德思想的，在他们那里，小我和大我这些"自我"概念成为思辨的首要课题。

《纯粹理性批判》出版的时候，已是狂飙突进运动后的十年以后，德国在文学和一般性的思想上都有了相当的建树，虽然一时还说不上有世界性的影响，但是它自己已经形成了相当可观的气候，然而，这时还没有出现一个重要的哲学家。《纯粹理性批判》很艰深，一开始没什么人读得很明白，但几年以后，康德的思想受到知识界文化界的重视，特别是受到了席勒的推崇。对抽象的思想，席勒比歌德的兴趣要浓重得多。歌德对德国思辨哲学，特别是后来黑格尔的哲学，一直不大欣赏。歌德虽是说德语的巨人，但他的性格和典型的德意志性格不大一样，德意志那种对绝对的崇敬，那种求深到了有点阴沉的程度，在歌德身上体现得不多。席勒与歌德相反，他喜欢读哲学，自己也写过哲学。康德被整个德国文化界阅读、思考，有席勒的一份影响。

一般讲德国古典哲学，顺序是康德、费希特、谢林、黑格尔。其实谢林比黑格尔晚生几年，但他的哲学比黑格尔早为德国文化界所知，而且从哲学内容的理路来看也可以说是"前黑格尔"的。在同一时期的重要哲学家还有施莱尔马赫（1768—1834），他作为神学家比哲学家更重要些，从前在哲学史里谈得不多。后来海德格尔大行于世，从海德格尔、狄尔泰这一路倒回去，现在谈施莱尔马赫的也很多，把他认做新神学的鼻祖。我们所讲的德国古典哲学主要是讲1781年至1831年这50年，从一般讲述哲学史的角度，这几个是德国哲学的主要人物，当然，其中康德和黑格尔是最重要的。马克思受黑格尔的影响特别多，到上世纪末，黑格尔的影响有一大部分转到英国的新黑格尔主义那里去了，这个时期德国哲学的主流则是新康德主义，在康德的影响之下。本世纪英美分析哲学逐渐兴盛，他们多半都尊重康德，对黑格尔就坏话说得比较多了。

这个场合不可能讨论康德和黑格尔哲学的细节，我只想谈一谈哲学到了德国，发生了一些什么转变。这里我所讲的哲学，不是把它完全作为义理和逻辑来讲，而主要是把它作为一种文化形态或一种精神形态来讲。

我想提这么几点。第一点讲讲理性和启蒙的转变。自从培根、笛卡尔以来，经过斯宾诺莎一直到伏尔泰，狄德罗等，越来越壮大的精神氛围就是启蒙与理性，最后这种精神整个笼罩了欧洲。启蒙与理性一开始是针对中世纪来的，所以，启蒙和理性的内容虽有方方面面，但一个重要部分是宗教宽容。宗教宽容对于欧洲比对于我们来说不知要重要多少，因为在欧洲历史上因为宗教不同而产生的战争与破坏是最最残酷的，比其他破坏都残酷。理性的另一个内容是科学。人们开始用新眼光看待世界，逐渐把世界看作是一个可以清楚把握的世界，可以控制的世界。十七世纪最大的观念转变，是人们开始认为我们的生活是可以改变的，而且应当改变。这在我们看来也许是自然而然，但在当时是一种非常新的思想。多数文化都设想最好的年头是在以前，各种神话都把宇宙描绘成从黄金时代，到白银时代，到青铜时代，再到黑铁时代。要么把历史描写成一个堕落的过程，要么像阿拉伯人一样把历史描写成一个循环，要么描写成起起伏伏的过程，哪种文化都不主张人可以大胆地创造出一种新生活，按说，这应当不难想到，但人们以前没产生这种想法，为什么呢，我没想过。人可以进步，这直到十七世纪才成为一种主流的思想。启蒙学者觉得自己手里掌握着一种东西，这就是理性。我们不必靠传统告诉我们什么是好的，什么是不好的，我们自己通过理性能够计算出来，推理出来。这对后世的教育产生了很大的影响。人可以改变自己，靠什么呢？靠学习理性，靠教育。普遍的教育成了近现代最中心的任务。教育的内容也发生了变化，不再是学习传统的结论，而是学习理性，学习方法，学生学到了方法，可以自己求得结论，甚至推演出新的结论来。

英国和法国的启蒙运动差不多同时，英国要略早一点。德国要晚一个世纪，在掀起狂飙突进运动的 1770 年，法国的 les philosophes 有些已经去世，有些到了垂暮之年。从性质上说，启蒙运动到了德国也发生了一个转变，这个转变就是理性开始了对自身的反省和批判。本来欧洲人发展出理性，是用来批判各种各样的传统和偏见的，比如说宗教上的偏见，野蛮的风俗，等等。但是，如果理性具有这样的批判功能，那么它无论从学理上还从历史上都会发展到这一步，那就是追问理性本身的权威从何而来。理性可以质问上帝的权威从哪里来，国王的权威从哪里来，最后它要质问的就是自己的权威从哪里来。这一点经过休谟的怀疑论的工作，到康德手里集其大成。康德的哲学就叫做批判的哲学，"纯粹理性批判"、"实践理性批判"和"判断力批判"三个批判。所谓批判的哲学，就是理性开始对自己的权能做一次反省。理性批判的矛头回指到理性本身，启蒙与对启蒙的批判交织在一起。

所以，德国的启蒙运动，和从前英法的启蒙运动不完全一样。首先在气氛上，它不像英法启蒙运动那么乐观，它从一开始就带着一种自身反省。这种反省精神既使得德国哲学特别深刻，也使得德国哲学有几分沉重。而且，理性一旦开始了自我批判，我们就不能保证它会在什么地方停下来。那时候，人们虽然用理性来批判一切，但理性并非只被设想成一种工具，实际上，理性本身就是一种崇高的精神力量。所以，即使用理性来批判自身，人们在精神上仍是有依托的。等到理性不再是一种精神力量而只是一种批判工具，反省和自我批判就不一定带来不断更新的健康，结果倒可能是瓦解。不过这是后话，恐怕是德国古典哲学始料不及的。

我再讲第二个方面的转变，即科学的发展。到了德国古典时期，各行各业的科学特别是物理学、化学突飞猛进。1809年洪堡创立了柏林大学，改变了传统德国大学的保守做法，引进了更为现代化的学科和研究方法。有点像蔡元培到北大以后对课程等等的改变。德国的科学研究可说是后生可畏，本来大大落后于英法等国，但几十年后就平起平坐，甚至后来居上。但是，德国的启蒙运动却一开始就对科学有一种怀疑。这种怀疑和理性的自我批评有关，但此外和德国人的神秘主义、浪漫主义和有机主义也有关系。科学把生活中的事物和我们的心灵隔开，把它变成赤裸裸的物质，然后再分解成为质量、力和空间等一些数量加以计算。这让德国的思想家感到忧虑。我记得歌德和席勒本来关系不大融洽，他们成为亲密友人的机缘是一个科学会议，散会时在门口见到了，歌德话在嘴边，立刻对席勒讲起了他对科学的担忧，批评自然科学正把自然像洋葱一样一层层剥开，最后什么都不会剩下。席勒积极地响应歌德的批评，两个人就在街上来回走了好几个小时，谈得很投机很忘我，从前暗中的隔阂一下子消失了。歌德本人酷爱科学研究，甚至作出了一点成绩。后来的浪漫主义者对科学还有更进一步的抨击。对于自然科学的警惕，在德国哲学中一路都可以看到，一直到后来的海德格尔这些人；英法在这个方面，至少在那个年代，不是很明显。

就哲学和科学的关系来说，还有另外一层变化。十七世纪时或者再早一点，哲学家和科学家基本不分，笛卡尔、斯宾诺莎、莱布尼兹，他们是当时最重要的哲学家，也是最重要的科学家或数学家。读到笛卡尔他们关于真空和媒质的旋涡运动的争论，或牛顿和莱布尼兹关于极限的讨论，我们可以清楚地看到，当时的科学和思辨还不能完全分开，和常识性的思考或谓"自然理解"还连在一起。例如莱布尼兹的单子论，多半以为它就是一个形而上学体系，其实在莱布尼兹那里，他同时是要解决物理宇宙理论的一些根本难题，例如，运动停止时动量哪里去了？你不能说动量消失了，因为这样就失去了连续性。那时候的科学讨论和自然理解没有完全分开，经常会使用"自然是连续的"（"自然无飞跃"）、"自然害怕真空"这样的命题来进行推理。微积分两三年时间就发明出来了，但微积分所依赖的无限概念有没有合法性，却讨论了两百年。现在我们很多人都习惯了这样的想法：既然科学是有效的，那么它就是对的。这个想法是后世发展出来的，人们最初一直指望科学的进展能获得自然理性的支持。现在，自然科学和自然理解可以说完全脱离开了。只要这个东西可以用数学公式表达出来，可以预测出来，它就是合法的，至于我们能不能理解大爆炸之前既没有时间也没有空间，全十四维空间的旅行是不是可以理解，都已经不是问题了。自然科学完全专业化了，我们普通人不再努力思考物质世界的真相是什么，我们只等着科学技术为我们制造出各种各样的产品来就好了。这是本世纪的情况，但到了德国古典哲学时期，这种情况已经开始发生了。康德对自然科学还有过贡献，他提出星云假说，比拉普拉斯还早，不过他那个假说主要靠思辨，没多少科学证据。黑格尔的自然哲学就纯是哲学了，没谁会在其中挖掘自然科学的内容。马克思还有个早年数学手稿，当然对数学毫无贡献，但那个时候哲学家还有那么一点野心去设想通过思辨推进科学，因为他们之前的一两个世纪的确曾经是行得通的。到了我们今天，疯子才会设想通过思辨来从事科学。自然科学的技术程度已经非常之高，你需要通过大规模的实验和大量的计算才能提出和证明一种理论，科学已完全成为专家的工作，并且不是一个专家的工作而是一个专家集体的工作。与此相反，哲学思辨仍然是一种强烈的个人性的活动。自然科学和哲学彻底分离，这个对哲学的影响非常大。夸张言之，从前哲学通过真理确定意义，今天哲学直接追问什么是意义，真理被降了一格，因为我们首先要问真理的意义是什么。

哲学转变的第三个方面是专业化。这跟上面讲的一条直接连着。自然科学专门化了，哲学也不得不专门化。尤其突出的是，哲学变成了一些教授的职业，这之前不是这样的，培根是个官员，笛卡尔的外部生活像个八旗子弟，当过小军官，要么就闲住在公寓里，斯宾诺莎磨镜片为生，莱布尼兹当图书馆馆长，总之，没有谁是教授。而且他们都从事科学和数学研究，而且还不是一般的爱好，而是数一数二的科学家。法国启蒙运动的那些哲学家，孟德斯鸠、伏尔泰、卢梭和狄德罗，同时是诗人、历史学家和法学家。那时候，即使我们不说哲学是种副业，也绝对不是后来意义上的专业。到了德国，康德已经是个教授，后来所有这些人都是教授，包括特别讨厌教授的像叔本华、尼采，自己仍然短期或长期地当过教授。这个职业化有很多原因，其中一个原因是各行各业都在职业化。刚才讲到自然科学的专业化，哲学的专业化是与之相应的。到了我们现在这个信息爆炸的时候，你已经不能说你是个哲学教授了，只能说是研究西方哲学的，而且是研究现代西方哲学的，这还太宽，你可能专攻解释学这一支，专"搞"海德格尔，等等。

早先，学问在两个地方，一个是大学，一个是王公贵族的宫廷。但好的学问主要是在宫廷里而不是大学里。文化集中在宫廷里，文人墨客、音乐家、雕塑家和画家都是王公贵族养的，老百姓谁花得起钱请你画"蓬巴尔杜夫人像"？大学里教的多是因循守旧的学问；先进的思想，关于宇宙和人生的稀奇古怪的想法，甚至科学理论和技术发明的构思，往往先在宫廷人物的圈子议论、流传，这些还没有被所有人认可的思想要是拿到大学里教，就成了毒化青少年的自由化了。哲学也是这样，像笛卡尔、莱布尼兹的那些文著，好多就是写给王公贵族特别是写给贵族夫人的，或者由他们资助出版。单就哲学来说，这种情况到了德国就完全变了，最优秀的哲学跑到大学里去了。其间原因很多，只提一条：从表面上看，德国哲学不像从前的哲学那样带有前瞻性、革命性，德国哲学看上去是挺保守的，不像是在闹精神污染。德国古典时期对大学教育的讨论非常多，形成了一种大学的自我主张，把学问、精神放到大学里，保持自身的独立。蔡元培校长立北大的学说就是从洪堡当时的主张来的。当然，欧洲的大学相对于社会都有很大的独立性，不过，由于德国的民间社会和宫廷比起英法等国都落后闭塞得多，德国大学的独立性就格外重要，也格外显眼。

哲学成了学院里的工作，产生了一个特点，这个特点可以从正面去看，也可以从负面去看。这个特点就是，德国的哲学特别深奥。这可能和德语有点关系，但主要和哲学的学院化有关系。

深奥的东西需要在学院里学。黑格尔和胡塞尔的文本，你要读懂文本就得五年，一个年轻人必须在学院里一直读到博士毕业，才能设想去读这样深奥的东西。宫廷式的深刻不能是这样子的，那些贵夫人倒是有相当的学养，但她们可没耐心一口气听你讲什么原理讲上三年、五年。德国哲学敞开了一个更深刻的世界，但反过来，它的直接的力量确实就少了，不但比不了苏格拉底和斯多亚学派，而且也不能和柏拉图、亚里士多德或斯宾诺莎比。而且，那个深奥晦涩的哲学世界和通常的生活世界是怎样联系的？有人把尼采说成纳粹主义的来源。其实尼采本人不大喜欢德国，这在德国思想家里是很少有的；他也不反犹，他的权力意志和通常的权力欲也差得很远，但把他和纳粹思想连在一起不算全错。这还只讲思想联系，像海德格尔的纳粹牵连，就涉及本人的经历，他事实上和纳粹有点牵连，这毫无疑问，史实俱在；但这里要问的是他的思想和纳粹主义有没有牵连，若说有，对海德格尔当然不利，但是说没有，也不好——你的思想和你生活中的重大抉择都没关系，那它还和什么有关系？人们有时说，学者坐在书斋里，冷眼旁观外部的世界，会看得比较公平，其实，坐惯了书斋的人，平常不在社会里的人，包括你们大学生，一旦投入政治生活，特别容易激进。倒是那些从事具体工作的人，碰到大事件，态度往往比较温和，因为他从实际生活经历中知道，生活是混杂多端的。

　　说到这里，我想顺便提一提德国哲学里的民族主义。开始我们讲到莱布尼兹的时候，我介绍了当时欧洲的政治文化格局，那时候哲学是文化人之间的事，不是民族的事。可在德国启蒙运动之初，莱辛等人就已经开始张扬一种叫德意志精神的东西，当时主要表现为向法国文化的统治地位挑战，反对拉辛、高乃依的形式主义，推崇莎士比亚的实质性——在莱辛、赫尔德尔、歌德这些人看来，法国文明有点过度成熟了，德国是初起的文明，形式上不那么完善，但有实质的力量，所以他们越过法国去和莎士比亚套近乎。不过，那时候的气氛，是民族精神的觉醒，不是民族主义。实际上歌德推崇世界主义，康德也是这样。到了费希特那里，哲学才和德意志民族主义紧密结合起来。这条线一直传到海德格尔那里。德国和英国、法国是具有同样实力的民族，但是在历史上阴差阳错，它总是落在英法后面，这造成了德国人心理上的一个情结，一个 complex，第一次大战和第二次世界大战都和这个情结有关。中国人的自我期许和实际上的国际地位相差也很多，也有民族主义过度膨胀的隐患。

上面我大致介绍了一下德国古典哲学，是把它作为一种文化形态来讲的，因为我觉得讲康德的先验论和黑格尔的辩证法，那些都是深思熟虑的，深奥曲折，一两个小时理不清头绪。所以我从文化形态这个比较浅显的角度来讲，现在想听听大家有什么问题，有什么自己的看法？

问：我有两个问题：第一个是德国的哲学对德国人那种强烈的日耳曼意识有什么影响？第二个是现在的德国大学教育与中国的有什么区别？

陈：比较起其他民族，德国人似乎更喜欢哲学，德国的普通人也会对深奥的思辨感兴趣。德国的哲学课堂里坐满听众，不是什么稀奇的事，而课堂里讲的是极为晦涩的思想。这在别的国家是很难想像的，除非碰上文化热。就此推论，大概可以说德国人受哲学的影响比别的民族要大。说到日耳曼意识,可以提到德国和英法等国的另一个差别,德国首先成为了一个文化大国,然后才成为一个政治强国,或者说,德国首先在文化上统一,然后才在政治上统一。从狂飙突进的1770年到俾斯麦1867年成立北德意志联邦,这一百年中,德国的社会生活和政治生活都落在后面,但是德国的文化和科学完全与英法平起平坐,在很多方面更加优越。早在德国实际获得统一之前的60年之前,费希特在他著名的《告德意志人民书》中就宣扬德国的统一,并且宣称哲学观念上的统一是政治统一的基础。德国哲学在日耳曼意识的形成上起了很大作用,这一点更没有什么疑问。不过,我还是想重复说,过度的日耳曼民族主义,主要不是思辨的产物,而要从德国民族的历史遭遇来解说。第二个问题我答不好,我没有在德国的大学里待过。笼统说到德国大学和中国大学的区别,那当然要说德国大学享有高度的独立和自由,而且德国的知识分子和教授很有意识地创建大学的独立空间,保护大学的学术自由。另外一点,德国大学教学和研究并重,行政是为教师和学生服务的,而在我们的大学里,学生服从教师,教师服从行政。大学首先是个机关,学问不学问是次要的。

问:您提到神秘主义,它在理性自我批判过程中的意义是什么?能否介绍一下神秘主义对后科学时代德国哲学的意义。

陈:我对德国的神秘主义传统没什么研究,只能少答一点。启蒙时代的主流是乐观的唯理主义,这包括强调理性自我批判的德国启蒙时期。通常讲哲学史的把西方哲学分成英美经验主义和欧洲大陆理性主义,这么叫会引起某种误解,因为两条线都是唯理主义。所谓经验主义的唯理主义倾向比谁都重，倒是大陆理性主义传统中一直有一点神秘主义。康德限定了理性的作用：理性可以认识现象界，但从无论什么现象都不能证明上帝的存在和道德的必要，这个理性不及的世界，也许可容神秘主义活动于其间，用马克思的话说，"康德为信仰留下了地盘"。不过，在康德那里，虽然不可能通过现象世界来论证上帝和自由，但它们都有实践理性的根据，就此而言，它们仍是由理性设定的。稍晚于康德的哲学家雅科比就是这样批评康德的。在雅科比看来，上帝和自由的实在性可由超感官的内在经验来保证，这里显然包含了某种神秘主义的因素。以后的很多哲学家和浪漫主义思想家也有近似于雅科比的看法，这包括费希特和谢林。费希特认为，我们对神性，对道德源泉，天然有一种直觉，绝不亚于我们天然看到红的白的、远的近的这些物理现象。谢林那里的神秘主义因素更重，他晚期的哲学被称做"天启哲学"，一般认为那完全就是神秘主义。但德国古典哲学的主流是唯理主义的，以康德和黑格尔为代表。德国的神秘主义传统来自别的地方，例如 Caputo 系统地研究过海德格尔的神秘主义，那来自 Eckhart。德国的神秘主义传统源远流长，但我没什么研究，无法详谈。我补充一句：神秘主义对过度的唯理主义能起到矫止作用，但它能否成为跟当今的科学主义相抗衡的精神力量，我表示怀疑。

问：据我所知，在近代以来哲学发生了两次转折：一次是十七世纪开始的人文主义与科学主义的分离，科学技术对人们生活的影响力越来越大，人文主义成为一个小的精神窗口，没有多大意义。第二个是语言学转换，认为对意识生活的分析也是一种形而上学。我想问一下您怎么看待哲学在现代世界精神生活、文化生活中的地位,哲学对伦理生活、人生态度还有多大影响。

陈:你提的可是个大问题。我想你说的不错,经过一个漫长的过程,到了本世纪,人文意义的确与自然科学分离开了。我们现在已经失去了一个总体上有意义的世界图像;中世纪欧洲人认为世界是上帝、天使、魔鬼和人居住的地方,中国人以前有三纲五常这样的世界体系,这样的世界体系到了本世纪没有了。我个人认为,哲学从希腊开始以来,一直要使世界在整体上成为可理解的,自然和人生是作为同一个系统具有意义的。但近代科学把自然分离开来加以理解,在一种根本的意义上,这就使自然变得不可理解了,就是说,变得没意义了。面对一个无意义的自然,人生不能单独保持其意义,就像你说的,精神成了一个小窗口,没多大意义。现在需要恢复对世界——包括人生和自然——的整体理解。当然,哲学再也不可能把自然科学的图景包括在本身之内了,它现在要做的工作是描述自然科学怎样建立起了自己的方法,怎样建立起了自己的基本概念,比如时间、空间、力和运动,通过这一类描述,哲学将重新指明自然科学和我们的"自然理解"的联系———一种理解上的联系而不像现在自然人和科学只剩下物质欲求方面的联系。可以认为语言哲学的兴起为完成这项任务作好了准备。

(这是1998年11月17日在北大的一次讲演,对听讲者录音整理的文字作了修订。本文曾收入《思想的声音——在北大听讲座》[城市出版社,1999]。)

此在素描

存在（Sein）同存在者（das Seiende）有别。存在是最高的普遍性，一切存在者都存在。但存在不是族类上的普遍性，因为族类是用来区分在者的，所以，从族类上说，无所不包的普遍性没有意义。存在又是不可定义的，无论我们用什么东西来定义，都会把存在弄成了存在者。最后，存在是不言自明的：存在就是存在，无法证明亦无须证明。但康德曾说：哲学家的事业正在于追究所谓自明的东西。

但如何追究呢：存在不是一种特殊的存在者，不是某一类存在者的抽象共性，也不是存在者的一部分或属性。所以定义法、归纳法、演绎法，都不中用。我们简直不可能离开存在者谈存在，那就得找出这样一种存在者来：对它来说，存在本身是首要的，至于作为什么东西来存在则是次要的。人，就是这种存在者。人不同于其它存在者，因为人在他的存在中同存在本身打交道。只要人存在着，他就对他的存在有所作为，无论有意还是无意；他就对存在有所领悟，无论明确还是含混。如果人同他的存在不发生关系，人就不存在了。唯因人对自己的存在有所领悟、有所作为，人才存在，人才"是"人。人的这种存在称为生存

(Existenz)。过问自己的存在是人的特点,追究存在就必须从人着手。

如何了解人?当然要就人的基本情况来了解人。人的基本情况就是——人生在世(In-der-Welt-Sein)。人同世界不能一刻分离,离开世界就谈不上人生。因此,人生在世指的就不是把一个独立于世界的人放进一个世界容器中去。人生在世指的是人同世界浑然一体的情状。在世就是烦忙着同形形色色的存在者打交道。人消融到一团烦忙之中,寓于他所烦忙的存在者,随所遇而安身,安身于"外"就是住在自己的家。人并不在他所烦忙的事情之外生存,人就是他所从事的事业。

传统认识论独独见不到这种浑然天成的生存状态,结果提出了"主体如何能认识客体"这样的蠢问题来。这个问题暗中先行设定了一个可以脱离世界而独存的主体。然而,存在的天然境界无分主客。首先是活动。活动中就有所体察。认识活动只是存在的方式之一,而且是一种次级的存在方式,它把所体察的东西当作静观的对象来作一番分析归纳,这才谈得上各有族类、界限分明的物体。人对面是种种物体,人自己也成了众物体中的一个物体。于是,生存碎裂成主体、客体等残肢断片,而认识却无能把他们重组为生命,倒反来问"主体能否超越自身去认识客体?"甚至"外部世界是否存在?"先就把存在局限在一部分物体即主体中,存在自然达不到客体了。但由生而在世的人来提这些问题,这些问题就毫无意义。我们在烦忙活动中与之亲交的世界才是真的世界,知识所描绘的世界则是智性化了的世界残骸。人不在"主体"中,而在世界中,在他所从事的事情中,人于何处对自己的存在有所作为、有所领悟,他就于何处实际生存。为了避免把人误解为一个主体物,宜把人称作"存在于此",或"此在"(Dasein)。

人作为此在不是孤立的主体,人溶浸于世界和他人之中。同样,他人也不是一个个孤立的主体。人都是此在。而就人溶浸于他人的情况来看,此在总是共同此在(Misdasein),在世总是共同在世。即使你避居林泉,总还是一种在世,你的存在依旧由共同在世规定着。共同在世并非指很多孤立的主体物连陈并列,遗世独立也不是指无人在侧。共同在世提供了特立独行的背景和可能。大隐可隐金门,这是在很多人中独在,他人这时以冷漠的姿态共同在世。"在人群和喧嚣中随世沉浮,到处是不可共忧的、荣华的奴仆,这才是孤独!"(拜伦语)

实际上,人生所在的日常世界就是这种炎凉世态。在日常生活中,此在总得烦神与他人打交道。人们无情竞争、意欲制胜,结果都要被他人统制——被公众的好恶统制。"一般人"(das Man)实施着他的真正独裁。"一般人"如何做、如何说、如何喜怒,此在就如何做、如何说、如何喜怒。甚至"一般人"如何"与众不同",此在就如何与众不同。每个人的责任都被卸除了,却没有哪个"一般人"出面负责,因为人人都是一般人,人人都要一般齐。

这个"一般齐"看守着任何挤上来的例外。一切优越状态都被不声不响地压住,草创的思淹没在人云亦云之中,贪新骛奇取代了特立独行的首创精神,不知慎重决定自己的行止,只一味对事变的可能性模棱揣度——这些东西组成了此在的日常生存模式:沉沦。

沉沦并不是一种堕落。从没有一个纯洁的人格堕入尘寰那回事。人总沉沦着。人的日常存在寓于日常世界，从日常世界来领悟自己。但领悟自己并非是对一个固定空间中的现成事物的认识。人首先在现身于世之际领悟自己。人活着，虽然人们不知为什么。此在在，而且不得不在，这一现象首先在情绪中开展出来。

情绪是基本的生存状态之一。哲学却一向轻视情绪。虽然人生在世总带着情绪，甚至静观认识也带着情绪；虽然情绪比认识更早地领悟着存在。情绪是此在的现身：不知从何处来，往何处去，此在已经在此。至于对情绪的反省认识，则不过浮在存在物的表面上打转，达不到情绪的混沌处，达不到存在的深处。

情绪令此在现身，把此在已经在此这一实际情况显露出来。只要人存在着，就不得不把"已经在此"这一实际承担起来，无论他是怨天尤人、随波逐浪，抑或是肩负着命运、敢作敢为。存在哲学把这种无可逃避的生存实际称为被抛状态（Geworfenheit）。人并不创造存在，人是被抛入存在的；人由于领悟其存在而得以存在。人看护着他的存在。

最根本的情绪是畏，因为畏从根本上公开了人的被抛状态。畏不同于怕，怕总是怕具体的坏事，而畏之所畏者却不是任何存在者。其实，当畏来临，一切存在者都变得无足轻重，只剩下一片空无。无由而畏，无所为畏，去迷转悟，终悟"万有毕竟空寂"。一旦登达此无何有之乡，便聆取人生在世的真谛了。

怯懦的世人怕直面空无，唯大勇者能畏。此在日常沉沦着，他做工、谈情、聚闹、跑到天涯海角去游冶。他在逃避：逃避空无，逃到他所烦忙的事物中去，逃到使他烦神的一般人中去。这却说明，他逃避的东西还始终追迫着他。他到底逃不脱人生之大限——死。

死就是空,畏就是直面死亡。畏从根本处公开了被抛状态:人归根到底被抛入死亡。生向着死。躲避死,也依然是沉沦着向死而在。存在同死亡联在一起;生存之领悟始于懂得死亡。死亡张满了生命的帆,存在的领悟就是从这张力领悟到存在的。

人因他对自己的存在有所作为而得以存在。鲜明或含混地领悟着方生方死的背景,人来筹划他的存在。人永远在可能性中。人不是选择可能的事情,人所选择的是他本身。人是什么?那要由他自己去是。正因为人就是他所将是的或所将不是的,所以他才能说:成为你所是的!

存在的领悟,存在的筹划,即人的生存本身,永远领先于人的现成状态。人在成为状态之际已经超越于状态了。所以人只能说:"我是",而说不定"是什么"。浮士德不能喊出"请停留一下",一旦停留,他的生存就完结了。

于此可以提出存在哲学的一个重要命题:存在先于本质(der Vorrang der Existenztia vor der Essentia)。拘于字面,这话可译成:是,先于所是。这意思是:如果竟谈得上人的既成状态,那么这一既成状态也必须从人的不断领先于自身的能够存在(Seinkoennen)得到了解。即使只为保住现成状态,也总要从可能性方面来作筹划。而在由畏公开出来的抛向死的境况中,不断领先于自身的存在之筹划就突出醒目了。此在先行到死来筹划他的在此。而死亡是每个人自己的无可替代的可能性,所以,领悟着死来为存在作筹划,就是从根本处来筹划各种可能性了。进入畏之境界,万有消溟,人也就无存在者可寄寓;唯悟到人无依无托,固有一死,才能洞明生存的真谛:立足于自己来在世。

人本身就是可能性。他可以选择自己：可以获得自己，也可以不获得自己，或者失去自己。唯因人天然可能是本真的人，才谈得上他获得自己或失去自己。立足于自己来在世，这一决断令人返本归真。但本真的存在并非遁入方寸之间，或遗凡尘而轻飏。只要人存在着，他就总在世界中，总烦忙于事物，烦神于他人，总对他的存在有所领悟、有所作为。决断反倒是要把人唤出，挺身来为他的作为负责，脱乎欺惘，而进入命运的单纯境界。唯畏乎天命的大勇者能先行到死而把被抛状态承担起来，从而本真地行于世，有其命运。无宗旨的人只在偶然事故中打转，而且他碰到更多的机会、事故，但他不可能有命运。

综上所述，可见此的存在包括三个主要环节：1. 领悟着的筹划；2. 被抛入状态；3. 沉沦。

第一点是决定性的。如前所述，若对其存在无所作为，此在就丧失其存在了。而筹划总是先行于自身从可能性方面来筹划。此在从可能性、从"先行到死"，来归自身。换言之，此在首先在将来中。"是，先于所是"。没有将来的能够存在，就谈不上存在的既成状态。

人对其存在有所筹划，但他不创造存在。人是被抛入存在的。人已经在了。筹划就是从可能性方面来把存在的被抛状态承担起来。"已经存在"是从将来的可能方面出现的：此在在将来仍如其曾在；我将依然故我。所以，此在的曾在，共同此在的历史性，都是从将来方面展开的。

人从将来的筹划承担起他的历史而寓于当世。人只要存在，就必烦忙种种存在者，他正沉沦于存在者之中，从而把筹划着的历史性现在化了。通俗观念沉沦于当前而不自知,于是它把此刻突出出来,把生动的时间性敉平为一连串前后相继的此刻。这种"一般齐"的时间之流对生存漠不关心,只不过在我们身外均匀流逝着。存在哲学则主张,时间中起主导作用的是将来,时间性对存在来说性命攸关。死生亦大矣,而死生的意义都要靠时间来说明。时间烛照着生存,照明了人的生死整体——烦(Sorge)。

人生在世,烦忙也罢,烦神也罢,总是个烦。沦落于大千世界,自不免操持百业,逐人高低;就算收心得道,忘去营营,也还要以本真的自我来作决断。说什么出世、无为,总还是在世,总还是无不为。

烦是生存结构的整体。这个生存整体是在时间的地平线上呈现出来的。若吾生也无涯,人如木石悠悠无尽,又何烦之有?在烦中,将来突出出来作为生存的首要意义。为现在烦,为历史烦,归根到底是为将来而烦。于是烦也就指明了生存整体的那种无功无就,死而后已的情形。

《存在与时间》立旨以人为本来阐释存在。人就在而且就是人。没有一条神诫或自然法则指定我们应当怎样是一个人,天上地下并无一处把人性规定下来。人性尚未定向,它始终还在创造着。人性既非制成品,也不是尚待实现的蓝图,那我们何从察知人性呢?——我们已经在了,在种种努力之中;已经烦着,并领悟着烦。烦在设身处地的情绪中现身,在筹划中领悟,在语言中交流,在存在中展开着存在本身。但什么都无法把定烦。烦永不是定形的局面。烦之领悟也不是。人性问题或者存在问题的答案,不似方程的根,求出来便摆在那里。思领悟着在,并始终领悟在。它不提供"结论",而只是把存在保持在"存在的疏明"之中。

（本文最初以"海德格尔的《存在与时间》"为题发表于《国内哲学动态》1982 年第 5 期。）

烦、操心、关切

在《存在与时间》里，人的行为举止分成三个方面：和形形色色的事物打交道，和他人打交道，和自己打交道。这三个方面，分别用 Besorgen、Fuersorge、Sorge 来标识。Sorge 一词具有忧虑担心和操持置办两重主要的含义。Besorgen 也有忧虑担心和操持置办两重主要的含义，只不过 Sorge 更突出忧虑而 Besorgen 更突出置办，因为后者主要具动词性而且有个及物的词头 be。Fuersorge 既然以 Sorge 为词根，难免有 Sorge 的意味，不过通用的含义主要是照顾、帮助、救济。这三个词，熊伟先生分别译做烦、烦心、麻烦。我分别译做烦、烦忙、烦神。

和自己打交道并非并列于和事物打交道以及和他人打交道。人总是通过和事物和他人打交道才和自己打交道的。反过来，和他物他人打交道，也就是和自己打交道，也是"为自己的存在而存在"。非本真的行为举止是这样，本真的行为举止也是这样。差别只在于在本真的行为举止中，人虽然依旧在与他物他人打交道，但同时却坚定地立足于自己本身。所以海德格尔说，若依 Besorgen 与 Fuersorge 类推而得出 "Selbstsorge" （自己的 Sorge）

这样的说法，这是同语反复。① 因为在 Besorgen 与 Fuersorge 中，人已经在和自己打交道了。既然 Besorgen 与 Fuersorge 其实都是人和自己打交道的方式，Sorge 就是两者的概括。于是，海德格尔用 Sorge 一词概括人或此在的整体存在。然而，Sorge 之为整体，并非由 Besorgen 与 Fuersorge 相加而得，而是由于 Sorge "内在于"两者之中。机械的整体后于部分，而内在的整体先于部分。Sorge 作为源始整体 "处于此在的任何实际行为与状况'之前'，也就是说，总已经处于它们之中了"（SZ，第 193 页）。海德格尔不仅明言这一点，而且，从字面上看，Sorge 也已经在 Besorgen 与 Fuersorge "之中"了。《存在与时间》常引起对海德格尔 "唯我主义"的批评。我想这不能归咎于读者。由于海德格尔并不曾成功地把握我和世界和他人的种种联系，这本书里的很多具体阐述带有强烈的唯我主义色彩。不过，就海德格尔的本意说，就他明确提出的主张说，他想强调的，的确是人始终在世，人一刻也不能脱离与他者的关系而有个 "我自己"。

  Sorge 是整体，Besorgen 与 Fuersorge 是它的两个方面。但这两个方面，仍不是对等的。不对等来自他人的特殊地位。他人不是此在自己，从而此在常以对待他物的方式来对待他。但他人也是人，和此在自己一样，从而此在对待他人，就有点像对待自己。于是，Fuersorge 应该处在 Sorge 和 Besorgen 之间。不过，对他人的阐述是《存在与时间》的薄弱环节之一，他人在此在生存结构里究竟处在什么地位，并不清楚。与此相应，虽然几乎每页

---

  ① Heidegger, *Sein und Zeit*, Tuebingen, Niemeyer, 1979（以下简称 SZ），第 193 页。

都出现 Besorgen，海德格尔却并不常用 Fuersorge，甚至有时像是拿它来和 Besorgen 对偶凑数。

熊伟先生把 Sorge 译做"烦"，我想是从佛教术语 Klesa（烦恼）来的。像熊先生所选择的很多译语一样，"烦"这个选择颇有其传神之处。Sorge 的一个中心含义是关切，有所关切，就难免烦。我们活着，无论作出多么无所谓的样子，其实总有所留恋有所关切。所以细审之下，我们竟如佛教所断，无时不在烦恼之中。以"烦"来规定我们的整个生存，不亦宜乎？从中译了解海德格尔的读者，很快就大谈特谈生存即烦了，从此也可见"烦"这个译语的力量。熊译还有一个好处。原文 Sorge 从字形上已经含在 Besorgen 和 Fuersorge 之中，而"烦"字也正含在"烦心"和"麻烦"之中，这就把原文上的词形联系也传达出来了。上节说到，海德格尔原想通过字形上的联系来体现 Sorge 内在于此在对他物他人的行为举止并因此是此在的整体存在。所以这里超出一般的字形游戏。我一般主张译名采用双音现代词，但这里用单音字来翻译 Sorge 自有格外的妙处。

然而从学理上说，译 Sorge 为"烦"是有疑问的。上节说到，Sorge 一词具有忧虑担心和操持置办两重主要的含义，海德格尔也是同时在两重含义上使用它的，"烦"充其量只传达出忧虑担心的一端，而置操持办理于不顾。

就从忧虑烦恼这一端来说，也有疑问。佛教是从否定的角度来看待烦恼的，认为本真的生存应当克服烦恼。在这点上，海德格尔使用 Sorge 的用意几乎和佛教所谓烦恼相反。当然，佛教要人摆脱烦恼，海德格尔断言烦恼摆脱不掉，烦恼之为烦恼，却还是一样。这么说也有些道理。何况到了禅宗，我们竟须进入烦恼才能摆脱烦恼，那意思就和海德格尔的想法更接近了，因为海德格尔所谓的本真生存无它，不过是把那些日常牵着我们走的事物切实掌握在自己手里，使消散在大千世界里的生存变而为真正属于我自己的生存。不过，无论怎么说，这一点仍梗在那里：烦恼是须摆脱的，Sorge 却不是。更有一层，"烦"毕竟不是个印度词，而是个中文词，而且是现代汉语里的常用词。我们现代人说"烦"，主要指一种不快的心情，既没有直接讲出关心，更没有表达出准备行动的意思。把 Sorge 译做"烦"，极而言之，竟有点把中国思想中对"心学"的注重强加给海德格尔的嫌疑了。

"烦心"这个译名也有疑问。上文说，Besorgen 的含义与 Sorge 相近，但突出了"办理事务"的意思。"烦心"比之"烦"，却没有突出这层意思。二者若说有什么区别，"烦心"似乎倒比"烦"更突出了心情这一面。用"麻烦"来译 Fuersorge，则更不妥当。

我随熊先生使用"烦"这个译名，Besorgen 和 Fuersorge 则分别译做"烦忙"和"烦神"。但无论熊先生的译法还是我自己的译法，我始终都不满意，一直在寻找更妥帖的译名。

翻译的第一要义，在于达意。但同样重要的，是译名要一贯。翻译和解说不同，在于翻译要求形式上尽量对应，一篇文章里的中心词汇，更要求一贯的译名。平常我们会把 excuse me 译做"对不起"或"请原谅"，把 absent without excuse 译做"无故缺席"，但若谁要翻译 A Plea for Excuse 这篇文章，他就非得为 excuse 配上一个一贯的译名不可。依上下文有时把 Sorge 译做

"烦恼"有时译做"操办"有时译做"关心",要比始终都译做某一个词更加达意。但在翻译实践中,我们却就非得为 Sorge 选定一个一贯的译名。

Sorge 一词既有忧虑担心的含义又有操持置办的含义。并非两种分立的含义,而是一串含义的两端。我们不难从忧虑想到担心再想到关心再想到为人操劳办理置办。但上哪儿找一个独个的中文词把这一串概念联系都收进来呢?各种语言里的概念语词所包含的概念联系必然不同。但若我们选一个靠近这串含义中点的译名,"操心"、"关心"和"关切"要比"烦"好些,我现在选定的是"操心",虽然 Sorge 明确具有担心、忧虑、焦虑不安的意思,比操心来得强烈,这份强烈用"烦"来传达就较贴切些。

选一个已经够难,何况至少要找三个,互相之间有字面联系而又分别对应 Sorge、Besorgen、Fuersorge。且不说还有 Besorgnis、Sorglosigkeit 和 Sorgfalt 等等。无奈之际,我们首先会想到加注解说。海德格尔在"收进"和"赶上"的双重含义上使用 einholen(SZ,第 391 页),我找不到一个兼有这两种含义的中文词,只好加注解说。然而,这种做法的用途是有限的。既然我们从事翻译,那么能翻译的时候就要翻译,不能动辄用解说来代替。而且,如果作者只在特定的场合突出某个词种种层层含义的联系,我们还好采用加注说明的办法。但 Sorge 和 Besorgen 是全书中最重要的概念,而且隔几行就出现一次,我们就无法靠碰到时讲解清楚了事,非得想出个译名来才行得通。没办法中想办法,我选用了"操劳"和"操持"。Besorgen 是及物动词,操劳却不完全是,不过,烦心和烦忙更不是。操持更有点像凑数,不过,上面说到,Fuersorge 并不常用,不深论也罢。

我在翻译的时候，会尽量照顾几条原则。一条是不到不得已就不生造语词。就此而论，操劳、操持比烦忙、烦神好，虽说烦忙、烦神的意思还显豁。另一条是选用通俗些的语词，操心、操劳和操持都够通俗，可是事难两全，"操心"这个词面孔太过平俗，不像"烦"字那样有力动人。再有一条是尽可能选用双音词，因为我们翻译给现代人读，而现代汉语以双音词为主体。操心是双音词而"烦"不是。然而这样一来，却又体现不出 Sorge 内在于 Besorgen 和 Fuersorge 了。最后，我们不愿擅改前人传下来的译法。"烦"甚至"烦忙"，已经不少人听惯用惯了。然而，传统什么时候就形成了？是否已经形成？我们不是该趁传统还没有固定的时候，及早纠正将要固定下来的不妥之处吗？

以上罗列了哲学翻译的几种难处，但最后还是让我们回到概念本身。

海德格尔把人的本质规定为 Sorge，其独特之点显而易见。西方传统在规定人的时候，过分突出了理性和认识，而海德格尔则强调关切、关心。不关心，就谈不上认识，谈不上认识得正确不正确。"关心""操心"虽然用的是"心"字，却和认识没多大关系，也不只是一种心情；只要够得着，操心的人就会去做。这时 Sorge 也说成 Umsorge、Fuersorge，提供实际帮助以解脱他人的困境。妈妈成天为孩子操心，主要指妈妈成天做这做那，不像哲学家那样，不做什么实际的事情，只是心忙。据此，海德格尔说"Sorge 总是 Besorgen 和 Fuersorge ——即使只是通过褫夺的方式"（SZ，第194页）。操心的人即使够不着、没办法，也在想办法，心忙。这时 Sorge 就"通过褫夺的方式"而是 Besorgen 和 Fuersorge。然而反过来，仅仅为别人做了事情不一定就是关心、操心，我们会说，"别看他每月给他妈寄钱，其实他对他妈一点也不关心，其实他从来不为他妈的病操心"。可见关心和操心不同于义务。义务把行动和某种理念联系起来，而操心、关心则把行动和现世的情感联系起来。在以上几个方面，操心、关心和 Sorge 都是一致的。海德格尔选用 Sorge 来标识此在的整体存在，标识人源始地是什么，这一选择具体而微地体现了从德国古典哲学，特别是从康德的"理想哲学"到现代的"存在哲学"的转变。

（本文以"Sorge 及其翻译"为题发表在《读书》1996年第十二期上。这次作了不少删削。）

在语言的本质深处交谈
——海德格尔和维特根斯坦对语言的思考

一般认为西方哲学可以粗分为大陆传统和英美传统,在当代,可以说是现象学解释学和分析哲学语言哲学。就我所见,在本世纪,海德格尔是前一传统最重要的人物,维特根斯坦是后一传统最重要的人物。

这两位哲学家有很多共同之处。他们都出生在1889年。即使不相信生辰八字,这个事实仍可能满重要的。例如,共同的时代背景可以部分说明怎么一来他们两个都对语言问题特为关注。维特根斯坦当然从头至尾是一个"语言哲学家"。海德格尔早期哲学就把语言放在一个极重要的地位,后期则把语言视做"存在的家园"。在《语言的本质》一文里,这位存在哲学家甚至会断言"语言给出存在"。无论海、维两人的思路相去多么远,我以为他们的哲学仍然具有共同的时代关怀,这一点我们最后将稍加概括。海氏和维氏都是德语作家,一个是德国人,一个是奥地利人。考虑到民族语言对思想的影响,这个事实也不是无足轻重的。维特根斯坦虽然是分析哲学语言哲学的泰斗,而且他的影响在英语世界里比在德语世界法语世界里要更为广泛,但我们还是看得出他的运思方式和流行的分析哲学往往大相径庭。当然,和海氏不同,维氏从来没说过只有德语适合表达哲学。事实上,人们甚至可以设想,如果认为日常语言有一种共同的逻辑结构(早期)或日常语言挺合适的(晚期),维特根斯坦可能会以为各种语言的效力都是等同的。这两位思想家还有一个特别的共同之处:他们各自的晚期哲学都和早期哲学有很大的差别。维氏在后期鲜明批判了自己早期所持的很多观点,早期和晚期的表述风格更是南辕北辙。海氏有所谓的 Kehre,转折,其前后期的文风也截然不同。不过在他那里,前后期的差异不如在维氏那里突出。本文涉及的,主要是两位哲人后期的思想。

就语言哲学而论,海氏和维氏也有很多相似之处。这从他们所批判的学说来看,最为明显。两个人都反对意义的指称论、观念论、图像论和行为反应论,都反对把真理理解为语句和现实的符合,都反对把语言理解为内在之物的表达,都反对从传统逻辑来理解语言的本质,都不承认逻辑斯蒂语言在任何意义上可以取代自然语言。

从建设方面看,两人的共同之处亦复不少。不过,照这样来比较海、维二人,就仿佛他们是两位感想家,对这个问题那个问题表达了这样那样的意见。可实际上我们面对的是两位罕见的哲人,沉浸在思想的事质深处,应答着"存在的无声之音"。所以,找出一些语录来,像这样对照海氏和维氏之同之异,远远够不着这两位哲人的对话。他们可曾对话呢?没有资料表明海氏曾读过维氏,维氏对海氏的评论我也只读到过一处。然而,思想像道路一样,其要旨无非"通达"二字;就事质本身所作的思考,必相互通达,形成对话。只不过,袖手旁听,是听不到这场对话的。要听到海氏维氏的对话,我们自己也必须沉入事质的深处,我们自己必须参与对话。限于功力,更由于对话的本性,下面的讨论无疑会使每一个对话者的思路变形。本来,本文的重点不是介绍这两位思想家,而是希望通过道路的分合,导向我们共同关心的课题。

语言哲学的中心问题是意义问题和语言与现实的关系问题。这两个问题又交缠在一起。以指称论为例:语词的意义即语词所指称的事物;一句话有没有意义,就看这话和所指的事物吻合不吻合。这样,指称论不仅对意义问题有了个交待,而且建立了语言和现实的关系。

指称论虽然简单明了,却远不足以解释形形色色的语言现象。更要命的是,它似乎自身就包含着逻辑上的矛盾。要拿所说的和实际情况比较,我们必须已经知道所说的是什么意思了;于是意义或意思似乎就必须独立于实际情况就能确定,于是意义就变成了一个和现实脱离的自洽的系统。意义的观念论,或粗糙或精致,大致也在这样的思路上打转。观念论即使对意义问题提供了一个说法,谈到语言和现实的关系,却往往大费踌躇,而且同样难逃符合论的陷阱。

人们从多种角度列举出这两大类理论的缺陷。例如,我可以从口袋里掏出一块糖,但掏不出一块糖的意义来。这类批评诚然正当,甚至犀利,但限于否定——就是说,没有提示出新思路。维特根斯坦和海德格尔对这些理论的批判,与此类不同,他们的批判开启新的思路,因而是建设性的。初接触维氏的读者,往往觉得他总在瓦解各种成说而不从事建设。这是误解。诚如海氏维氏同样见识到的,哲学的首要建树,不在于构筑理论,而在于引导思考上路。

海氏和维氏对以往语言学说的批评，不在于发现这些成说中的各种逻辑矛盾。他们从根本上对语言的存在论地位作了重新审视。一上来，语言就不被认做某种在自然之外生活之外反映自然反映生活并和自然生活符合或不符合的符号体系，而是被认做一种活动，和人的其他活动编织在一起的活动。海氏在其早期著作《存在与时间》里就明确提出"语言这一现象在此在的开展这一生存论状态中有其根源"（SZ，第161页）。这始终是海氏看待语言的一条主思路。相同的思路也为维氏所具有，集中体现在"语言游戏"这一提法里。

　　"语言游戏"这个用语有多重意思，但其中最重要的一条在于强调语言是人类生活的一个有机部分。就此而论，"语言游戏"这个译法不很好，因为德文词 Spiel 里"活动"的意思相当突出，只从"遵循规则"来理解是不够的。"语言游戏"是"由语言以及那些和语言编织成了一片的活动所组成的整体"（PU，第7节）。①

　　语言和其他人类活动交织在一起，这本来是语言研究的常识。普通语言学家 Bolinger 观察说，我们坐下、起身、开灯、做工，让我们在做这一切的时候都转动大拇指，将是一件极为荒唐的事情；但所有这些活动都伴随着语言，却是十分正常的。"其他行为都自成一统。而语言却贯穿在所有这些活动之中，几乎从不停止。我们单独学习走路，但我们无法那样来学习语言；语言必须作为其他活动的一部分得到

---

① PU 是指 Wittgenstein, *Philosophische Untersuchungen*，引自该书的只注明节数，下同。

发展。"①

从人的生存情境出发，突出的一点就是承认人类活动包括理解活动在内的有限性和与此相连的历史性。海氏早期不断强调此在的有限性，后期则不断强调存在的历史性。维氏不大喜欢反复使用"有限性"这样的概念，但在他对逻辑主义的批评里突出阐发了人类认识的有限性——不是作为一种缺陷，而是作为认识的必要条件。

我说"逻辑主义"而不说"传统逻辑"，因为维氏并不是在逻辑框架内发现了传统逻辑里有一些错误。他关注的不是逻辑体系在构造上是否完备，而是逻辑主义者从认识论上赋予逻辑像上帝的认识那样一种绝对必然性和绝对正确性。"思想被一个光轮环绕。——逻辑，思想的本质，表现着一种秩序，世界的先验秩序；即世界和思想必定共同具有的种种可能性的秩序。但这种秩序似乎必定是最最简单的。它先于一切经验，必定贯穿一切经验；它自己却不可沾染任何经验的浑浊或不确——它倒必定是最纯粹的晶体。"（PU，第97节）

维氏当然不否认有合乎逻辑不合乎逻辑之别。"张三今年二十，李四今年十八"，这话可能对可能错。是对是错，要到派出所查了户口本才知道。如果说错，那是事实弄错了。但"张三今年二十，李四今年十八，所以李四比张三岁数大"，这就不合逻辑，不需查户口本就知道这话说错了。

Logik 这个词来源于希腊词 logein，说；不合逻辑就是不合我们的说法，就是违背了语法，从而语言就在空转。据海氏考证，

---

① D. Bolinger, *Aspects of Language*, 1968, Harcourt, p. 2.

在希腊早期，logos 及其动词形式 logein 既意指"说"，又意指"让某种东西现出"。这两个含义又完全混而为一。就原初情形考虑，任何言说都是让某种东西现出，而任何让某种东西现出的活动也都包含了言说。维氏大概没下过这份考证功夫，但就事论事，他恰恰也提出"说就是让人看"。不合事实，相当于：给我看了一样假东西；不合逻辑，相当于：什么都没给我看，说了等于没说。这样的语句，是另一种意义上的"错误"：它合乎教科书上的语法而不合乎真实的语法，它貌似句子而其实不然，就像乔姆斯基编造的那个例子"绿色的想法疯狂沉睡"，我们弄不明白它说的是什么，我们无法设想它所"描述"的事态。

但这种词源考据有什么意思呢？拿"语法"代替"逻辑"，用"让人看"代替"说"，不就是换个说法吗？"换了个说法"这个说法，有时有贬义：不管你叫它什么名字，玫瑰依旧是玫瑰。事情还是那么回事情，只是说法不同而已。如果天下的事情都是孤立的，那么怎么改换说法都没有意思。然而说之为让人看，就在于说让事情在不同的联系里显现。从一个角度看不见的，从另外一个角度就可能看见，从一个角度看不清的，从另外一个角度就可能看清。"语法"和"逻辑"涵盖的，并不相等。但即使两者重叠之处，说是语法还是逻辑，仍可能十分不同。

例如，$a+b=b+a$，以往被视做逻辑命题，维氏则视之为转换表达式的语法句子。$a=a$ 以往也视做逻辑句子，但它显然不是用来转换表达式的语法句子。那它是个什么句子呢？是个毫无意思的句子，如此而已（PU，第 216 节）。

至于像"每个色块都与它的周界正好吻合"，"我无法偷走你的牙疼"或"青春意味着生长"这样的句子，时常引起逻辑学家的疑惑。它们不大像是逻辑命题，但若说它们是经验命题，它们却似乎必然为真、永恒为真。在维氏看来，"每个色块都与它的周界正好吻合"无非是多多少少经过特殊化了的同一律。"我无法偷走你的牙疼"是"必然真理"，是因为"不是一件可以搬动的东西"属于"牙疼"的语法，限制着"牙疼"这一用语的使用方式，而"偷走牙疼"这类说法则违背了我们的语法。如果"牙疼"不仅指称一种感觉，同时也指称扎在牙龈上的细刺，那么我们就可以设法偷走一个人的牙疼了。

维氏通常不像海氏那样用某个词囊括一整套思考，为此甚至不惜改变这个词的通常意义；但他的"语法"却不是语法教科书里的"语法"，而是概括维氏建设性思想的主导词。批判逻辑主义，海、维二人一样强烈。这种批判所提示的道路呢？不谋而合，海氏恰也是用"语法"这个词来提示的：要真正了解语言，就要"把语法从逻辑里解放出来"（SZ，第165页）。不过，"语法"不是海德格尔哲学里的主导词，探讨哲学语法，探讨逻辑和语法的关系，维氏远比海氏具体而微。

难道"我无法偷走你的牙疼"不是对现实的某种必然关系的描述，而只是一些语法规定吗？难道生长和青春不是现实地联系在一起而只是在语法上联系在一起吗？为什么我偷不走你的牙疼却可以分担你的痛苦？我们要问的却是：我们把什么叫做"牙疼"而把什么叫做"痛苦"，我们为什么把这些叫做"生长"把这些叫做"青春"？这些诚然不是逻辑意义上的语法问题；它们是哲学语法问题，就是说，是语词和存在的基本关系问题。生长的确属于青春；也就是说，"青春"就语法而论和"生长"联系在一起。我们把这些而不是那些叫做"青春"，这不是随随便便

叫的。我们就不把金属的硬度叫做"青春"。我们的语言应和着存在的无声之音。"本质①表达在语法里。"（PU，第371节）

这一论旨和海氏的基本思想镜映生辉。而且我认为，这一思想海氏比维氏阐发得更为透彻。

海氏通常以"命名"为题来讨论语词和存在的关系。不过他说的"命名"，不是一端有一个现成的对象，另一端有一个词，我们用诸如贴标签之类的方式把语词和事物联系起来。命名拢集物，使物在与他物的关联中显现，从而具有意义。因此，命名不是建立一个对象和一个语词之间的联系。命名建立的是一个语词在语言整体中的位置，这又是说，建立一物在世界中的位置。而一物只有在世界中有一个位置，才能显现。海氏从来就是在这种现象的意义上理解事物之所是或事物之存在的。事物惟通过言词才是其所是而不是其所不是，才就其存在显现出来。"哪里没有语言，哪里就没有存在者的敞开……语言第一次为存在者命名，于是名称把存在者首次携入语词，携入现象。名称根据其存在并指向存在为存在者命名……宣告出存在者以什么身份进入公开场……取缔存在者藏掩退逃于其中的一切混沌迷乱。"②在这个意义上，海氏可以说：语言给出事物的本质（存在）。在相同的意义上，维氏可以说：本质（存在）表达在语法中。海氏说：本质和存在都在语言中说话。维氏说："语言伸展多远，现实就伸展多远。"这远非"唯语言主义"可以一语了得。海、维二人的意思恰恰不是：我们怎么说，现实就成个什么

---

① Wesen，或译"存在"。
② Heidegger, "Der Ursprung des Kunstwerks", 载于 *Holzwege*, 全集版；Frankfurt: Klostermann, 1950, SS. 59–60。

样子。而是：语言里所凝聚的存在是什么样子的，语法是什么样子的，我们就只能那样来述说现实。海氏把这一思想结晶在 Die Sprache spricht（语言自己说话）这一警句里；维氏几乎说得一模一样：Die Sprache spricht fuer sie selbst，我们首须倾听存在之言始能说话。

就本质言，语言不仅仅是一种工具，语言支配人而不是人支配语言。这一思想在欧洲大陆思想传统中本有其渊源。欧洲语言哲学的开山祖洪堡明言"语言是一个民族的精神而一个民族的精神就是他的语言"。对法国语言哲学深有影响的索绪尔把语言放在言语的前面。海德格尔沿着这一传统，直思到语言极致处的简朴。

海氏一向不从工具性来理解语言的本质。工具改变对象，而语言恰恰一任存在者如其所是。这样想来，他谈的竟不是语言，而是事物。实际上，海氏反复强调，我们无法把语言作为对象来议论。语言有所说，而不被说。那么，我们怎么思考语言的本质呢？逗留在语言之中。逗留在语言之中，就是让语言有所说。言而有物：人在说话，显现的是事物。我说"凤姐也不接茶，也不抬头，只管拨手炉里的灰"，我说的不是言词，我说的是凤姐，说的是拨手炉里的灰，说的是这么个粉面含春威不露的女人。人用种种方式说着，包括通过沉默发言。用言词来说，只是道说的一种突出形式。本真的道说本来是显示，让万物各归其本是，因而，"语言的本质存在恰恰在对自己掉头不顾之际，才愈发使它所显示者得到解放，回归现象的本己之中"①。在适当的（译维氏语）

———————

① Heidegger, *Unterwegs zur Sprache*, Pfullingen: Neske, 1959, S. 262.

本真的（译海氏语）言说中，言而有物的时候，言词消隐，出场的是事物。我们听到的不是言词而是事情。言而无物，我们才觉得词藻堆砌，压迫我们，我们才说："Words, words, words！"

语词和对象相应，语词表达对象，这是人的根深蒂固的成见，就像欧基里德空间一样。即使语言哲学家在原则上并不赞同这种成见，在思考具体问题的时候仍然可能经常套用这个模式。从这里看，语言哲学中的很多基本观念，和传统认识论中的很多基本观念一脉相承，无论在指称论里还是在观念论中，意义的符合论差不多就是经过语言哲学改装的认识的反映论。维氏说："一种原始的哲学把名称的全部用法浓缩进了某种关系观念，同时这种关系也就变成了一种神秘的关系。"① 海氏遥相呼应：首要的关系不是语词和事物的关系，而是：语词就是事物的关系；"言词把每一物拥入存在并保持在存在里，就此而言，言词本身即是关联"②。

可见，海维所讲的"本真之言"，与符合论里所讲的"真命题"大异其趣。本真或不本真全在于是不是言之有物。凤姐云云，也许本无其事，但满可以言之有物。你到人家做客，进门就说"桌子上摆着一只茶壶四只茶杯"，说得可能完全正确，却又完全不适当。符合论自有逻辑上的矛盾，但那还在其次。更值得提出的，是符合论只注意到现成语句和现成事态是不是吻合，而全然不曾留意语言的源始意义：语言提供了使现实在其可能性中显现的"逻辑空间"。海氏在《存在与时间》里就把此在对存在的理解和可能性联系在一起并提出"可能性优先于现实性"的思

---

① Wittgenstein, *The Blue and Brown Books*, Harper & Row, New York, 1965, p. 172.

② Heidegger, "Das Wesen der Sprache", 载于 *Unterwegs zur Sprache*, S. 176。

想。维氏也从一开始就已经洞见,语言把世界转变成了一个可能的世界。"在命题里,我们仿佛用试验方法把世界装到一起。"①这一思想维氏始终保持如仪:"我们的眼光似乎必须透过现象;然而,我们的探究面对的不是现象,而是人们所说的现象的可能性。也就是说,我们思索我们关于现象所作的陈述的方式。"(PU,第90节)之所以如此,用维氏的话说,是因为一个命题必须由部分组成,其部分必须能够在其他命题中出现。用海氏的话说,是因为言说和理解是同等源始的,而言就是理解的分成环节互相勾连的结构。这两种说法异曲同工,探入了语言之为语言的机关。正因为在这种源头的意义上来理解语言,海德格尔甚至犹豫还该不该用Sprache(说,语言)这个词来称谓他所讲的事质,因为Sprache毕竟可以意指而且通常也的确意指用现成的语词来述说现成的事物。

言词之可能指称独立的物,本由于事物通过言词才成其为独立之物,并作为独立的存在者拢集他物,与他物关联。这当然不是说,人必须先发明出语言,才能依之把事物分门别类加以勾连加以表述。语言就是事物的区别和勾连。逻辑形式不是在语词和事物之间,仿佛一边是语词一边是事物,共同的逻辑形式作为两者的关系,把两者联系起来。而是:语言就是事物的逻辑形式——语言(命题、思想)之所以和现实有同样的逻辑形式,因为思想就是现实的逻辑形式。"命题显示现实的逻辑形式。"② 特别当我们考虑到逻辑、Logik、logos 和 logein 本来就是"说"

---

① Wittgenstein, *Notebooks*, Basil Blackwell, 1961, p. 7.
② 维特根斯坦,《逻辑哲学论》,4.121。

"道"——语言就是事物能够被说出来的形式。西方思想中的"Am Anfang war logos(泰初有道)"和中国思想中的"道生万物"一脉相通。

有人以为维氏对意义理论的批判和对生活形式的强调所表达的只是语用学语境学的关注。维氏对用语和语境联系的细致入微的注意迷惑了这些读者。在我看,实情完全相反,维氏对语用学语境学没有任何兴趣。他通过几乎貌似琐碎的细节所考察的恰恰是高度形式化的规范问题。维氏有时也这样提醒读者。有一处,他对灵感现象和遵行规则的现象作出区分之后说,我们在这里关心的不是灵感的经验和遵行规则的经验,而是"灵感"和"遵行规则"的语法(PU,第232节)。的确,如果我们不首先知道应该把哪些行为叫做"遵行规则",我们从哪里开始反省"遵行规则的经验"以及其他一切伴随遵行规则的现象呢?诚如维氏自断:"我们的考察(始终)是语法性的考察。"(PU,第90节)其中很大一部分人们从前笼统地称为"逻辑问题"。维氏的方法不单单体现了某种个人风格。这是一种新的哲学思考实践——不再在概念之间滑行,而是在粗糙的地面上寻找路标。

但发现规范,不就是在形形色色的表达后面、在语言的历史演变后面发现某种深层的不变的东西吗?我们不是最终还是要乞灵于逻辑的必然性吗?规则是给定的,因此是某种先验的东西,我们只能遵循。

这里我们看到了语法和逻辑的本质区别。语言是给定的,但不是超验的给定而是历史的给定。Transzendent、transzendental、a priori 这些术语,在西方哲学史上盘根错节,中文译做"先验的""超验的""超越的""先天的"等等。这里有一个典型的例子,说明当代中国学术语汇的困境：我们既要了解这些语词背后的西文概念史，又要了解中文译名的由来；如果这些中文语词有日常用法（但愿如此！），我们就还得考虑术语和日常用法的关系。语法也许可以说是先天的甚至是先验的，但怎么说都不是超验的。"先天"这个中文词所说的，虽然是给定的，但绝不是超验的。先天近视的人，不得不把近视作为事实接受下来，但他的近视并不因此比后天的近视多出什么神秘的超验的来源，而且，通过一定的治疗或其他技术手段，先天的近视一样可以纠正，或者，可以改变它带来的后果。我不想把维氏所说的语法和海氏所说的存在之言简化为这样的先天性，我只想说明，要理解这两位哲人，我们必须放弃先验/经验的传统模式。

那么，为什么我们的语法是这样而不是那样？为什么我们把"绿"单单用做颜色词而不同时把它用做长度词？把"疼"限制为一种感觉而不同时包括引起这种感觉的东西？这里不是逻辑在起作用吗？是的，如果"疼"一会儿指一种感觉，一会儿指一种颜色，我们的语言的确会变得非常不合逻辑。而这首先是说，我们的语言将是一团混乱，不再是一种适合我们使用的语言。语法的逻辑来自生活的逻辑。语言给予我们的不是一堆事实，而是连同事实把道理一起给了我们。我们的语言如其所是，是有道理的。给定了这些道理，我们必须这么说而不那么说。但并没有什么逻辑必然性迫使我们的语言是这个样子而不能是另一个样子。我们的语言是一种相当合用的有道理的语言，倒要通过自然的源始涌动（海氏）、自然史、人类的生活形式、语言和其他人类活动相交织的"语言游戏"（维氏）加以说明。

我们要讲逻辑，但我们更要讲道理。道理不像逻辑那么权威，非此即彼。一段话要么合逻辑要么不合逻辑，却可以很有道理，有些道理，多少有点道理，毫无道理。道理也不如逻辑强悍，你死我活，要是咱俩得出的结果不一样，那至少有一个错了。然而，可能你有道理，我也有道理。中国话像这个样子，自有它的道理；德国话和我们很不一样，却自有德国话的道理。逻辑从天而降，道理却是前人传下来的。当然，海、维二人都不承认有一种和其他一切道理都性质不同的逻辑。逻辑也是一种道理，一种极端的道理，一种我们优先承认最后修正的道理。

维氏把语言的本质从逻辑转化为语法，海氏把语言的本质理解为具有历史性的存在之言，两者息息相通。语法和存在是"给定"的，然而，是在历史意义上的给定，而不是在超验的意义上给定。我们不能从先验/经验、分析/综合的模式来理解两人的基本思路。他们和以往提法的区别虽然相当细微，却事关宏旨。

维氏从生活形式和语言游戏来理解语言的规范作用，从有限性来论述"理解"，于是人们很快发现维氏是个"相对主义者"。历史的就是有限的，有限的就是相对的。取消了绝对标准，就只剩下一些相对的标准。然而，若没有绝对牢靠的基地，倘若我们真的追问下去，相对的标准就等于没有标准。好坏对错都是相对的，此亦一是非，彼亦一是非，"归根到底"，也就无所谓好坏对错了。语言果然游戏乎？逻辑果然必然乎？

你说"他强迫我戒酒"成话，我说"他力量我戒酒"就不成话。你告诉我说：我们是用两个词来表示"力量"和"强迫"的，而且一个是名词，一个是动词。你有绝对的根据吗？英语里不是用 force 这同一个词来表示这两个意思吗？而且它既可以用做名词又可以用做动词。可见用两个词来表示力量和强迫没有必然的逻辑根据。于是,"他力量我戒酒"就没说错;即使错了,不过是相对地错了?

人的认识没有绝对的根据。这话在说什么呢?是说人的认识无所谓对错或"归根到底"无所谓对错?维氏当然不承认,而且把反驳这种相对主义作为其哲学的一项基本任务。是说相对于上帝的全知,人的认识会犯错误?维氏不但承认人会出错,而且把这一点当做其哲学的基石之一。但不是相对于上帝的绝对正确而言。上帝怎么认识的,我们不知道。人出错,简简单单相对于正确的正当的人类认识。我们根据实际使用的语言所提供的规范来判断正误;否则还能根据什么呢?自然语言不是维氏的偏好,而是维氏哲学的奠基处。

历史通过什么把言说的理路传给我们?通过一代一代的言说。在维氏,语法是通过日常交往语言传给我们的。在海氏,存在之言是由思者和诗人承传下来的。在这里,海氏似乎与维氏分道扬镳。海氏从来不喜寻常。常人、常态和常识,都是海氏挖苦的材料。日常的种种话语,集合为 Gerede,列为此在沉沦的三种基本样式之首。后来他又明确断称"日常语言是精华尽损的诗"。

说到这一区别,我们先须指出,"日常语言"这个用语往往是和不同概念相对待的。和日常语言相对的,可以是术语、科学用语、诗词、神喻和理想语言。维氏谈及日常语言,通常针对的是理想语言、逻辑斯蒂语言。在这一点上,海氏和维氏初无二致,只不过海氏只采用"自然语言"这个用语,不像维氏那样混用"日常语言"和"自然语言"。维氏认为自然语言要由自然史和人类的生活形式来说明,海氏认为自然语言是自然的涌现;维氏认为自然语言是其他符号系统的核心,海氏认为自然语言是语言的本质存在；海、维二人都认为自然语言从原则上说是不可能形式化的，逻辑斯蒂语言是堕落而不是进步。另一方面，海氏有所贬抑的"日常语言"通常是和诗对称的。既然维氏不曾把两者对待论述，我们也说不上海、维二人在这里有多少分歧。

此外，我还愿意说明，海氏之强调诗，并非出于浪漫主义的遐想，而是海氏从学理上特别强调基本言词的力量和语言的开启作用。

让我们从维氏的一个例子生发出一个新例子来。一种语言里没有"把石板搬过来"这样的结构，我们喊"把石板搬过来"，他们只能喊"石板"，那么他们的"石板"是否和我们的"把石板搬过来"相当呢？他们到我们这里找了份工作，听到"把石板搬过来"的时候，就会像在自己的国度里听到"石板"那样行动。在这个意义上，这两句话的意思是相当的。然而，这时师傅说，"是让你搬过来，不是让你推过来"；本地的学徒会改变搬运的方式，外来的学徒却不知所措了。在这个意义上，"石板"和"把石板搬过来"的意思又不相当。这其实是一个寻常问题。Force 和"力量"相当不相当？Man desires to know by nature 这句英文和"求知是人的天性"是不是相当？设想这句英文后面跟着 but not woman。简单说，句子一方面和情境相联系，和句子的"用途"相联系，一方面和借以构成的词汇相联系。单就用途来说，词汇只是句子的材料，只要句子具有同样的用途，使用什么词汇都无所谓；材料消失在用途里。然而在诗里，诗句的意思和选用的词汇却密不可分。套用一句已经变得陈腐的话：艺术是形式和质料的完美结合。我们说，诗就是在翻译中失去的那一部分。什么失去了？用这些特定的语词表达这一特定的整体意义。每种语言都有独特的语词系统。表达"同样的意思"用的是不同的语汇,恰恰是不同语言的不同之处。那么,诗就在把语词结合起来表达意思的同时保持着语词本身的力量。在极端处,诗句的意义完全由其所包含的语词(及其特定联系)规定,而与怎样使用这句诗无关。在这个意义上,诗是"无用"的,不用来传达信息,不用来下命令或恳求。但这不是说诗不起作用。诗的作用在于造就规范,在于揭示语词的意义。按照海德格尔的说法,与制造器物不同,艺术作品不耗用材料,而是使材料本身的色彩和力量突显出来。艺术关心的不是有用,而是让存在者如其所是地显现自身。事物的本然面貌在诗中现象,也就是说,诗从存在的无声之音那里承接下本质的言词,从而才有语言的日常"使用"。那么,我们惟通过诗才学会适当地"使用"语言,用语言来表达思想、传达信息、下达命令。

尽管有这些差异,海、维二人的基本趋向仍然是很接近的。日常语言突出了语言的承传,存在之言也是一样的,因为在海德格尔那里,存在始终是历史性的。存在者以何种方式显现,存在者怎么才是存在者怎么才不是存在者,不是一个先验问题,更不是人们可以随心所欲加以决定的。人被抛入其历史性的存在。

的确,尽管海维两人的教育背景思想渊源差别很大,两人的方法风格迥异,但深入他们的根本立论,我们可以感觉到一种共同的关切。我有时称之为对人类生存和认识的有限性的关切:如果逻各斯是历史的承传,我们还有没有绝对可靠的理解?如果意义要从情境加以说明,人生还有没有终极意义?上帝死了,怎么都行了?没有对错善恶之别了?若有,又该由谁由什么来作出最终裁判？一句话，被除了绝对怎样不陷入"相对主义"呢？往大里说，这是我们时代最具普遍性的问题。宗教、道德、艺术、政治甚至科学，都面临相应的挑战。

然而，正如海德格尔最初就指出来的，不管喜欢不喜欢，有限性是现代人必须承担起来的天命。海氏强调存在的有限性、历史性，维氏强调生活形式、语言游戏的自然史。其实，只因为我们是有限的，才会出现意义问题，也只有从有限出发，才能解答意义问题。我们不再从绝对的出发点，用上帝的全知的眼睛来看待世界，而是用人的眼睛来看待世界。

（本文是《语言与哲学》[北京三联书店，1996]的第四章第四节，发表时稍有删节。这里发表的是全文。）

为辩解进一言
——日常语言分析的一篇经典

日常语言学派是分析哲学的重要一支。举其重镇，有摩尔、后期维特根斯坦、赖尔、奥斯汀、斯特劳森。其实这五位哲学家，旨趣风格迥异，让人觉得要不是为了写教科书，怎么都不会把他们归到同一学派里头。另一方面，强调日常语言对哲学研究的基本重要性的，远不止这几位"日常语言哲学家"，例如怀特海在《思想的诸模式》开篇就说："哲学探讨的第一章应当是就某些根本观念在日常生活中自然出现的情形来自由地考察这些观念。"[①]

这五个人中，以奥斯汀对日常语言的分析最为精彩。在奥斯汀的文章里，又以 A Plea for Excuses（"为辩解进一言"）一文最为精彩，每次读，都有奇文共欣赏的欲望。这篇文章倒有中文译文，收在洪谦先生主编的《现代西方哲学论著选辑》里，题目是"为辩解辩"。可惜译文很糟，误译连绵，还有大段大段脱译的。况且，原是一篇上好的英文，一字一珠，经了一遍翻译，成了篇磕磕绊绊的劣等论文。奥斯汀从来主张只有用说得通的英语或汉

---

① Whitehead, *Modes of Thought*, The Free Press, 1966.

语才能有效地讨论哲学问题，但我们的哲学译文，以及哲学论文，已经习惯于用病句来写，或用模糊得不知是不是病句的句子来写。"这些考察使我们强烈地反对在整个对表示辩解的词的研究中所遇到的一些最困难的词"——谁能读懂这个句子？"词是我们的工具，而且词作为一个最小的单位，我们应当使用干净利索的工具。"这里的原文挺简单：words are our tools, and, as a minimum, we should use clean tools——"词是我们的工具，说起码的，我们应当使用干净的工具"。要不是习惯于病句，我们多半不会犯这样简单的错误。把奥斯汀译成文理不通，来说明奥斯汀想要说明的主张，就会有相当困难了。不过这也不能全怪译者。所要分析的是日常用语，活泼泼而又值得分析的日常说法，总难用另一种语言套牢。He ate his soup deliberately，一个意思是"他故意把汤喝了"，二是"他煞有介事地把汤喝了"，但现在要分析的就是这个"deliberately"，就得用同一个汉语词把这两个意思都对上，我承认我找不到这样一个单一的汉语词。译文分别做"他故意地喝汤"和"他带着一种故意的表情喝汤"，用的倒是同一个中文词，但两句都不像中文。就是 Excuse 这个题名，也没有一个中文词同它比较接近。Excuse 的中心意思是根据某种理由或借口消除或减弱指责从而给予某种程度的原谅。"借口""托词"过于消极。"辩白"太强，必须把指责洗刷干净。"辩解"不一定那么强烈，但没有包括整个过程中宽宥原谅的那一半。"原谅"则只表达了辩解者所希冀的结果，没包括辩解那一半。当然，好文章总是难翻译的。不过，即使翻译得好些，刊登在专业哲学译文集里，就只有几个学哲学的偶尔问津，而"为辩解进一言"这样的文章，依浅见，原是所有文化人都该读到的。所以竟起意择其精要，献与《读书》杂志的老朋友们共赏。这篇介绍文章，把某些例句换成汉语里较有意思的例句，还夹杂了少许笔者自己的发挥议论，直接翻译的句子则用引号标出，随之注出的页码来自 J. L. Austin: Philosophical Papers, Oxford, 1961。

为辩解进一言

我们所讨论的题目是辩解。这个题目极富趣味，给了我"发现的乐趣，合作的快意，以及获取共识的满足之感"（123）。这几样东西，不少人认定和哲学无缘，果然也真把它们弄得和哲学无缘了。在别的领域，争论是为了获取共识，惟在哲学中，似乎无需建设，重要的只是互相反驳一番。

我们要探讨的当然不只"辩解"，而是一个概念群，包括借口、强辩、辩护、辩白、抗辩和原谅等等。在辩解的一端，我承认犯了错误，出了差错，但能找出某种缘由请求原谅；在辩解的另一端，我要表明自己所做的事情甚为正当，指控完全不能成立，甚至要进一步指控指控者。

辩解可以粗分为两大类。一类是承认做出的那件事情是坏事情，但我辩护说那件事情并不是我做的，至少严格说来不是我做的，例如我本来是在做另一件事情，而那件坏事情却连带发生了。另一大类情况则相反，我并不否认自己做了那件事情，但试图表明那事不像看上去那样是件坏事情，或至少在当时的特殊情况之下不能算是坏事情。

辩解经常依赖的理由，也在我们的考察范围之内。好忘事儿、笨手笨脚、不讲究方式方法、不通人情世故，这些本来都是批评责怪之辞，可是最常用来请求原谅。因为我们在请求原谅的时候，很少指望别人能让自己全身而退，能把责任减轻一些就蛮不错，笨手笨脚之类恰是把大事化小的说辞。你要真想把自己洗刷得一干二净，往往不仅得不到原谅，反倒让对方火上加油。

这些用语的反义词也在我们的考察之列，成心、故意、有组织有计划，这些词加重了错误的分量，要定罪的话，自然罪加一等。

道歉、辩解、原谅或不原谅，这些是生活里的重要内容，为这些现象本身的缘故就颇值得加以考察。不过，我们的探讨却更多出于理论的兴趣。对于伦理学建设，"辩解"这个课题能作出特殊的贡献，"从正面说，它有助于发展一套谨慎的、较合乎当代精神的方式来描述行为，从反面说，它有助于纠正一些以往的比较草率的理论"。（125－126）都说伦理学研究善行恶行，可是伦理学却不太过问我们都有哪些具体的行为模式，而是一上来就从概括的"行为"出发。像"行为"这样的词儿，原不是基础层次上的词汇，究竟指什么，通常要看上下文，就像百搭，究竟充当什么牌，要由一手具体的牌来定。你很难泛泛问：行为是什么？行为有什么特点？"物"啊"属性"啊也都是这一类词。可从前人们不管这些，就匆匆通过一些概括建立起物和属性的形而上学，建立起关于行为善恶的一般理论。世界是由一个一个又一个物体组成的，每个物体具有一种一种又一种属性。人生是由一个一个又一个行动接续而成。所谓"物"者，我们首先想到的是桌椅木石，于是万物都要以桌椅木石的简单范式来描述，我们甚至不问一问：火焰是物还是活动？同样，我们也不细究睡觉算不算干一件事。我问你"下午干什么了"，你答"睡了一觉"，我于是乎得出结论：睡觉像挖坑种树收核桃一样，也是干事的一种方式。

如果头脑清醒的哲学仍然要使用这种抽象语汇，我们就不得不问：打喷嚏是一件行为吗？将你一军能用"行为"来代称吗？"长话短说：哪些范围的动词，用在哪些场合里，能用'做一件事'来代称？"（127）我们还得进一步决定，一件行为从哪里起始到哪里结束？我们怎么区分那是一件独立的行为，抑或那是某件行为的一个部分或一个阶段？"而且我们还得了解，即使称做'最简单的'行为，也不是那么简单——反正并不只是身体的一些活动。"（127）一件事情可以用那么多方式来描述。尤其凡描述行为，就难免使用描述意图的词儿，如"打算"、"正要"等等。即使抛开这个大问题不讲，问题仍然不少。他从她那儿拿走了钱，还是从她那儿借走了钱？还是骗走了钱？偷走了钱？他当时说了声"知道了"，还是他当时同意了？

我们现在希望发展出一些比较谨慎的方式来描述人类行为。为此，考察一下人们什么时候请求原谅，以什么方式请求原谅，会是项很有益的工作。我们可以由此了解，哪些行为人们看做自然而然，哪些却被看作是不正常的，需要辩解；哪些辩解人们认为可以接受，哪些却不接受，或在什么场合接受，在什么场合不接受。通过形形色色的辩护辞，我们还可以看到影响行为的种种重要方面。例如，一种最常见的辩解是声称行动者当时不是自由的，所以严格说起来，不是他做了这件事。反对的人则须表明，不，他当时是自由的，的确是他做了那件事。仔细考察这些说法，我们就能看到，"自由"这个词是争辩性的，并非某一类行为所具的属性。常态下的行为，说不上是自由的行为还是不自由的行为,"说我们'自由地'行动只不过是说我们并非不自由地行动"(128)。这和"实在"这个词一样,实际上在争辩意义上使用,而人们不查,把"实在"当成了"导电"那样的属性,可以依此共同属性归纳出一类事物,称之为"实在事物"。

其实传统哲学放在"自由"名下研究的很多现象,放在"责任"名下更妥当些。"如果我们接受日常语言的引导,那么我们请求原谅时最经常是要脱卸责任,或脱卸部分责任",辩解说那件事情不是自己做的(129)。但辩解并不都是要脱卸责任。我说自己笨手笨脚,或解释说当时我别无选择,诚然是一种辩解,但我同时承认事情是自己做下的,承担了责任。"自由"和"责任"都是伦理学里的关键词,通过分析种种辩解会大大澄清何为自由何为责任,以及这两个基本概念是如何联系的。

人们把我们的分析称做"语言分析"。我们的确是要检查在这样那样的场合我们会说什么,会怎么说,但"这时我们重新审视的却不只是语词,我们同时也重新审视我们用语词来描述的实际情境"(130)。我们通过对语词的更敏锐的感觉来更敏锐地把握现实。所以,"分析哲学"啊,"日常语言学派"啊,这些名称都容易引起误解,也许把我们的方法称为"语言现象学"比较好,只是这个名称够绕口的。

但我们为什么特别着重分析日常语言呢?我们现在使用的语词是前人一代一代传下来的,不知经过了多少锻炼修正,"凝结着无数世代承传下来的经验与才智"(133),体现着我们对世界的基本理解。哪里须得加以区别?哪里须得保持联系?我们区分"事实"和"事情",虽然两者都是客观之事;我们说"事情发生了"却不说"事实发生了",这个区别里面多半包含着值得深思的道理。为什么"光芒"的"光"和"光滑"的"光"连在一起,又和"用完用光"的"光"连在一起?适者生存,概念在这里分野而在那里交叉,这种说法成立而那种说法不成立,总有一定的道理。那些见微知著的区别,那些盘根错节的联系,非经一代人一代人的言说,不会凝聚到语词的分合之中。哲学家也能想出一些重要的区别和联系,但这些通常端赖语词中已经体现出来的更基层的分合,要用我们一下午躺在摇椅里想出来的东西取代万千年千万人经验的结晶,不亦妄诞乎?

然而,我们无意主张日常语言十全十美。我们的身体经多少百万年的进化长成现在这样,其构造的精妙让人赞叹,然而它远不是完美的,它不能像猴子一样跳到树枝上,不能像老鹰一样飞上云端,不能像蛇一样耐热耐饥。但在这里说"完美"是什么意思呢?我们不愿抓了烙铁立时烫起个大泡疼得嗷嗷直叫,但若我们的手指敏感到能摩挲出红木桌面和橡木桌面的区别,它就不太可能摩挲着烙铁不烫起泡来。我们在"快乐"这个词里用了个"快"字,就把快乐和畅行无阻和海阔天空联系起来了,可同时生出了"不快"的歧义。英语和汉语各有千秋,大致能够应付各种情境,但各有难应付的事情。碰上这些不如人意之处,有人一下子走得太远,希望全盘克服一切不便,发明出一种理想语言,把思考和说话变成一种全自动过程。其实,惟有不完美的世界才是有意思的世界,我们才有机会因改善因创新而感惊喜,因绕过陷阱因克服障碍而感庆幸。

日常语言既然不是十全十美,我们自然不可用它来对事事作出最终裁判。但又有什么能到处充当最后的裁判者?有些疑问要由科学来裁决,有些则靠大家同意,有些干脆没有答案。无论谁来裁决，到另一个时候、另一个场合，出于另一个考虑，已经裁决好的都可能需要重新斟酌。"日常语言确实不是一锤定音的最后之言，原则上我们处处都可以补充它改善它胜过它。但请记取：它确是我们由之出发的最初之言。"（133）

再说，日常语言的用武之地是日常生活。这当然不是个小领域，日常生活中荆棘丛生，要把这些棘手的情形讲个明白可得有了不起的能耐。然而，日常语言毕竟有自己的限度，到了另一些领域，我们就必须求助于更为精密的语言，例如数学语言。我们得发明出新的语汇才能自如地谈论显微镜底下发现的新事物。

比较起科学上使用的语言，日常语言常常不是那么严格。即使在日常生活范围之内，同样的场合，这人这么说，那人那么说。以谁为准？语言事实尚不能确定，自难进一步对语言进行分析。不过这个困难被大大夸张了，我们以为同一种情境下人们会有种种不同的说法，往往只因为我们设想的情境大而化之，待我们增添几次细节，把情境设想得十分具体，我们会发现人们在这种特定情境下会采用的说法相当一致，而一开始那些不同的说法提示出所设想的情境其实各有一些差别。有人主张冷热之类只是主观感觉，与此互为表里，似乎凡可以说"屋里冷"的场合，我们也都可以说"我觉得屋里冷"。但若我已经向你表明暖气烧得好好的，气温计指着25度，除你以外的人都不觉得冷，这时候你大概只会说"我还是觉得（屋里）冷"而不会说"屋里还是冷"。前一个说法让人猜测你也许外感了风寒，后一个说法却让人猜测你内感了偏执狂。什么时候"我觉得屋里冷"等于"屋里冷"，什么时候不等于，这对于澄清有关感觉的哲学讨论大有干系，而这种讨论差不多占了哲学论著的一半。

一模一样的情境而常见两三种说法，也许由于说话邋遢，那我们可以研究一下怎样把话说得更加准确实。但若出现了认真的分歧呢？这会提示我们，这里出现了两个略有差别的概念体系，我们须得通过对这两个概念体系的进一步了解来解决分歧。澄清这一类分歧，通常最富启发。物理学家碰上一个转"错"了的电子，如获至宝；我们碰上一个真正说话怪异的人，也不要轻易放过。

最后我们还得提到，日常语言掺杂着一些偏见和迷信。这些东西就像机体中某些细部，时过境迁，如今已经无益甚至有害，却竟然通过了生存竞争的考验存活下来。我们在分析日常用语的时候，自应留心察觉这类偏见和迷信，因噎废食则大可不必。而且，我们在清扫这些东西之前，先问一问是什么原因使这些东西得以经年累月一直传到现在，往往会有收益。

我们现在既已准备好通过日常语言分析来进行探讨，那么我们肯定希望找到某个领域，在那里日常用语既丰富又精细。辩解之辞正属此类。凡需辩解，必已处于不妙的境地，情急之下，无所不言，所以用来辩解的说法特别丰富。辩解不像谈论天气，说错说对没人在意，辩解能否让人接受，通常事关重大，两种说法，差之毫厘，失之千里，所以辩解的说法不仅丰富而且微妙。

而且，"辩解"这个题目还不曾成为哲学研究的乐园。我们选择来加以分析的用语，最好还不曾被人们分析得太滥。道路上走过的人太多，路走得秃秃的，踩上去容易打滑。一提到"美"这个词，就会有几十上百个关于美的定义涌上前来，接下去就是一排排哲学家自己编出来的包含"美"这个词的例句，乃至我们记不清人们实际上是怎样使用"美"这个字的，甚至记不清人们到底用不用这个字。

从以上种种要求来看，辩解都算得上是"在哲学中进行田野工作的良好选址"（131）。我们通过这些基层的田野工作，应能获取一定的共识，至少应能就如何获取共识获取某种共识。我们不要一上来就搬出某些想当然的结论，用一些不知所云的概念反复演绎。我们好生想像一个需要辩解的场景，检查各种各样用来辩解的说法，然后一次次把这个场景稍加改变，看看刚才设想的说法是否还适用，又需要提供哪些新的辩解。假如你犯错误赔不是的经验特别丰富，而且想像力也不弱，那你这样考察一番，绝不会无功而返。不过，还有几套方法可以使我们的探讨更为系统。

第一套方法是使用字典。可以通读一本简明词典，把有关的语词及解说统统列明。另一个办法是从某一个词开始查起，这个词条的解释必是一些与它相关的词，或干脆就是它的同义词近义词，于是接着查这些同义词近义词。你可能以为会越查越多没完没了。的确，一开始你要应付的语词会越来越多，但过了一阵你就会越来越经常碰到你已经查过的语词了。

我检查的结果，发现碰到最多的是副词——哲学一向不予重视的词类。此外，"误解""偶然""意图"这一类抽象名词出现得也不少。另有一些动词词组，"不得已"、"并不是要"、"没注意到"、"原本打算"，通过这些动词词组，我们能够把辩解分成几个大类。

另一套方法是借助法律案例。这一资源出奇丰富——法庭上所作的本来就是指控和辩解。不过，法庭和我们的关注点不尽相同。法庭要把每一个案子都归到一个特定条款之下，并且最后必须作出判决，结论难免太过黑白分明。在法庭上往往要求答案非此即彼。你当时那么做的时候，知道不知道这种做法的后果？你也许知道大致会有这一类后果，但不知道具体会是这个样子，也许你知道直接的后果，却没想到这后果又引发另外的事件。情况有时那么复杂，不可能只用简单的语词就描述清楚。按照语言的经济法则，我们不会为每一个事物每一种情形发明出一个单词，绝大多数事情要通过已有语词的结合来进行描述。"事实比语汇丰富。"（143）

律师们和法官们并不像我们想像的那样用词特别准确。他们习以为常，会把差别当做对立，例如，会问你是有意做了一件事抑或是出于冲动。你们两个走到悬崖边上，你把他推下去了，你蛮可能是出于冲动，但你也是有意把他推下去的。另一种常见的情况是把原有差异的语词混作同义语来使用，例如人们常把"有意为之"换成"计划做某事"。把他推下悬崖，你是有意的，但你很可能并没有这么干的计划。还有一个特别有害的混淆，从亚里士多德以来就一直危害伦理学思考，那就是把受到诱惑和失去控制混为一谈。道德的孱弱不等于意志的孱弱。我偷着把你那份冰激凌吃了，这就意味着我失去对自己的控制了吗？我吃得颇为斯文，毫无狼吞虎咽之相。

虽然律师并不总以最正确的方式使用语词，不过，你的分析要是真得出了一些靠得住的区别，他一定会向你虚心讨教，因为他的对手可能已经了解受到诱惑和失去控制并不是一回事，他若不及早了解这个区别，上阵时就会被对手驳个措手不及。

第三套办法是向科学讨教。心理学、人类学、对动物行为的研究，都会提供帮助。日常话语里凝结了对行为的广泛而切实的观察。尽管如此,在我看来,近代科学家还是在很多关节点上揭示出日常话语的不足。这也不奇怪:至少,科学家占有大量的资料,进行全面的研究,研究时又不带什么感情色彩,普通人就没有这样工作的机会,就连律师也通常做不到这样。我这里举两个例子。

人们观察到,动物在正常行为的过程中遇到不可克服的障碍,常会堕入某种狂乱的行为,例如头朝下倒立,这被称为"错位行为"。我们反观人类生活,其中颇不乏错位行为,然而日常话语里却没有简单的说法来称呼这类行为。我要是以头抢地倒立,我可并非只是倒立着,但你用什么副词来形容这种倒立呢?也许你该说"绝望地倒立"?

再例如强迫症。日常话语里有些近似的说法,例如"不这么干就不行","觉得非干不可",但毕竟没有哪个词像"强迫症"那样能确切地称呼这类现象。

通过这些系统的研究,我们就可能把平时的零星意见发展为具有一定普遍性的理解,把平时模模糊糊感觉到的东西转变为清晰的理解,甚至能得出一些解说性的定义。人们现在常说,仅仅清晰是不够的。不过我们也不该满足于聪明过人地指出天下之事莫不幽隐难测。碰上能够获得清朗见识的机会,我们也该试上一把。在"辩解"这个题目之下,我的尝试有以下几条结果。

1. 修饰语必然带来某种偏离。人们会以为,张三做了一件事儿,要么他是有意做的,要么是无意做的。推而广之,"某人做了某事"这句话里,总可以插进一个副词,或它的反义词。其实不然。我们的语言颇为经济,在标准的情况下,用了一个动词就不再需要一个副词,甚至不允许插入一个副词。我坐下了,既不是蓄意坐到椅子上,也不是不由自主地坐下去的。与此相接的一条结论是——

2. 副词的应用范围颇受限制。哲学家和法庭人士最喜欢使用"自发地""自觉地""冲动地"这一类副词,似乎它们可以加到任何动词头上。其实,它们只能用来修饰很少一些动词,远不可以用于很多动词和很多场合。小伙子抬头看见了什么,怪诱人的,他捡起块砖头扔过去。难道我们可以说"他自发地捡起块砖头扔过去"吗?我们经常考察我们都能怎样说,但我们通常不大善于考察我们不能怎样说,而多数情况,后一种考察比前一种更富启发。

3. 反义词不可"貌相"。很多人想当然认为"自觉"的反义词是"不自觉"。我自觉遵守纪律。但我能不自觉地遵守纪律吗?这时候,"自觉"的反义词不是"不自觉",而是"被迫"。反过来,"被迫"的反义词可以是"自觉",但有时候却是"自愿"、"故意"等等。"不小心"打碎了玻璃杯的反义词绝不是"小心翼翼地"打碎了玻璃杯。一个副词不一定有一个独一无二的反义词,有时干脆没有反义词,我们说"无意间",却不说"有意间""故意间",说"禁不住",却不说"禁得住"。为什么没有这样的说法,这事颇有蹊跷,值得好生琢磨一番。

我自觉捐款,自觉锻炼身体。我不自觉哆嗦了一下,不觉叹了口气。从字面上看,"自觉"和"不自觉"一定是反义词,其实它们几乎从不在同等的层次上使用,只有说到重大的或长期的事情我们才用得上"自觉",而"不自觉"却总用在一些小事儿上。

4. 通过辩解的选择可以透视行为机制。有些行为可以用"自觉"来修饰,有些则不可以。'不自觉'也是这样。我们通过这些情况可以了解到我们是怎样把行为分门别类的。

副词不仅能帮助我们为行为分类,而且能帮助我们透视一件行为的机制。我们都知道,行为不仅包括落实的阶段,考察、计划等等也都是一件行为的各个部分。其中有一个阶段我们却经常忽视,那就是对情势进行估价。想得不周到,缺乏想像力,人们通常以为这类用语是为行为的考察阶段或计划阶段道歉,其实多半是在抱歉说对情势的估价出了毛病。为行为的这一阶段道歉的用语还有很多:我当时太高兴了、太着急了等等,皆属此类。打仗的时候,我方配备处于优势,又获得了高质量的情报,却仍可能制定出一个导致灾难的作战计划,这很可能就因为不明人情物理。平常年代这样的情况也不少见。也许我解一个二次方程很在行,最后却得出答案说有两个半同学生病了。我们多读点唐诗宋词,虽然没增加多少知识,也没变得更会推理,然而在审时度势的大感觉上能力颇可能大大提高。

5. 接受或拒斥某一辩解的标准何在?任何道歉都可能遭到拒绝。某种辩解在一种场合成立,到另一场合可能失败。你可能由于太忙拖延了给我回信,但你不可以因为太忙拖延了下达发动总攻的命令。你若这样为自己辩解,你受到的指责只会越来越重。我们接受一些辩解,不接受另一些,标准何在?发现这些标准是件饶有兴味的工作。

6. 词源和构词所含的"深层模式"总在隐隐约约起作用。"一个词几乎从不会完全摆脱它的词源和构词。"(149)两下没对上,于是出了"错";赶火车没赶上,于是"误"了车;

出了错误,事情弄"糟"了,烂糊糊地收拾不起来了。语义尽管变化,但仍有一些基本的模式深藏在这些语词里;也许应该说,正是这些深藏的模式统治着语义的变化。爱"盘"算的人一轮一轮兜圈子。"负""责"的人像欠着债似的,心里不会完全轻松,同时由于能背负重物,我们就知道他稳重有力。

我们从一些简单的模式开始来理解世界,即使面对十分复杂的现象,我们也经常要变换着使用一些简单的模式来抓住要点。但问题在于,有时那个简单的模式已经完全无力促进我们的理解,甚至会扭曲我们面对的现象,我们却仍然习惯于这个模式。说到秋天的果园,"结果"是个十分自然的说法。扩展一层,我们可以把某些由自然条件或人类行为孕育出来的事情叫做"结果"。再进一步,我们可以把一些公式演算出来的东西也叫做"结果"。但若这时候你问"这结果是怎么孕育在那些公式里面的",我该怎么回答?最后,根本不消生长的东西也被叫做"结果",运动是力的结果,现象是本质的结果,整个宇宙就是一大串因和果。"我们陷于这个词不能自拔:我们一方面挣扎着赋予这个词某种新的……意义,另一方面却不断碰上那个古老模式的这个那个特征。……检查这一类词的历史演变,我们很可能发现我们把它抻得太远了,它现在应用于其上的某些事例和原来的典型事例关系太细弱了,结果徒然导致混乱和迷信。"(150 – 151)

此外还有一点值得提醒。我们绝无理由认定语汇由之生长出来的各种模式互相之间丝丝入扣,形成一个完美的机制,使我们始终能以协调的方式来描绘世界。其实这些模式多半叠床架屋或互相冲突，更多的时候则各行其是。

这里只是为"辩解"进片言而已，我相信围绕这个课题还大有文章可做。

（本文发表于《读书》1998年第三期。）

图书在版编目（CIP）数据

从感觉开始/陈嘉映著. —北京：华夏出版社，2016.1（2021.4重印）

（陈嘉映作品）

ISBN 978-7-5080-8589-0

Ⅰ. ①从… Ⅱ. ①陈… Ⅲ. ①文史哲－中国－文集 Ⅳ. ①C53

中国版本图书馆CIP数据核字(2015)第217301号

从感觉开始

作　　者	陈嘉映
责任编辑	王霄翎
责任印制	刘　洋
出版发行	华夏出版社有限公司
经　　销	新华书店
印　　刷	三河市万龙印装有限公司
装　　订	三河市万龙印装有限公司
版　　次	2016年1月北京第1版 2021年4月北京第4次印刷
开　　本	880×1230　1/32
印　　张	9.625
字　　数	210千字
定　　价	49.00元

华夏出版社有限公司　　地址：北京市东直门外香河园北里4号　邮编：100028
网址：www.hxph.com.cn　　电话：(010)64663331(转)
若发现本版图书有印装质量问题，请与我社营销中心联系调换。

【陈嘉映作品】

著作及文集

旅行人信札
海德格尔哲学概论
从感觉开始
泠风集
无法还原的象
《存在与时间》读本
白鸥三十载
哲学·科学·常识
说理
价值的理由
简明语言哲学

主要译作

存在与时间
濒临失衡的地球
哲学研究
西方大观念
哲学中的语言学
维特根斯坦读本
感觉与可感物